KB134554

무지의
세계가
우주라면

무지의 세계가 우주라면

세상을 꿰뚫는 아포리즘 50

강준만 지음

추상의 힘

누군가를 설득하려고 할 때 설득의 의도를 미리 알려야 하는가? 이는 이 분야의 연구자들 사이에서 오랜 쟁점이었다. 찬반양론이 존재하기에 정답은 없는 셈이지만, 『그들의 생각을 바꾸는 방법』(2023)이라는 책에 나오는 이야기가 눈길을 끈다. 저자인 과학 저널리스트 데이비드 맥레이니David McRaney, 1977~는 "의도를 솔직하게 밝히는 것이 매우 중요하다"며 다음과 같이 말한다.

"나는 정치적 음모론을 믿는 아버지와 논쟁을 벌일 때 이런 접근법을 활용했다. 우리는 사실을 두고 오랫동안 입씨름을 했다. 지칠 대로 지친 나는 호흡을 가다듬고 내가 진짜 원하는 게 무엇인지 질문을 던져봤다. 나는 왜 아버지의 생각을 바꾸고 싶은 걸까? 나는 아버지에게 '전 아버지를 사랑해요. 그래서 아버지가 잘못된 정보에 속는 게 너무 속상해요'라고 말했고, 우리의 입씨름은 바로 끝났다."

의도를 밝히면서 이성적인 대화가 가능해졌고, 그래서 만족스러운 결과를 얻었다는 해피 엔딩의 이야기다. 축하를 해주는 게 좋겠지만, 이 접근법은 부모와 자식, 부부나 연인들처럼 '사랑'을 강조해도 좋을 사이에서만 효과를 볼 수 있다는 걸 지적하지 않을 수 없다. 아무리 사랑한다고 외친다 해도 "사랑을 개입시키지 마라"고 냉정하게 쏘아붙일 가족이나 연인도 많을 게다.

설득 커뮤니케이션 전체를 놓고 보자면, 의도를 드러내지 않아야 한다는 쪽이 우세한 것 같다. 미국 영문학자 조너선 갓셜Jonathan Gottschall, 1972~이 『이야기를 횡단하는 호모 픽투스의 모험』(2023)이라는 책에서 지적했듯이, 연구자들은 메시지를 명시적으로 전달하는 이야기보다는 암묵적이고 간접적으로 전달하는 이야기가 더 설득력이 있음을 밝혀냈다. 이는 어떤 종류의 커뮤니케이션이냐에 따라 달라질 수 있는 것이긴 하지만, 아예 설득이나 논쟁 자체를 결코 시도해서는 안 될 금기처럼 여기는 주제도 있다.

누구나 흔쾌히 인정하겠지만, 그게 바로 정치다. 토론과 설득을 중요하게 생각하는 민주주의 원칙은 적어도 현대 사회에서는 허구에 가깝다. 몇 사람이 모인 자리에서 정치 이야기 때문에 분위기가 어색해지거나 폭발 일보 직전까지 간 경험을 해본 사람이라면 쉽게 이해하실 게다. 어느 자리에서건 악착같이 논쟁을 지속시켜 보려고 애쓰는 '정치 애호가'는 있기 마련이지만, 대부분은 '정치 이야기의 금기화'를 지지한다. 그 이유는 다음 명언들로 대신하는 게 좋겠다.

"결코 설득될 수 없는 것을 설득하려고 애쓰는 것은 소용이 없다."(조너선 스위프트Jonathan Swift, 1667~1745) "그가 속았다는 사실을 이해시키는 것보다 그를 속이는 일이 더 쉽다."(마크 트웨인Mark Twain, 1835~1910) "신념이 확고한 사람을 설득하는 일은 매우 어렵다. 당신이 동의하지 않으면 그는 마음을 닫아버리고, 사실과 증거를 들이대면 출처를 의심하며, 논리로 호소하면 논점을 오해한다."(레온 페스팅거Leon Festinger, 1919~1989) "사람을 죽이거나 생포할 수 있는 능력은 사람의 마음을 바꿀 수 있는 능력에 비하면 하찮기 그지없다."(리처드 코언Richard Cohen, 1941~)

나는 '정치 이야기의 금기화'를 적극 지지한다. 친구들은 물론 가족 대화에서도 아예 논쟁이 이루어지지 않도록 화제를 돌리는 역할을 즐겨 한다. 늘 입만 열면 소통의 중요성을 역설해왔던 사람이 그런 대응을 해도 괜찮은가? 온세상에 '설득'은 없고 '선동'만 흘러넘쳐도 좋단 말인가?

그건 반反정치나 반反지성주의가 아닌가? 한동안 이런 의문이 나를 괴롭혔지만, 내가 좋아하는 사람들을 경멸하지 않기 위해선 불가피하다는 결론을 내렸다.

내가 좋아하는 사람이 내가 도저히 이해할 수 없는 정치적 주장을 강한 열정을 갖고 하는 걸 지켜보긴 쉽지 않았다. 내가 그간 높게 평가했던 사람의 지성과 이성과 도덕성마저 의심해야 하는 건 괴로운 일이었다. 더욱 괴로운 건 역지사지易地思之의 결과였다. 나 역시 많은 사람에게 그런 의심의 대상이 될 수밖에 없다는 사실을 인정하는 게 옳지 않은가? 혼자 사는 세상이 아니며, 그 누구일지라도 더불어 같이 살아야 한다는 걸 더 중요하게 생각해야 하는 건 아닌가?

열에 아홉은 생각이 같다. 생각이 다른 하나는 정치적 실천의 방법에 관한 것인데, 이 하나 때문에 아홉이 같은 사람들끼리 서로 싸워야만 하는가? 그런다고 해결이 되는가? 그 하나에 대한 생각은 서로 아예 모르는 척하는 방식으로 존중해주면 안 되는가? 각자의 생각과 기질의 차이가 두드러지게 불거질 수밖에 없는 온갖 종류의 과도기적 사건이 집중되어 있는 이 시기는 그렇게 통과해나가는 게 슬기롭지 않을까? 그 누구도 미워하거나 경멸하지 않기 위해 이렇게 노래하면 안 되겠는가? "이 또한 지나가리라."

이 글은 내가 『한겨레』(2023년 4월 10일)에 기고했던 칼럼이다. 이 '명언 에세이집'의 제목을 무엇으로 할까 생각하던 중에 쓴 글이었는데, 어떤 분이 이 글을 읽고 "서글프다"는 감상평을 해주셨다. '정치 이야기의 금기화'를 하지 않으면 안 될 정도로 편 가르기가 심해진 우리 사회가 서글프다는 이야기였다. 나 역시 공감했기에 이 책에 실린 50개의 글 중 하나인 「무지의 세계가 우주라면, 지식의 세계는 전주시」라는 글에서 제목을 뽑을 생각을 하게 되었다.

정치 이야기도 그런 건 아닐까? 우리는 눈곱만 한 크기의 일부만을 알고 느끼면서도, 그 눈곱을 앎과 지식의 우주나 되는 것처럼 간주해 그걸 바탕으로 다른 의견을 비난하고 그 의견을 제시한 사람을 모욕하기도 하는 행패를 부리면서 살아가는 건 아닐까? 앎과 지식의 크기가 작을수록 확신의 강도는 강해지는 법이다. 그래서 나온 게 "무식한 놈이 용감하다"는 말이 아닌가? 그러나 무식해서 용감한 사람의 면전에 대고 그런 말을 할 수는 없다. 그 사람과의 직접적인 소통을 포기할망정 어떻게 해서건 다른 방식으로라도 메시지를 전하는 시도마저 포기할 필요는 없다. 인류애 차원에서 말이다.

명언엔 '넛지 효과', 즉 우회적으로 설득하는 효과가 있다. 추상의 힘이라고나 할까? 추상적인 원칙은 많은 사람의 합의를 이끌어내기가 쉽지만, 그것이 구체화된 모습을 보이게 되면 합의는 멀어지고 갈등이 불거지게 된다. 그래서 소통을 시도하기 위해선 우선 추상에서부터 출발하는 게 좋다. 사사건건 부딪힐 수밖에 없는 우리의 현실 문제를 구체적으로 건드리지 않으면서도 각종 주제에 대해 자유롭게 말하면서 합의를 향해 다가갈 수 있는 힘, 이게 명언이 우리에게 줄 수 있는 최고의 선물이 아닌가 싶다.

우리 인생의 희로애락喜怒哀樂 그 어떤 것이건 곧 지나갈 수밖에 없는 일시적인 것에 불과하다. 아무리 편을 갈라 자신의 진영을 구축한다고 해도 편은 영원하지도 않고 그런 편 가르기를 통해 누릴 수 있는 기쁨이나 만족도 오래가지 않는다. 아니 편 가르기 자체가 눈곱만 한 앎과 지식을 근거로 한 것일진대 하늘 쳐다보기가 민망해지지 않겠는가? 독자들께서 사실상 나의 '독서 노트 모음'이라고 해도 좋을 이 책을 가볍게 즐기면서 '편 가르기'보다는 '소통'의 정신에 한 걸음 다가설 수 있다면 더 바랄 게 없겠다.

2023년 4월

강준만

차례

제1장

고독
사랑
결혼
행복
고통

고독을 즐기려면 밑천이 필요하다

고독엔 명암明暗이 있다. 프랑스 작가 빅토르 위고Victor Hugo, 1802~1885가 잘 지적했듯이, "고독은 정신력을 발전시킬 수도 있지만, 사람을 우둔하고 고약하게 만들 수도 있다". 미국의 자연주의자 존 버로스John Burroughs, 1837~1921는 "고독 속으로 물러나는 사람은 삶의 토대가 될 만한 사상과 경험의 밑천을 갖고 있어야 하며, 그렇지 않으면 영혼이 빈곤하여 메말라버릴 것이다"고 했다.[1]

사상과 경험의 충분한 밑천을 갖고 있는 사람일수록 고독을 예찬하기 마련이다. 프랑스 사상가 볼테르Voltaire, 1694~1778는 "행복의 최상은 바쁜 고독이다"고 했고, 오스트리아 음악가 볼프강 아마데우스 모차르트Wolfgang

고독

Amadeus Mozart, 1756~1791는 "오롯이 나 자신일 때, 완전히 혼자일 때 최고의 생각들이 가장 풍부하게 솟아난다"고 했다.[2]

독일 작가 토마스 만Thomas Mann, 1875~1955은 "고독은 우리 안에서 독창성을, 낯설고 위험한 아름다움을, 시를 꽃피운다"고 했고, 스페인 화가 파블로 피카소Pablo Picasso, 1881~1973는 "깊은 고독 없이 진지한 일은 가능하지 않다"고 했다.[3]

물리학자 알베르트 아인슈타인Albert Einstein, 1879~1955은 이런 독한 말을 남겼다. "나는 진정 '혼자의 길을 가는 사람'이며 한 번도 진심으로 나라나 가정, 친구들, 혹은 나의 직계가족에게조차 속하지 않았다. 그럼에도 나는 거리감과 고독에 대한 욕구를 잃어버린 적이 결코 없다."[4]

미국 정치학자이자 철학자인 해나 아렌트Hannah Arendt, 1906~1975는 『전체주의의 기원』(1951)에서 고독한 사람은 언제든 자기 자신을 동행으로 삼는다고 말했다. 외롭지 않고 항상 동행자가 있는, "자기 자신과 함께하는" 사람이라는 것이다. 아렌트에게 "모든 사고는 고독 중에 이루어지며 자신과 자기 자신과의 대화"였지만, "이처럼 둘이 하나 된 대화는 내 동료들의 세상과 단절되지 않는다. 왜냐 하면 내 자아가 동료들을 대변하기 때문이고, 나는 그 자 아와 생각의 대화를 이끌어가기 때문이다".[5]

아일랜드 극작가 사뮈엘 베케트Samuel Beckett, 1906~1989는 "예술은 고독의 극치다"고 했고,[6] 미국 시인 메리 올리버 Mary J. Oliver, 1935~2019는 "창조적인 일은 고독을 필요로 한다. 방해 없는 집중을 필요로 한다"고 했다. 올리버는 이어 다음과 같이 말했다. "날아오를 수 있는 온전한 하늘 을 필요로 하며, 원하는 만큼 확실해지기 전까지 지켜보 는 눈이 없어야 한다. 그러나 이 모든 것이 한꺼번에 갖춰 지는 것은 아니다. 일단 사생활을 확보해라. 동떨어진 곳 을 마련해라."[7]

그런데 디지털 혁명은 고독을 향유하기 위한 밑천을 고갈 시키는 역기능을 초래하고 있다. 미국 사회심리학자 셰리 터클Sherry Turkle, 1948~은 『외로워지는 사람들』(2010)에서 "고독을 경험하려면 홀로 자신에게 집중하는 능력이 있어 야 한다. 그렇지 않으면 외로워지는 방법만 터득하게 될 뿐이다"고 했다. 사실 오늘날엔 고독을 경험하는 게 그렇 게 쉬운 일이 아니다. 터클은 "인터넷에 길이 든 많은 이 들은 호숫가나 해변 또는 등산길에서조차 고독을 찾을 수

없단 걸 깨닫는다"며 "정적靜寂은 그들을 불안하게 만든
다"고 말한다.[8]

터클은 『대화를 잃어버린 사람들』(2015)에선 "요즘에는
온라인에서 보내는 시간을 고독으로 착각하는 경향이 있
지만 실상은 그렇지 않다. 내면이 아니라 컴퓨터 화면으
로 관심을 돌리는 습관에 의해, 또한 끊임없이 공유하는
문화에 의해 고독은 궁지에 몰려 있다"며 다음과 같이 말
한다.

"소셜미디어와 함께 성장한 사람들은 '나'라는 느낌이 없
다고 종종 말한다. 실제로 그들은 포스팅이나 메시징이나
텍스팅을 하지 않으면 '나'라는 느낌을 갖지 못한다. 그야
말로 '나는 공유한다. 그러므로 존재한다'는 식의 세태다.
이런 세태에서는 남들이 좋아할 것으로 예상되는 활동을
근간으로 거짓 자아를 만들어낼 위험이 있다."[9]

그래서 미국 IT업계의 거물들이 다른 사람들에겐 자사 제
품을 열심히 팔아먹으면서도 자신들의 어린 자식들에겐
IT 문화에서 멀리 떨어지게끔 하는 건지도 모르겠다. 굳
이 고독을 껴안으면서 살 필요는 없지만, 삶의 어떤 국면
에서 사색을 위한 고독한 시간을 갖고 싶어도 그렇게 해

본 경험이 없어서 고독을 전혀 느낄 수조차 없다면 이 어찌 비극이 아니랴.

작가이자 문학비평가인 윌리엄 데레스비치William Deresiewicz, 1964~가 2009년 웨스트포인트 사관생도에게 한 연설에서 했던 말이 가슴에 와닿는다. 그는 "애덤스, 제퍼슨, 해밀턴, 매디슨 그리고 토머스 페인의 고독이 없었다면 오늘의 미국은 탄생할 수 없었다"고 했다.[10]

그는 무슨 메시지를 전하고 싶었던 걸까? 사관생도들이 나중에 장교로서 생사를 넘나드는 상황을 지휘할 때 필요한 리더십은 성찰적인 실천가가 되어야 함을 요구하며, 이를 위해선 혼자서 자신과 대화를 나눌 능력을 키워야 한다는 것이었다고 한다. 꽤 그럴듯한 주장이다. 우리의 자녀들이 자신과 대화를 나눌 능력을 갖게 하기 위해서라도 우리부터 자신과의 대화를 갖는 시간을 자주 가져보는 게 어떨까?

사랑을
두려워하지 마라

"나는 당신을 그토록 사랑해요/사람들은 나에게 물어요/내가 지금까지 어떻게 살아왔냐고요/나는 그들에게 모른다고 말해요/나는 그들이 이해할 거라고 생각해요/얼마나 내 인생이 외로웠는지/그러나 내 인생은 다시 시작되었어요/당신이 내 손을 잡은 그날부터요." 돈 매클린Don McLean, 1945~의 1970년 히트곡 〈And I Love You So〉다.

"내가 당신이 거기 서 있는 것을 보았을 때/나는 의자에서 거의 굴러떨어질 뻔했어요/당신이 말하려고 당신의 입을 움직였을 때/나는 온몸의 피가 발끝까지 가는 것을 느꼈어요." 로보Lobo; Roland Kent LaVoie, 1943~의 1972년 히트곡 〈I'd Love You to Want Me〉다.

이 두 곡의 노래 가사가 보여주듯이, 1970년대 팝송엔 낭만적 사랑의 노래가 많았다. 사랑하는 사람이 자신의 인생을 다시 시작하게 만들어주었다니, 이게 마법이 아니고 무엇이랴. 누구에게든 순간이나마 그런 경험이 있지 않을까? 사랑하는 연인의 손을 처음 잡은 순간 이 세상이 내 것 같고 마음먹은 무슨 일이든 할 수 있을 것 같았던 그런 순간 말이다. 그런 순간을 영속시킬 수는 없는 걸까?

결코 그럴 수는 없다는 걸 우리는 잘 안다. 사랑의 환멸, 그건 사랑의 낭만 못지않게 엄존하는 현실이다. 이별의 고통과 배신의 상처도 노래해야 한다. 한국에선 10여 년 전 다음과 같은 가슴 아픈 노래들이 우리 귓전을 때리기도 했다는 걸 기억하실 게다.

"백일을 겨우 넘긴 너인데 숟가락만 들어도 자꾸 니 생각에 눈물이 나."(린의 〈곰인형〉, 2012) "더 멋진 남잘 만나 꼭 보여줄게 너보다 행복한 나."(에일리의 〈보여줄게〉, 2012) "날 버린 그 대가로 행복하지 말아요."(주니엘의 〈나쁜 사람〉, 2012) "지우개로 널 지울 수만 있다면 백번이고 모두 지우고 싶어."(알리의 〈지우개〉, 2013)

사랑의 신비나 낭만성 예찬에 인색하거니와 사랑의 과장법

에 냉소를 보내는 사람들은 사랑을 자꾸 '개인'에서 '공동체'로 끌고 가려고 한다. 예컨대, 이탈리아의 좌파 운동가인 안토니오 네그리Antonio Negri, 1933~는 감옥에서 쓴 편지에서 "사랑은 남녀 한 쌍이나 가족 속에 가두어지는 그 무엇일 수 없다. 그것은 더 넓은 공동체를 향해 열리는 그 무엇이어야만 한다"며 "나는, 사랑은 고유하고 사적인 것을 공동적인 것으로 변형시키기 위한 근본적 열쇠라고 생각한다"고 말한다.

그게 바로 그가 지적 동료인 미국 철학자 마이클 하트Michael Hardt, 1960~와 더불어 제시한 '정치적 개념으로서의 사랑love as a political concept'이다. 이들은 "사랑의 근대적 개념은 부르주아적 커플에, 그리고 핵가족의 밀실 공포증적 울타리에 거의 전적으로 제한되어 있다"며 다음과 같이 주장한다.

"사랑은 엄격하게 사적인 일로 여겨져왔다. 우리에겐 사랑에 대한 더 넓고 더 자유로운 사고가 필요하다.……그것은 단지 당신의 사랑이 거기에서 그치지 않는다는 것을, 사랑이 공통적인 우리의 정치적 기획들과 새로운 사회의 구축을 위한 기초로 작용한다는 것을 의미한다. 이러한 사랑이 없다면 우리는 아무것도 아니다."[11]

아주 좋고 아름다운 말이지만, "그런 사랑이 없다면 우리는 아무것도 아니다"는 주장엔 동의하기 어렵다. 미국 작가 에릭 호퍼Eric Hoffer, 1902~1983의 말처럼, "이웃을 사랑하는 것보다는 인류를 사랑하는 게 더 쉬운 일이다"는 말을 음미해볼 필요가 있겠다. 이들의 주장대로 하는 게 가능하지도 않겠지만, 가능하다고 해도 위선의 대향연이 벌어질 가능성이 높다. 인간의 한계와 속성을 넘어서는 일이기 때문이다. 그렇게 공동체를 향해 열린 사랑에선 당신은 내가 쉬는 모든 숨이며 나의 세계라고 외치는 과장법의 극치도 들을 수 없을 거라는 점도 아쉬운 일이다.

영국의 극작가이자 시인 윌리엄 콩그리브William Congreve, 1670~1729는 "사랑이 변해서 생긴 증오처럼 맹렬한 것은 하늘 아래 없다"고 했고,[12] 오스트리아 정신병리학자 지그문트 프로이트Sigmund Freud, 1856~1939는 "사랑할 때처럼 고통에 무방비인 때는 없다"고 했다.[13] 그럼에도 프랑스 철학자 에마뉘엘 레비나스Emmanuel Levinas, 1906~1995는 "진정으로 인간적인 것은 사랑이며, 따라서 이 단어를 두려워하지 말라"고 말한다.[14]

아마도 레비나스의 말을 따를 사람이 더 많을 게다. 사랑의 유혹은 당장 눈앞에 있는 반면 사랑으로 인한 증오와 고통은

피할 수도 있는 미래의 가능성으로만 여겨지기 때문일 게다. 설령 그렇다 할지라도 사람이 살면 얼마나 산다고 단지 미래를 염려해 사랑이 주는 마법의 순간을 거부할 이유가 어디에 있겠는가 말이다. 요즘엔 사랑하면 결혼해야 한다는 생각이 오래된 미신으로 여겨지고 있기에 더욱 그렇다.

결혼은
필요가 아니라 사치다

"애무로 지나치게 자극하여 아내가 쾌락에 겨워 이성을 잃지 않도록 신중하고 엄밀하게 아내를 다루어야 한다." 고대 그리스 철학자 아리스토텔레스Aristotles, B.C.384~B.C.322의 말이다. 오늘날에야 이게 웬 말도 안 되는 개소리냐고 펄쩍 뛸 사람이 많겠지만, 이 말은 오랜 세월 남자들이 명심해야 할 금과옥조金科玉條가 되었다.

독일 철학자 아르투어 쇼펜하우어Arthur Schopenhauer, 1788~1860도 그런 계보의 사상가였다. 그는 "결혼 당사자들은 자신들의 행복을 좇는 것이라고 착각하지만, 결혼의 유일하고 진정한 목적은 개체가 개체를 생산하는 것이고 그들에게도 생소한 이 목적은 오직 결혼을 해야 성사될 수 있

기에 당사자들은 이를 함께 추구하면서 될수록 서로 원만하게 지내려 노력해야 한다"며 다음과 같이 주장했다.

"그런데 정열적 사랑의 본질인 본능적 광기에 빠져 합쳐진 한 쌍은 서로 성격이 판이할 때가 많다. 그래서 죽도록 강렬했던 눈먼 상태가 마침내 먼지처럼 사라지는 날이 오고 사랑으로 맺어진 결혼은 대개 불행하게 막을 내린다. 다만 결혼을 통해 맺어진 지금 세대가 그런 대가를 치르기 때문에 다음 세대가 존속할 것이다. '사랑에 빠져 결혼한 사람은 고통스럽게 살게 된다'라는 스페인 속담도 있다."15

세계적인 물리학자 알베르트 아인슈타인Albert Einstein, 1879~1955의 결혼관도 비관주의에 가까웠다. 그는 "결혼은 단지 문화적인 것처럼 보이도록 만들어진 노예제도에 지나지 않는다"고 했으며, "결혼은 사람들로 하여금 서로를 더이상 자유로운 인간이 아니라 서로의 소유물로 여기도록 만든다"고도 했다.16

이후에도 결혼에 대해 비관적이거나 부정적인 명언은 무수히 많이 나왔지만, 그건 결혼을 하는 게 당연하다는, 아니 결혼은 해야만 한다는 생각이 지배적이던 시절의 산물일 뿐이다. 미국 여성의 참정권 운동에서 핵심적인 역할

을 했던 여성운동가 수전 앤서니Susan B. Anthony, 1820~1906
는 "결혼은 여자에게나 남자에게나 필요가 아니라 사치여
야 한다. 여성의 삶에서 전부가 아니라, 살아가면서 마주
치는 일 중 하나여야 한다"고 했는데,[17] 오늘날엔 그가 의
도했던 것과는 전혀 다른 이유에서 결혼은 정말 사치가
되고 말았다.

특히 세계 최저의 출산율을 기록하고 있는 한국에서 그렇
다. 2022년 4월에 발표된 여성가족부의 「2021년 양성평
등 실태 조사」를 보면, 만 15~18세 여성 10명 중 3명만
결혼 의향이 있는 것으로 나타났다(여성은 34.6퍼센트, 남성
은 54.4퍼센트).[18]

『조선일보』와 서울대학교 사회발전연구소의 '2022년 대
한민국 젠더 의식 조사'에선 '결혼은 반드시 해야 한다'는
데 동의한 10대(16~19세) 여성은 10명 중 1명(9.3퍼센트)도
안 되었고, 자녀를 갖고 싶지 않다는 응답률은 31.2퍼센트
로 또래 남성(8.8퍼센트)에 비해 월등히 높았다.[19] 2022년
6월 한국보건사회연구원의 「성역할 가치관과 결혼 및 자
녀에 대한 태도」 보고서를 보면, 결혼을 '반드시 해야 한
다'에 동의하는 비율은 남성은 12퍼센트, 여성은 5퍼센트
에 그쳤다.[20]

결혼을 포기한 이들이 이구동성으로 하는 말이 있다. "아기한테 미안해서 결혼 못 하겠어요."[21] 뭐가 미안하다는 걸까? 거의 대부분 돈 문제로 귀결되었다. 2016년 노동사회연구소의 「저출산과 청년 일자리」 보고서를 보면, 임금 하위 10퍼센트에 속한 20~30대 남성이 결혼한 비율은 6.9퍼센트로, 임금 상위 10퍼센트(82.5퍼센트)의 12분의 1에 불과했다. 박사학위를 받은 남성의 결혼 비율은 100퍼센트, 석사는 66.6퍼센트, 대졸은 47.9퍼센트, 고졸은 39.6퍼센트였고 중졸 이하는 35.4퍼센트로, 학력이 높을수록 결혼 비율이 뚜렷하게 높았다. 정규직 남성(53.1퍼센트)도 비정규직(28.9퍼센트)의 2배에 가까웠다.[22]

미국 경제학자 제러미 그린우드Jeremy Greenwood, 1942~는 2014년 "동류 교배assortative mating, 즉 고학력자끼리 결혼하여 고소득을 올리는 경향으로 인해 결혼이 소득 불평등의 주요 요인이 되었다"고 했는데, 이는 한국에서도 똑같이 나타나고 있는 현상이다.[23] 이것도 심각한 문제이긴 하지만, 결혼이 가진 자의 특권이 되어가고 있는 문제에 비추어보면 비교적 한가한 고민이라는 게 우리가 당면한 비극이다.

왜 행복은 가장 강력한
판타지인가?

"행복은 행운 못지않게 기질에 달려 있다."[24] 17세기 프랑스 작가로 풍자와 역설의 잠언으로 유명한 라로슈푸코François de La Rochefoucauld, 1613~1680의 말이다. "행복의 비결은 남들이 걱정을 더할 때 좋은 일을 세어 보는 것이다."[25] 미국 펜실베이니아주를 세운 윌리엄 펜William Penn, 1644~1718의 말이다.

"미국 헌법은 행복을 보장하지 않는다. 행복의 추구만을 보장할 뿐이다. 행복은 국민 스스로 찾아내야 한다." 미국 정치가이자 발명가인 벤저민 프랭클린Benjamin Franklin, 1706~1790의 말이다. 어떻게 찾아야 할까? 그는 "인간의 행복은 거의 일어나지 않는 행운의 큰 덩어리보다는 매일

행복

일어나는 작은 혜택들에 의해 이루어진다"고 했다.

"단 한 가지 선천적으로 타고난 잘못이 있다면 그것
은 우리가 행복해지기 위해 이 땅에 존재한다는 믿음이
다." 독일 철학자 아르투어 쇼펜하우어Arthur Schopenhauer,
1788~1860의 말이다. 이어 그는 이렇게 말한다. "우리가 이
러한 선천적 잘못을 감내하는 한, 그리고 낙관적 신조에
의해서 그 안에서 확신을 갖는 한, 세상은 모순으로 가득
차게 된다. 모든 단계에 있어서, 크건 작건 모든 행동에 있
어서, 우리는 이 세상과 인생이 행복을 보존하도록 배열
되어 있는 것이 아니라는 사실을 배워야 한다."[26]

"평생 행복하겠다니! 그 누구도 그건 감당할 수 없다. 그
건 이승에 존재하는 지옥일 것이다." 영국 작가 조지 버
나드 쇼George Bernard Shaw, 1856~1950의 말이다. "어리석
은 사람은 행복을 먼 데서 찾는다. 현명한 사람은 행복
을 자신의 발밑에서 키운다."[27] 미국 작가 제임스 오펜하
임James Oppenheim, 1882~1932의 말이다. "행복은 의식적인
노력에 의해 성취되는 게 아니라, 일반적으로 다른 활동
들의 부산물이다." 영국 작가 올더스 헉슬리Aldous Huxley,
1894~1963의 말이다.

"행복이 무엇인지 계속 묻는다면 결코 행복할 수 없다. 인생의 의미를 찾아 헤맨다면 결코 인생을 살아갈 수 없다." 프랑스 작가 알베르 카뮈Albert Camus, 1913~1960의 말이다. 그는 "행복하기 위해선 남에게 너무 신경 쓰지 말아야 한다"고도 했다.

카뮈의 첫 번째 말의 의미를 "애쓰지 마"라는 한마디로 해석한 미국 칼럼니스트 마크 맨슨Mark Manson, 1984~은 이런 질문을 던진다. "생각해보라. 신경을 덜 쓸 때 오히려 능력을 발휘한 경험이 있을 걸? 성공에 무심한 사람이 실제로 성공한 경우가 얼마나 많은데! 신경을 껐을 때 모든 일이 술술 풀렸던 경험이 있지 않은가?"[28]

물론 그대로 다 믿을 말은 아니지만 새겨들을 점은 있다. 우리의 삶과 관련된 질문과 탐구는 꼭 필요하지만, 그 정도가 지나친 나머지 오히려 그런 질문과 탐구로 인해 불안해하거나 고통받는 사람들도 생겨난다. 이런 사람들에게 필요한 조언이 "애쓰지 마"라거나 "신경 꺼"라는 퉁명한 한마디일 수 있다는 정도로 받아들이자는 것이다.

"행복은 이제 우리 사회에서 가장 강력한 판타지다.……만일 당신이 행복이 무엇인지 쉽게 정의할 수 없다면, 그

건 이유가 있다. 행복은 작은 것, 순간적으로 스쳐가고 마는 소소한 것 안에 조용히 얼굴을 숨기고 있기 때문이다."[29] 미국 사회심리학자이자 신경정신과 전문의인 존 슈메이커John F. Schumaker, 1956~가 『Are You Happy?: 행복의 유혹In Search of Happiness』(2006)에서 한 말이다.

행복이 우리 사회에서 가장 강력한 판타지가 된 건 우리가 행복에 너무 많은 걸 기대하고 있기 때문이다. 지금까지 소개한 행복 관련 명언들을 꿰뚫는 메시지도 바로 그것이다. 오죽하면 미국 심리학자 에드 디너Ed Diener, 1946~2021는 지속적이고 완벽한 행복은 실현 자체가 불가능하니 "조금 불행한 행복을 원하라"고 했을까?[30] 미국 배우 존 배리모어John Barrymore, 1882~1942가 남긴 다음 명언이 가슴에 와닿는다. "행복은 자주 내가 열어놓은지도 몰랐던 문을 통해 슬그머니 찾아온다."

행복은 고통 뒤에
찾아오는 것이 아니다

기독교의 금욕주의는 고통은 생명을 고양시킨다는 입장을 취했다. 1847년 스코틀랜드의 내과 의사인 제임스 심프슨James Y. Simpson, 1811~1870이 클로르포름으로 마취해 분만에 성공하자, 에든버러의 한 칼뱅파 목사는 즉시 심프슨에게 강력하게 항의하면서 여자가 출산의 고통을 참는 것은 신의 뜻이라고 주장했다. 출산하는 여성이 마취를 하는 것에 대한 비난은 1853년 빅토리아 여왕Queen Victoria, 1819~1901이 일곱 번째 아이인 레오폴드Leopold를 출산할 때 마취를 한 이후에서야 사라졌다.[31]

"우리는 고통을 통해 한 발 더 전진할 수 있고, 슬픔을 통해 뚜렷한 전망을 획득할 수 있다. 고통과 아픔이 통찰력

고통

의 창으로 전환되는 것이다." 미국의 유대교 랍비 벤저민 블레흐Benjamin Blech, 1933~의 말이다. 이에 대해 미국 역사학자 베라 슈워츠Vera Schwarcz, 1947~는 『사회적 고통』(1997)에서 다음과 같이 말한다.

"유대인들이 고통을 바라보는 관점은 아픔을 통해 인간의 지식이 갖는 한계에 의문을 제기할 무언가를 배울 수 있다는 것이다. 간단히 말해서 고통은 우리를 비참하게 만들기도 하지만 우리의 마음을 맑게 만들기도 한다. 이는 고통이 인간을 고귀하게 하고, 고통을 겪은 자만이 성인의 경지에 오를 수 있다는 기독교적인 개념과는 사뭇 다르다."[32]

사뭇 다르긴 하지만 고통에서 무언가 얻을 게 있다고 본다는 점에선 기독교와 유대교는 다를 게 없다. 종교와 무관하게 고통을 높게 평가하거나 긍정 평가한 이들은 창조성에 집착한 예술가와 지식인들이었다. "고통이 크면 클수록 그 이면의 기쁨도 강렬해진다." 독일 시인이자 철학자 노발리스Novalis, 1772~1801의 말이다. 29세에 결핵으로 죽은 그는 고통에 대해 피학쾌감적인 태도를 취했다.

그런 태도를 물려받은 대표적 인물이 독일 철학자 프리드

리히 니체Friedrich Wilhelm Nietzsche, 1844~1900다. 니체는 고통이야말로 인간을 창조성으로 몰아가는 자극물이라고 생각했기에 오늘날에도 자주 인용되는 다음 명언들을 남겼다. "내 생애에서 가장 아팠고 가장 고통스러웠던 시기가 나 자신에 대해 가장 행복하게 느꼈던 때이다."[33] "우리를 죽이지 못하는 고통은 우리를 더 강하게 만든다."[34]

"고통과 무無 중에서 어느 하나를 선택해야 한다면 나는 차라리 고통을 선택할 것이다." 미국 작가 윌리엄 포크너 William Faulkner, 1897~1962의 말이다. 미국 언론인 마이클 르고Michael LeGault, 1959~는 "포크너는 전혀 마조히스트가 아니었다"며 이 말의 의미를 다음과 같이 해석했다.

"그는 자기 몫만큼의 고통을 경험했지만 그것은 육체적인 고통이나 궁핍을 의미한 것은 아니었다. 그는 마음을 마비시키는 자만심과 쾌락 추구와의 싸움을 의미했다. 포크너는 공포와 인생의 곤경과의 대결을 통해 싸워나감으로써 한 개인은 전적으로 성숙하게 된다는 사실을 알고 있었다."[35]

고통을 더 실용적인 자기계발과 연계시켜 긍정적으로 보는 사람들도 있다. 미국 심리학자 프랭크 매컬리스터Frank

McAllister, 1952~는 "고통은 인간의 성장과 자기 발전에 필요한 도전을 제공하기 때문에 꼭 필요하다"며 그 이유에 대해 이렇게 말한다. "안전 욕구를 뒤흔들어버림으로써 성장할 수 있고 더 나은 방향으로 나아가도록 자극을 주지요. 우리가 편안하고 만족을 느낄 때 발전은 이루어지지 않습니다. 인간에게는 상실과 그에 따른 고통이 필요합니다. 그래야 성장할 수 있습니다."[36]

다 아름답고 좋은 말이긴 하지만, 너무 나가진 않는 게 좋겠다. 고통을 미화하지는 말자는 것이다. 유럽에서 활동하는 미국 사회학자 리처드 세넷Richard Sennett, 1943~은 "고통은 인간의 삶을 '의미 있게' 만들어준다는 상투적인 말이 있다"며 이렇게 말한다. "우리는 오랫동안 정신병에 시달리는 사람들이 끔찍한 고통을 받는다는 걸 안다. 인간의 모든 공동체 역시 굶주림이나 노예 상태로 고통을 받는다. 이런 삶들이 그래서 의미가 있고, 고통이 생산적이라고 말하는 건 쓸데없는 일 같다."[37]

단지 쓸데없기만 하겠는가? 매우 이상하다고 보아야 할 것이다. 세넷은 "19세기에 여러 성직자들이 빈민을 위해 쓴 소책자에서는 하루 14시간의 중노동을 '육체의 정욕과 열정을 길들이기 위해 주어진 축복'이라고 설명한다"

며 다음과 같이 말한다.

"이런 어리석은 사고의 현대판은 흑인들이 싸워야 할 필요성 때문에 더 강해질 것이라고 말하는 태도이다. 마치 다수는 별 노력 없이 얻는 번듯한 삶이 무척이나 소중해서 소수는 이런 삶을 누릴 자격을 얻기 위해 지옥 같은 시련을 겪어야 하는 것처럼 말이다. 비참한 신세를 축복으로 보는 것은 기괴한 일이다."[38]

"행복은 고통 뒤에 찾아오는 것이 아니다." 미국의 심리 상담 전문가 로리 애슈너Laurie Ashner, 1955~의 말이다. 그는 "고통으로 피투성이가 되면 상황이 나아질 것이라는 믿음을 버려야 한다"며 다음과 같이 말한다. "고통을 받으면 속죄받으리라는 믿음은 환상에 지나지 않는다.……예전에는 자신을 보호한다는 명목하에 행복 뒤에 고통이 따른다는 미신이 있었다. 하지만 그러한 보호는 더이상 필요하지 않다. 두려움과 자기의식이라는 불안 에너지는 더이상 필요 없다. 이제 실행할 수 없거나 도움이 되지 않는 것들은 과감히 떨쳐버려야 한다."[39]

고통 예찬론이나 고통 긍정론보다는 오래전 독일 시인 요한 볼프강 괴테Johann Wolfgang von Goethe, 1749~1832가 한

말이 훨씬 더 현실적으로 다가온다. "지나고 나면 고통은 기억 속에서 즐거운 것이 된다."[40] 그렇다. 남자들의 '군대 이야기'를 들어보라. 재미있었다는 듯 말하지만, 다시 돌아갈 수 없는 과거니까 그렇게 말하는 것일 뿐 그 시간들은 고통의 연속이었을 가능성이 높다. 고통을 피할 수 있다면 피하고 사는 게 좋지, 고통을 예찬하거나 긍정할 필요는 없을 게다.

제2장

나이
개인주의
단순
죽음
희망

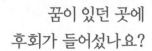

꿈이 있던 곳에
후회가 들어섰나요?

"나는 나이가 많은 사람과 대화하길 즐긴다. 그들은 우리
도 반드시 거치게 될 길을 우리보다 앞서간 사람들이며,
그들에게서 그 길이 어떤지에 대해 배울 수 있기 때문이
다."[1] 고대 그리스 철학자 소크라테스Socrates, B.C.469~B.C.399
의 말이다. 그러나 그렇게 생각하지 않는 사람도 많다.

"나이를 먹으면 지혜로워진다는 친숙한 교훈은 나이가 들
수록 점점 믿기 어려워진다." 미국 언론인 헨리 루이 멩켄
Henry Louis Mencken, 1880~1956의 말이다. 그는 그 이유에 대
해 이렇게 말했다. "솔직히 말해서 나는 지금 5년이나 10년
전보다 더 현명하지는 않다. 사실 나는 내가 눈에 띄게 덜
현명해진 것이 아닌지 종종 의심하곤 한다."[2]

나이

그렇다. 사람 나름이다. 세월이 지혜를 보장해주진 않는다. 그럼에도 세월만이 줄 수 있는 종류의 지혜가 있다는 것도 분명한 사실이다. 이는 정치판에선 늘 풀리지 않는 수수께끼처럼 뜨거운 쟁점이 되기도 한다. 선거에 출마한 후보들 중 유력 후보 2인의 나이 차가 클 경우에 비교적 젊은 후보는 박력과 패기, 비교적 나이 많은 후보는 지혜와 경험을 강조하는 게 무슨 공식처럼 되고 말았다.

미국 제35대 대통령 존 F. 케네디John F. Kennedy, 1917~1963가 1960년 대선에 나섰을 때 그의 나이는 43세였다. 젊은 나이가 약점으로 여겨지자 케네디는 43세 이하의 나이로 국가지도자가 된 유명 정치가로 시어도어 루스벨트Theodore Roosevelt, 1858~1919, 윌리엄 피트William Pitt, 1759~1806, 나폴레옹 보나파르트Napoleon Bonaparte, 1769~1821, 알렉산더 대왕Alexander the Great, B.C.356~B.C.323을 열거했다. 이어 그는 43세를 기준으로 자른다면 조지 워싱턴George Washington, 1732~1799은 대륙군을 지휘하지 못했으며, 크리스토퍼 콜럼버스Christopher Columbus, 1451~1506는 미국을 발견하지 못했을 것이며, 토머스 제퍼슨Thomas Jefferson, 1743~1826은 독립선언서를 기초하지 못했을 것이라고 주장했다.

경쟁자인 공화당 후보 리처드 닉슨Richard M. Nixon, 1913~ 1994은 케네디보다 네 살 많은데다 하원의원과 상원의원을 거쳐 부통령까지 지냈기 때문에 경험을 강조하고 나섰다. 이에 짜증이 난 케네디의 아버지 조지프 케네디Joseph P. Kennedy, Sr., 1888~1969는 케네디의 참모 테드 소렌슨Ted Sorensen, 1928~2010에게 단 한 문장으로 된 편지를 보냈다. "나는 계속 닉슨의 경험에 관한 얘기를 듣고 있는데, 내가 생각하기에 그 경험이라는 것은 보통 일생 동안 저지른 실수를 묘사하는 데 사용되는 말이다."[3]

1984년 미국 대통령 선거에 공화당 후보 로널드 레이건Ronald Reagan, 1911~2004이 출마했을 때 참모들의 가장 큰 걱정은 레이건이 너무 고령(출마 당시 73세)이라는 점이었다. 경쟁자인 민주당 후보 월터 먼데일Walter Mondale, 1928~2021보다 열일곱 살이나 많았다. 그런데 레이건은 10월 21일 제2차 텔레비전 토론에서 자신의 나이에 대한 일반의 우려를 다음과 같은 한마디로 잠재웠다. "나는 이번 선거에서 나이를 쟁점으로 만들고 싶지는 않다. 나는 내 경쟁자의 젊음과 무경험을 내 정치적 목적에 이용하진 않을 것이다."[4]

나이를 두고 이러쿵저러쿵 말이 많지만, 한 가지 분명한

나이

사실은 '적절한' 나이는 존재하지 않거나 그 기간이 매우 짧다는 점이다. 영국 인류학자 로빈 던바Robin Dunbar, 1947~가 다음과 같이 잘 지적했듯이 말이다. "우리같이 평범한 사람들에게 전성기 때 리처드 기어가 발하던 터프한 매력이나 위노나 라이더의 투명한 눈빛과 요염함을 가진다는 것은 감히 꿈도 꾸지 못할 일이다. 더 나쁜 소식은 평생이 아주 짧은 순간만 '적절한' 나이로 살 수 있다는 것이다."[5]

물론 그 '적절한' 나이를 평가하는 건 주관적일 수밖에 없다. 사실 '나이와의 투쟁'에서 우리가 쓸 수 있는 가장 강력한 무기는 '나이의 주관화'다. 나이는 숫자에 불과하다고 외치는 것도 바로 그런 몸부림으로 볼 수 있겠다. 『플레이보이Playboy』 창립자인 휴 헤프너Hugh Hefner, 1926~2017는 2012년 12월 31일 86세의 나이로 자신보다 60년 연하인 크리스털 해리스Crystal Harris, 1986~와 결혼했다. 세 번째 결혼이었다. 자신이 81세였던 2007년에 한 다음과 같은 말을 실천에 옮긴 셈이었다.

"내게 아주 놀라운 사실은 나이는 그저 숫자에 불과하다는 점입니다. 그것은 의미 없는 숫자놀음일 뿐입니다. 암이나 교통사고, 그 밖에 다른 이유로 40세에 세상을 떠날 운명인 사람이 있다고 칩시다. 그 사람이 지금 몇 살이라고 할까요? 38세? 그 사람은 이 운명을 알든 모르든 삶의 황혼기에 와 있습니다. 그럼 100세에 죽을 운명인 사람이라면 언제쯤이 인생의 황혼기일까요? 78세일까요?"[6]

미국 배우 존 배리모어John Barrymore, 1882~1942는 "꿈이 있던 곳에 후회가 들어설 때에 인간은 비로소 늙은 것이다"는 명언을 남겼는데,[7] 이게 젊음과 늙음에 관한 최고의 기준이 아닌가 싶다. 혹 주변에 나이 때문에 자신의 꿈을 포기하고 후회로 진입하려는 50~60대의 사람이 있다면, 미국의 자기계발 전문가 맥스웰 몰츠Maxwell Maltz, 1899~1975의 다음 말을 들려주는 게 어떨까? 이 말이 나이의 한계를 뛰어넘어보려는 부질없는 꿈이요 욕심이라고 할망정, 그러면 또 어떤가?

"미켈란젤로는 80세가 넘어 최고 작품을 만들었으며, 괴테도 80세가 넘어 『파우스트』를 썼다. 에디슨은 90세가 넘어서도 연구를 계속했으며, 피카소는 75세 이후에 미술계를 지배했다. 프랭크 로이드 라이트는 90세가 넘어서도 여전히 창조적인 건축가로 지목받았으며, 버나드 쇼는 90세에도 희곡을 창작하는 데 여념이 없었다."[8]

나이

개인주의는 노인에겐
초라한 가치다

개인을 뜻하는 영어 individual은 어원상 in-dividuum, 즉 더는 나뉠 수 없는 개체를 뜻한다.[9] 이런 어원이 시사하듯이, 개인주의individualism란 사회나 집단의 이익에 우선하여 개인에게 주요한 의의를 인정하는 태도를 의미한다. 바꿔 말하면 individuality(개성, 특성, 개별성)를 존중하는 것이다.

"현대사회가 모든 악 중에서 가장 흉측한 악, 개인주의를 창조했다."[10] 프랑스 소설가 오노레 드 발자크Honore de Balzac, 1799~1850가 1839년에 한 말이다. 유럽에서 개인주의는 보수주의자는 물론 공산주의자들에게서도 맹공격을 받았다. 영국의 사회주의자 로버트 오언Robert Owen, 1771~1858은 "혐오스러운 개인주의 대신 매력적인 단결"을 주장했고, 프랑스의 초기 공산주의자 루이 오귀스트 블랑키 Louis Auguste Blanqui, 1805~1881는 "공산주의는 개인의 보호자이나 개인주의는 개인을 말살시킨다"고 주장했다. 그 어느 쪽에도 속하지 않은 영국 철학자 존 스튜어트 밀John Stuart Mill, 1806~1873마저도 개인주의를 본질적으로 "각 개인이 자기 자신을 위해 다른 만인에 대해 벌이는 경쟁"으로 보았다.[11]

이렇듯 개인주의는 유럽에선 매우 부정적인 의미로 쓰였지만, 집단적 억압에 대항해 개인의 자유와 성공을 위해 고향을 떠난 사람들로 이루어진 미국에선 시민 종교의 위상을 누리게 되었다. 미국 제3대 대통령 토머스 제퍼슨Thomas Jefferson, 1743~1826은 "개인주의는 미국적 삶의 위대한 좌우명이다"고 선포했다.[12] 사회학자 허버트 갠스Herbert J. Gans, 1927~에 따르면, "지난 150년 동안 미국에서는 많은 것들이 조금씩 변해왔다. 변하지 않은 것 중의 하나는 모든 국민들이 끊임없이 개인주의를 선호해왔다는 점이다".[13]

그렇긴 하지만, 미국에서도 개인주의의 인기는 시대적 상황에 따라 부침을 겪기도 했다. 1929년 미국에 대공황이 닥치자 범교파적 주교들의 위원회는 이런 진단을 내놓았다. "사회가 자율적이고 독립적인 개인들로 구성되어 있다는 사상

개인주의

은 잘못된 것임이 점점 더 분명해지고 있다. 그것은 경제적 사실주의의 관점에서도 그렇고 기독교적 이상주의의 관점에서도 그러하다. 강건한 개인주의에 대한 우리의 근본 철학은 협력 시대의 필요에 부응하기 위하여 수정되어야 한다."[14]

역사가 찰스 비어드Charles A. Beard, 1874~1948는 1931년에 발표한 「강건한 미국 개인주의의 신화」라는 글에서 "냉정한 진실은 이런 것이다. 각자도생하고 악마는 낙오자를 잡아간다는 개인주의적 사상이 서구 문명이 직면하고 있는 위기의 주범이다"고 단언하기도 했다.[15]

그렇지만 흑인들의 민권운동이 거세게 분출한 1960년대에 백인들이 주도한 미국 문화는 다시 '우리'에서 '나'로 나아가는 변화를 겪게 되었다. 이와 관련 사회학자 메리 잭맨Mary Jackman, 1943~은 이렇게 말한다. "백인은 개인주의의 이념을 옹호하게 되었다. 그것이 흑인들을 돕는 여러 정책을 반대하는 데 있어서, 원칙에 입각한 중립적 정당화를 제공하기 때문이다."[16]

에리히 프롬Erich Fromm, 1900~1980은 『소유냐 존재냐?To Have or to Be?』(1976)에서 "'개인주의'는 긍정적 의미에서는

사회적 속박으로부터의 해방을 의미하지만 부정적 의미에서는 '자기 소유'를 의미한다. 즉 자기의 에너지를 자신의 성공에 투자할 권리 – 그리고 의무 – 를 의미한다"고 했다.[17] 오늘날 보수 우파는 전자의 의미에 치중하는 반면 진보 좌파는 후자의 의미에 주목하는 경향이 있다.

정치학자 마이클 파렌티Michael Parenti, 1933~는 『소수를 위한 민주주의Democracy for the Few』(1977)에서 "우리의 개인주의를 도덕, 정치, 문화에 대해 스스로 선택하는 자유라고 오해하면 안 된다"며 이렇게 말한다. "각각의 사람들은 '개인주의적'으로 행동할 것이라고 생각하지만, 사실 우리는 별개성 없이 모두 비슷한 방식과 방향으로 행동한다.……우리의 개인주의는 '민영화, 사유화'를 의미하며, 이는 생산, 소비, 오락 등의 활동에 공동체 의식이 존재하지 않음을 보여주는 것이다."[18]

"개인주의는 노년기까지 안고 가기에는 초라한 가치다." 페미니스트 작가 마거릿 크룩생크Margaret Cruikshank, 1940~가 『나이듦을 배우다: 젠더, 문화, 노화』(2013)에서 한 말이다. 개인적 차원에서건 사회적 차원에서건 노인에게 가장 필요한 건 상호의존인데, 이걸 가로막는 게 개인주의의 자립 이데올로기라는 뜻이다. 그는 이렇게 경고한다. "현대 미국

개인주의

의 자립 개념에 맞추어 살려고 한다면 결국 말년에 가서 심리적으로 심각한 이상 증세에 시달릴 것이다."[19]

이념의 좌우를 떠나 한 인간의 관점에서 보자면 크룩생크의 말이 가장 가슴에 와닿는다. 어찌 보자면 개인주의는 청춘의 특권일 수 있다. 하지만 나이를 먹어보라. 한 개인으로서 모든 면에서 당당하기가 어려워진다. 육체는 수시로 이상 신호를 보내면서 누군가에게 도움을 청할 것을 요구한다. 이런 상황에 처하게 되면 그간 소중히 간직해오던 모든 개인주의적 가치가 흔들리기 십상이다. 역시 '각자도생各自圖生'보다는 '상호의존相互依存'이 더 낫다는 평범한 진실을 새삼 음미하게 될 것이다.

노인에게 '고문 기계'가 된 키오스크

"인생이 제대로 방향을 찾게 하기 위해서는 매일매일 일상이 돌아가는 방식을 단순하게 해야 한다."[20] 고대 그리스 철학자 플라톤Platon, B.C.427~B.C.347의 말이다. "진리는 항상 복잡성과 혼란이 아니라 단순함에서 찾아야 한다." 영국 물리학자 아이작 뉴턴Isaac Newton, 1643~1727의 말이다.

"문학이 하는 일은 개체가 아닌 종種을 들여다보는 것이며, 전체를 포괄하는 속성과 주된 형상에 주목하는 것이다. 이 과정에서 작가는 한 종을 특징짓는 데 영향을 주지 못하는 미미한 차이는 무시해야 한다."[21] 영국 작가 새뮤얼 존슨Samuel Johnson, 1709~1784의 말이다. 이는 '단순화의 원리'라고 할 수 있는데, 미국 소설가 윌라 캐더Willa Cather,

1873~1947도 비슷한 말을 했다. "예술 작업의 보다 높은 단계는 단순화다. 그것은 실로 고급 예술 작업의 전부라고 해도 무방하다. 없어도 되는 관습적 형식과 무의미한 세부를 골라내고 전체를 대표하는 정신만을 보존하는 일이다."[22]

"단순한 것을 복잡하게 만드는 일은 흔하다. 복잡한 것을 단순하게, 아주 단순하게 만드는 일, 그것이 바로 창의성이다."[23] 미국 재즈 작곡가 찰스 밍거스Charles Mingus, 1922~1979의 말이다. 미국 물리학자 리처드 파인먼Richard P. Feynman, 1918~1988도 비슷한 명언을 남겼다. "현상은 복잡하다. 법칙은 단순하다. 버릴 게 무엇인지 알아내라."[24]

맹렬한 기세로 단순화를 추구하되, 한 가지 꼭 명심할 게 있다. "단순성을 찾아라. 그러고 나서는 그것을 의심하라." 영국 수학자이자 철학자인 앨프리드 노스 화이트헤드Alfred North Whitehead, 1861~1947의 경고다. 경영학자 워런 베니스Warren Bennis, 1925~와 버트 나누스Burt Nanus, 1936~는 "문제는 너무 많은 사람들이 단순성을 찾고 난 다음에 의심하는 것을 잊어버린다는 것이다"고 개탄했다.[25]

아니 그 이전에 아주 단순하게 만드는 게 창의성이라는 걸 이해하지 못하는 게 더 큰 문제다. 글쓰기를 예로 들어

설명해보자. "단순해지라는 건 '정보의 수준을 낮추라'거나 '간단한 요약문을 만들라'는 의미가 아니다." 미국 경영학자 칩 히스Chip Heath, 1963~와 댄 히스Dan Heath, 1973~ 형제가 『스틱!: 1초 만에 착 달라붙는 메시지, 그 안에 숨은 6가지 법칙』(2007)에서 한 말이다. 이어 이들은 '단순하게 쓰기'에 대한 오해를 바로잡을 필요가 있다며 다음과 같이 말한다.

"단순하다는 것은 쉬운 말만 골라 쓰는 게 아니기 때문이다. 여기서 '단순'의 정확한 개념은 메시지의 '핵심'을 찾으라는 의미다. 그리고 '핵심을 찾으라'는 말은 곧 메시지를 한 꺼풀 한 꺼풀 벗겨내어 그 한가운데 숨어 있는 본질을 발견하라는 뜻이다. 핵심에 이르기 위해서는 남아돌거나 불필요한 요소들을 모두 제거해야 한다. 하지만 이는 그나마 쉬운 과정에 속한다. 정말로 어려운 부분은, 중요하지만 '가장 중요하지는 않은' 메시지를 제거하는 일이다."[26]

일단 무언가를 알게 되면 자신이 과거에 그걸 몰랐을 때를 생각하지 못해 지식의 원활한 소통을 가로막는 현상을 가리켜 '지식의 저주the curse of knowledge'라고 한다. 히스 형제는 단순화를 할 때엔 '지식의 저주'를 경계해야 한다며 이렇게 말한다. "사람들은 일단 뭔가를 알고 나면 모른

다는 것이 어떤 건지 잊기 시작한다. 그래서 단순화할 때 너무 지나치게 단순화할 우려가 있다."[27]

결국 "가능한 한 단순하게 만들어라. 하지만 너무 단순하게는 말고"라고 했던 물리학자 알베르트 아인슈타인Albert Einstein, 1879~1955의 말이 옳았던가 보다. 무슨 말을 그따위로 모호하게 하느냐고 짜증을 낼 수도 있겠지만, 우리가 즐겨 쓰는 '적당適當'의 의미가 바로 그런 것임을 상기할 필요가 있겠다.

미국 MIT 슬론경영대학원 교수 앤드루 맥아피Andrew McAfee, 1967~와 에릭 브린욜프슨Erik Brynjolfsson, 1962~은 "모든 성공한 플랫폼 구축자들은 참가자에게 전달하는 사용자 경험과 사용자 인터페이스를 개선하기 위해 강박적으로 애쓴다"며 "최고의 인터페이스는 종종 아인슈타인이 말했다고 하는 위 조언을 따른다"고 했다.[28]

그러나 다음 『경향신문』 기사는 한국의 키오스크가 아인슈타인의 조언을 충실히 따르지 않아 노인들에게 필요 이상의 불편을 주고 있는 게 아닌가 하는 의문을 갖게 만든다. 흥미롭고도 놀라운 건 노인들이 "왜 이렇게 어렵게 만들었느냐"고 불평을 하기보다는 아예 "늙은 게 죄"라며

키오스크의 '고문'에 순응하는 자세를 보이고 있다는 점
이다.

"복지관, 노인대학, 동주민센터 등에서 최근 인기가 많은
고령층의 키오스크 수업은 보통 5~6주, 길게는 12주 과정
이다. 화면에 뜬 아이콘을 찾아 누르는 게 전부인데 12차
례나 뭘 가르칠 게 있을까. 의구심은 복지관 수업이 '터치
법'으로 시작되는 것을 보며 풀렸다. 태어나자마자 화면
을 손가락으로 쓸어내려 잠금을 풀 줄 아는 요즘 아이들
이 '터치 네이티브'라면, 노인들에게 '터치'는 여전히 어
색한 동작이다. 게다가 말 몇 마디로 끝날 주문을 수십 가
지 선택지를 늘어놓고 고르게 한다. 어르신들은 키오스크
를 '고문 기계'로 부른다고 했다."[29]

죽음은 집을 떠나
병원으로 갔다

"죽음은 인간이 누릴 수 있는 모든 축복 가운데 가장 위대한 것이다."[30] 고대 그리스 철학자 소크라테스Socrates, B.C.469~B.C.399의 말이다. "나는 사는 법을 배우고 있다고 생각했지만 사실은 죽는 법을 배워왔다."[31] 이탈리아 예술가이자 과학자이자 사상가인 레오나르도 다 빈치Leonardo da Vinci, 1452~1519의 말이다.

"우리 모두는 우리 자신이 치유되길 꺼린다. 죽음이 모든 질병의 치유책이기 때문에."[32] 영국 작가 토머스 브라운Thomas Browne, 1605~1682의 말이다. "태양과 죽음은 정면으로 바라볼 수 없다."[33] 프랑스 작가 라로슈푸코François de La Rochefoucauld, 1613~1680의 말이다.

"자유인은 삶만을 명상한다." 네덜란드 철학자 베네딕트 스피노자Benedict Spinoza, 1632~1677의 말이다. 그는 이 명제를 내세워 합리주의의 이름으로 죽음에 대한 사색을 거부했다. "자유로운 사람은 전혀 죽음을 생각하지 않는다. 그리고 자유로운 사람의 지혜는 죽음에 대한 명상이 아니라 삶에 대한 명상이다. 다시 말하면 이성만의 명령에 따라 사는 사람은 죽음에 대한 두려움에 의해서 인도되는 것이 아니라, 직접적으로 선을 욕망하고 자신의 존재를 보존하고자 한다."[34]

"낙엽은 우리에게 어떻게 죽어야 하는지를 일러준다."[35] 미국 작가 헨리 데이비드 소로Henry David Thoreau, 1817~1862의 말이다. 인류의 모든 종교가 하나의 진리로 통한다고 믿었던 그는 죽어갈 때도 정신 상태가 몹시 고양되어 있었고, 이 마지막 말을 남겼다고 한다.

"모든 삶의 목표는 죽음이다."[36] 정신분석의 창시자인 오스트리아 정신병리학자 지그문트 프로이트Sigmund Freud, 1856~1939의 말이다. "모든 탈출 수법 중에서 죽음이 가장 효율적이다."[37] 미국 작가 헨리 루이 멩켄Henry Louis Mencken, 1880~1956의 말이다.

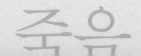

"죽음은 죽은 사람보다도 남겨진 사람에게 더 날카로운 아픔을 남긴다."[38] 영국 역사학자 아널드 토인비Arnold J. Toynbee, 1889~1975의 말이다. "작가가 죽으면 그의 작품의 중요성이 과장되는 것처럼, 한 사람이 죽으면 그의 위상도 과대평가 받게 된다."[39] 프랑스 작가 알베르 카뮈Albert Camus, 1913~1960의 말이다.

"인간이라는 존재는 죽음이란 별 아래에서 살아갈 뿐이다." 프랑스 역사가 필립 아리에스Philippe Ariès, 1914~1984의 말이다. 하지만 우리 인간은 죽음에 순응할 수밖에 없으면서도 이상한 방식으로 저항한다. 살아남은 사람들이 혈육의 죽음을 현세의 '인정 투쟁'을 위한 이벤트로 만들기도 한다. 장례식장들은 앞다투어 '품위와 성실을 보증'한다는 점을 강조하면서 '가격 저렴', '교통 원활', '주차장 완비' 등을 내세우는 광고를 해댄다. 이를 가리켜 아리에스는 "죽음이란 소비의 대상이다"고 했다.[40]

"죽음은 집을 떠나 병원으로 갔다. 이제 죽음은 일상의 친숙한 세계에서는 존재하지 않는다. 현대인은 충분히, 그리고 가까이서 죽음을 보지 못함으로써 죽음을 망각했다." 아리에스가 『죽음의 역사』(1975)에서 한 말이다. 죽음의 '소비 시장'에 병원들이 뛰어들면서 벌어진 일이다.

오늘날 병원은 장례식장을 겸하고 있다. 이에 대해 아리에스는 "죽음은 후퇴했다"고 했으며, 더 나아가 인간이 죽음을 "강탈당했다"고까지 말했다.[41]

"이제 미국에서 죽음의 80퍼센트가 병원과 '양로원'에서 일어난다." 미국 역사가 로버트 단턴Robert Darnton, 1939~이 『로버트 단턴의 문화사 읽기』(1990)에서 한 말이다. 그는 인간이 죽음을 "강탈당했다"는 아리에스의 말을 긍정하면서 다음과 같이 말한다.

"대부분의 미국인들은 가족 대신 낯선 이들과 의료진에 둘러싸인 채 홀로 죽어간다. 사제는 의사로 대체되었고 의사는 죽어가는 자의 심리적 필요를 충족시켜줄 방법을 수련하지 않으며 환자에게 그의 죽음에 관한 사실을 숨긴다. 그러므로 환자는 자신도 모르는 사이 죽음으로 끌려들어간다. 어떤 최후의 현실에 노출되기는커녕 죽음이란 것이 마치 체온을 기록한 도표에서 마지막 하강점에 불과한 것인 양 죽어간다."[42]

미국 정신의학자 앨런 프랜시스Allen J. Frances, 1942~는 "병원에서 죽는 것보다 나쁜 죽음은 없다"며 "주삿바늘이 쉴 새 없이 몸을 찌르고, 종일 시끄럽고, 밝은 불빛에 잠들 수

도 없으며, 가족에게 작별 인사도 못하고 외롭게 죽는다"고 했다.[43]

한국의 장례 문화는 어떨까? 죽음이 집을 떠나 병원으로 갔다는 점에선 서양과 비슷하지만, 서양인들이 보기엔 놀라운 점도 있나 보다. 아일랜드인으로 오산대학교 교수인 워런 닐랜드Warren Neiland, 1978~는 2014년 『조선일보』 인터뷰에서 "한국을 좋아하지만 한국식으로 죽거나 묻히고 싶지는 않다"고 했다. 환자 가족이 간이침대에서 새우잠 자며 간호하는 장면, 고인이 누군지도 모르는 조문객이 북적대는 장면, 5~10만 원씩 현금을 헤아려 흰 봉투에 넣는 장면, 유족과 조문객이 고인과 아무 상관없는 이야기를 나누는 장면, '○○기관 대표 ○○○' 리본이 달린 조화弔花가 늘어선 장면…… 우리에게 익숙한 이런 풍경이 그의 눈엔 기이하게 비쳤다고 한다.

워런 닐랜드는 특히 화장장에 갔을 땐 여러 유족이 한 공간에 뒤섞여 각자 번호표 받고 북적대는 광경에 내심 큰 충격을 받았다고 했다. 그는 "고인을 보내는 건 굉장히 개인적인private 경험인데, 그곳 풍경은 꼭 패스트푸드 식당 같았다"며 이렇게 말했다.

"아일랜드에서 사람이 죽으면 그 사람을 애도하고 존경을 바치는데 여기선……. 내 인생에서 가장 서글픈 공간이었어요. 복지가 부실한 측면도 있겠지만 꼭 그것 때문만은 아닌 것 같습니다."[44]

희망을 버려라, 현재도 소중하다

"살아 있는 한 희망은 있다." 고대 로마 철학자 키케로 Cicero, B.C.106~B.C.43의 말이다. "희망에게는 아름다운 두 딸이 있다. 그들의 이름은 분노와 용기다. 현실이 지금 모습대로인 것에 대한 분노, 그리고 현실을 마땅히 그래야 하는 모습으로 바꾸려는 용기."[45] 초대 그리스도교 교회가 낳은 철학자이자 사상가인 성 아우구스티누스St. Augustinus, 354~430의 말이다.

"희망이 없다면 가슴은 무너져 내리리라."[36] 영국의 성직자이자 작가인 토머스 풀러Thomas Fuller, 1608~1661의 말이다. "희망이 없는 곳엔 노력도 없다." 영국 작가 새뮤얼 존슨Samuel Johnson, 1709~1784의 말이다. "무슨 일에서건 좌절

하는 것보다는 희망을 갖는 게 더 낫다." 독일 시인 요한 볼프강 괴테Johann Wolfgang von Goethe, 1749~1832의 말이다.

"모든 걸 다 잃었을지라도 미래는 여전히 남아 있다." 미국 작가 크리스티앙 네스텔 보비Christian Nestell Bovee, 1820~1904의 말이다. "당신이 아래를 내려다보아서는 무지개를 발견하지 못한다."[47] 영국 출신으로 미국에서 활동한 희극배우 찰리 채플린Charlie Chaplin, 1889~1977의 말이다. "희망이 사라지면 곧 도덕적 타락이 뒤따른다." 미국 작가 펄 벅Pearl S. Buck, 1892~1973의 말이다.

"절망적인 상황에서 희망은 유용하다." 미국의 정신분석가 카를 메닝거Karl Menninger, 1893~1990의 말이다. "절망과 고통은 정태적靜態的 요소다. 상승의 동력은 희망과 금지에서 나온다. 인간들로 하여금 반항하게 하는 것은 현실의 고통이 아니라 보다 나은 것들에 대한 희망이다."[48] 미국 작가 에릭 호퍼Eric Hoffer, 1902~1983의 말이다. "희망이 사라진 곳에서 우리가 만들어야 할 것은 희망이다."[49] 프랑스 작가 알베르 카뮈Albert Camus, 1913~1960의 말이다.

"좋지 않은 시대에 희망을 갖는다는 것은 단지 어리석은 낭만주의만은 아니다. 그것은 인류의 역사가 잔혹함의 역사만이 아니라, 공감, 희생, 용기, 우애의 역사이기도 하다는 사실에 근거한 것이다. 이 복잡한 역사에서 우리가 강조하는 쪽이 우리의 삶을 결정하게 될 것이다. 우리가 만약 최악의 것들만을 본다면, 그것은 무언가를 할 수 있는 우리의 능력을 파괴할 것이다."[50] 미국의 진보적 역사학자 하워드 진Howard Zinn, 1922~2010의 말이다.

"희망은 뭔가가 잘되리라는 확신이 아니다. 결과가 어떻게 되든 그게 옳다는 확실성이다."[51] 작가 출신으로 체코 대통령을 지낸 바츨라프 하벨Vaclav Havel, 1936~2011의 말이다. 그는 대통령 재임 시 기자회견에서 "당신은 낙관주의자입니까?"라는 질문을 받자, 오랜 침묵 후 이렇게 답했다. "모든 일이 잘될 거라고 믿는다는 의미의 낙관주의자는 아닙니다. 하지만 모든 일이 잘못될 거라고 믿는 비관주의자도 아닙니다. 단지 희망을 가질 뿐입니다. 희망이 없으면 진전도 없기 때문입니다. 희망은 삶 그 자체만큼이나 중요합니다."[52]

이상 소개한 명언들은 흠잡을 데 없이 다 좋은 말이다. 희망에 대해 비판적인 명언도 많지만, 그런 명언보다는 희망을 긍정하는 명언이 우리의 마음을 편안하게 만든다. 그럼에도 독일 철학자 아르투어 쇼펜하우어Arthur

Schopenhauer, 1788~1860의 다음 말은 음미해볼 가치가 있을 것 같다. "희망은 마치 독수리의 눈빛과도 같다. 항상 닿을 수 없을 정도로 아득히 먼 곳만을 바라보고 있기 때문이다."[53]

모든 희망이 다 그렇진 않겠지만, 아득히 먼 곳만을 바라보는 희망이라면 그건 좀 다시 생각해볼 필요가 있겠다. 미국 신경심리학자 폴 페어솔Paul Pearsall, 1942~2007은 『역설의 심리학: 익숙한 인생의 가치와 결별하라』(2005)에서 "희망을 버려라. 인생의 최악 시기에 희망을 잃지 않으려고 애쓰는 것은 소모적일 수 있다"고 했다. 이는 희망을 부여잡기 위해 감내해야 하는 고통의 적정 수준에 대해 생각해보자는 요청으로 볼 수 있다.

페어솔은 "최근 하버드와 UCLA 의대에서 실시한 연구들은, 희망이 질병을 치료하거나 암을 치유하는 데 효과적이진 않다는 점을 입증하고 있다. 가장 두려운 시기에도 '희망적'이고자 하는 노력 때문에, 현재의 삶의 질을 향상시키고 유지하는 데 도움이 되는 느낌들을 정직하게 표현하지 못할 수도 있다"며 다음과 같이 말한다.

"나는 암과의 투쟁을 통해 비관주의, 두려움, 분노, 공포가

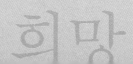

희망만큼이나 정당하고 필수적인 감정이라는 사실을 배웠다. 어떤 사람들은 우리에게 '희망을 잃지 마라'고 말하면서 '당신의 현재 상황은 매우 끔찍하며, 당신이 생각할 만한 가치가 있는 것은 오직 더 나은 미래다'라는 말을 덧붙이곤 한다. 이 말을 그대로 받아들이는 것은 매우 위험할 수 있는데, 그 이유는 이 말대로라면 현재는 전혀 살 만한 가치가 없으며 즐거움은 오직 미래에서만 찾을 수 있기 때문이다."[54]

미국의 판타지·SF 작가 마거릿 와이스Margaret Weis, 1948~가 잘 지적했듯이, "희망은 현실의 부정이다".[55] 문제는 부정의 범위와 정도일 것이다. 모든 걸 전면 부정할 수도 있고, 일부나마 어느 정도 긍정할 수도 있다. 그런 식으로 타협하는 자세가 '더 나은 미래'를 위한 인내와 고난의 시간을 감내하는 데에 더 유리한 건 아닐까? 도중에 무너지지 않으면서 희망을 지속가능한 것으로 유지하는 데에도 도움이 되지 않겠느냐는 것이다. 그렇게 하는 걸 좀 선정적으로 과장되게 표현하자면, "희망을 버려라, 현재도 소중하다"는 슬로건이 가능할 게다.

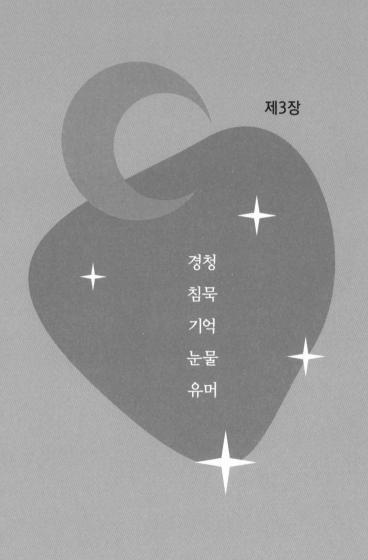

제3장

경청

침묵

기억

눈물

유머

귀는 80퍼센트,
입은 20퍼센트만 사용하라

"그 어떤 질문도 하지 말고 듣기만 하라." 고대 그리스 철학자 피타고라스Pythagoras, B.C.580~B.C.500가 주도한 교육법의 핵심 원칙이다. 피타고라스는 경청을 진리 획득의 조건으로 보았기 때문에 제자들은 5년간 수업 시간 중에 그 어떤 질문도 하지 않으면서 그저 경청의 기술만을 발달시키는 교육 규칙을 지켜야 했다고 한다. 피타고라스의 경청법을 한 단계 발전시킨 로마 철학자 플루타르코스Plutarchos, 46~120는 "학교 교육을 마친 후에도 성인 생활 내내 경청하는 법을 배워야 한다"고 했다.[1]

"잘 듣는 것은 잘 말하는 것만큼이나 강력한 영향력을 미치는 의사전달 수단이다."[2] 미국 연방대법원장 존 마

셜John Marshall, 1755~1835의 말이다. "거의 기적에 가까운 일을 일으킬 수 있는 말의 힘이 있어야 하듯, 남의 말을 잘 귀담아듣는 사람도, 원한다면 기적을 일으킬 힘을 가지리라."[3] 덴마크 철학자 쇠렌 키르케고르Søren Aabye Kierkegaard, 1813~1855의 말이다.

"말하는 것은 지식의 특권이고, 듣는 것은 지혜의 특권이다."[4] 미국 대법관을 지낸 올리버 웬들 홈스Oliver Wendell Holmes, 1841~1935의 말이다. "단 한 명, 기꺼이 내 어려움을 이해하고 진심으로 들어주는 친구 단 한 명이 세계관 전체를 바꿔준다."[5] 호주 심리학자 엘턴 메이오Elton Mayo, 1880~1949의 말이다.

"듣기는 창의적인 힘이다. 우리는 잘 들어주는 친구와 가까이 지내려 하고 곁에 머물려고 한다. 누군가 경청해줄 때 우리는 창의적이 되고 자신을 활짝 열어 확장시킨다."[6] 미국 정신과 의사 카를 메닝거Karl Menninger, 1893~1990의 말이다. "누군가의 말을 완전히 집중해서 듣고 있다면, 그것은 그 사람이 하는 말뿐 아니라 전달되는 감정까지 듣는 것이며, 부분이 아닌 전체를 듣는 것이다."[7] 인도 사상가 지두 크리슈나무르티Jiddu Krishnamurti, 1895~1986의 말이다.

이렇듯 수많은 현인賢人이 경청의 필요성을 역설했지만, '경청학'이라고 해도 좋을 정도로 경청에 대해 많은 말을 한 이가 있다. 그는 바로 미국 심리학자 칼 로저스Carl Rogers, 1902~1987다. 그는 다음과 같은 경청 예찬론을 폈다.

"어떤 사람이 나를 판단하지 않고, 나를 책임지려 하거나 나에게 영향을 미치려 하지 않으면서 내 말에 진지하게 귀 기울여 들어줄 때는 정말 기분이 좋다. 누군가 내 이야기를 듣고 나를 이해해주면, 나는 새로운 눈으로 세상을 다시 보게 되어 앞으로 나아갈 수 있다. 누군가가 진정으로 들어주면 암담해 보이던 일도 해결 방법을 찾을 수 있다는 것은 정말 놀라운 일이다. 해결의 실마리가 보이지 않던 일도 누군가가 잘 들어주면 마치 맑은 시냇물 흐르듯 풀리곤 한다."[8]

로저스는 "의사소통을 할 수 없는 것은 상대방을 이해하지 못하고, 그의 말에 제대로 귀 기울이지 않기 때문이다"고 했다.[9] 그가 심리 치료를 위해 사용한 '거울 요법 mirroring'의 핵심 규칙은 "상대방의 말을 들을 땐 맞장구를 쳐주라"는 것이다. 예컨대, 상담자가 "오늘은 기분이 아주 개떡같아요"라고 말했다면, 치료자는 이를 받아 "아, 오늘은 상당히 기분이 나쁘신가 봐요"라는 식으로 함께

경청

공감하고 있다는 걸 알려주는 것이다.[10] 로저스는 은밀한 고백까지 들어주는 경청 능력을 가진 이를 '성장을 촉진하는 경청자growth promoting listener'라고 불렀다.[11]

그렇다. 중요한 건 맞장구다. 꼭 말로만 맞장구를 쳐줄 수 있는 건 아니다. 눈빛으로도 얼마든지 가능하다. 미국 언론인 브리짓 슐트Brigid Schulte, 1962~는 "당신이 관리자라면 '미세한 긍정micro-affirmation'의 힘을 기억하라"며 "사람들의 말을 경청하고, 따뜻한 관심을 표시하고, 관대하게 행동하고, 남들에게 소개를 해주고, 공정하면서도 구체적인 피드백을 적시에 해주는 것은 무의식적 편견에 맞서는 작지만 효과적인 방법이다"고 했다.[12]

"고객이 이야기하는 동안, 그 말을 받아 적는다거나 그들에 대한 정보를 파악하고 있음을 확인시켜주는 것들을 포함해서, 당신이 열성적으로 경청하고 있다는 증거를 고객에게 전달하라."[13] 미국의 기업 컨설턴트 자넬 발로Janelle Barlow, 1943~가 『불평하는 고객이 좋은 기업을 만든다』(2008)라는 책에서 한 말이다.

"소리를 내는 능력보다 듣는 능력이 더욱 중요합니다. 노래 부를 때 당신은 서로의 소리를 듣고 반응해야 합니다.

최고의 합창단은 그렇게 하죠. 그들을 탁월하게 만드는 것은 그 반응성입니다." 어느 성가대 지휘자의 말이다. 영국 작가 마거릿 헤퍼넌Margaret Heffernan, 1955~은 이 말을 소개하면서 경청의 중요성에 대해 다음과 같이 역설한다.

"당신이 상급자일수록, 경청은 더욱 중요하다. 일단 리더가 말하면 대부분의 사람들은 대화를 하기보다 그에 맞춰 자신의 입장을 조정하기 시작한다. 그러나 리더가 입을 열지 않으면 사람들은 훌륭한 합창단처럼 서로에게 귀를 기울이고 반응한다. 이것이 바로 일이 성공적으로 이루어지는 길이자 순간이다."[14]

그럼에도 경청을 잘하는 사람은 드물다. 왜 그럴까? 그 이유는 간단하다. 경청은 듣는 사람의 에너지를 많이 요구하는 힘든 일이기 때문이다. 그런 중노동에 대한 현실적인 보상을 강조하면 좀 달라질까? 미국의 자동차 판매왕 조 지라드Joe Girard, 1928~2019는 이런 명언을 남겼다. "당신의 능력을 알리기 위해 고객에게 많은 말을 할 필요는 없다. 성공적인 영업의 비결은 귀는 80%, 입은 20% 사용하는 것이다."[15]

경청

침묵은 어떻게
무기가 되는가?

"지혜에서도 상책上策은 침묵하는 것이고, 중책中策은 말을 적당히, 적게 하는 것이며, 불필요하거나 잘못된 말이 아니더라도 말을 많이 하는 것은 하책下策이다."[16] 프랑스 문필가 조제프 앙투안 투생 디누아르Joseph Antoine Toussaint Dinouart, 1716~1786가 『침묵의 기술』(1771)에서 한 말이다. 그는 수도원이 아닌 세속에 적을 둔 소위 '세속 사제'로 활동했으며, 『침묵의 기술』은 예수회의 전형적인 수사적 이론과 실제를 요약, 정리한 책이다. 그는 이 책에서 "침묵은 하나의 능력이다"며 14개의 필수 원칙을 제시했다. 그 가운데 일부를 소개하자면 다음과 같다.

"침묵보다 나은 할 말이 있을 때에만 입을 연다. 말을 해야 할 때가 따로 있듯이 입을 다물어야 할 때가 따로 있다. 말을 해야 할 때 입을 닫는 것은 나약하거나 생각이 모자라기 때문이고, 입을 닫아야 할 때 말을 하는 것은 경솔하고도 무례하기 때문이다. 일반적으로, 말을 하는 것보다 입을 닫는 것이 덜 위험하다는 점은 분명하다. 침묵은 이따금 편협한 사람에게는 지혜를, 무지한 사람에게는 능력을 대신하기도 한다."[17]

"입을 열어 모든 것을 다 드러내기보다는 차라리 입을 다물고 바보처럼 보이는 편이 낫다."[18] 미국 작가 마크 트웨인Mark Twain, 1835~1910의 말이다. "침묵을 경청하는 것은 경이로운 일이다."[19] 영국 소설가 토머스 하디Thomas Hardy, 1840~1928의 말이다. "그들에게는 침묵의 의미를 상기시켜주어야 할 것이다." 영국 작가 조지 버나드 쇼George Bernard Shaw, 1856~1950가 런던의 의사 합창단에 대해 쓴 비평에서 한 말이다. 이 비평은 큰 화제가 되었다고 한다.[20]

"금과 은은 순수한 물에서 잴 수 있듯이, 영혼을 시험할 수 있는 곳은 바로 침묵 속에서다." 벨기에 작가 모리스 마테를링크Maurice Maeterlinck, 1862~1949의 말이다. 그는 사람들은 소리의 부재를 죽음의 전조라 여기고는 그게 무서워서 엄청나게 많은 시간을 무의미한 소리를 지껄이는 데 낭비한다

고 주장했다.[21]

미국의 역대 대통령 가운데 가장 침묵을 많이 지킨 대통령을 꼽자면 단연 제30대 대통령 캘빈 쿨리지Calvin Coolidge, 1872~1933다. 그의 침묵에 대해선 긍정적인 평가와 부정적인 평가가 공존하는데, 긍정 평가를 내린 언론인 월터 리프먼Walter Lippmann, 1889~1974은 이렇게 말했다. "쿨리지 대통령의 움직임 없는 천재적인 무無활동은 최고의 경지에 달했다. 이것은 게을러서 활동하지 않는 무활동과는 거리가 멀었다. 이것은 엄격히 통제되고, 굳게 결심하고, 그리고 늘 신중한 판단에 따른 무활동이었다."[22]

"침묵은 권력의 최후 무기다."[23] 프랑스 정치가 샤를 드골Charles de Gaulle, 1890~1970의 말이다. 이와 관련, 불가리아 출신의 영국 작가이자 문화인류학자인 엘리아스 카네티Elias Canetti, 1905~1994는 『군중과 권력』(1960)에서 다음과 같이 말했다. "침묵의 힘은 언제나 높은 평가를 받는다. 그것은 입을 열게 하려는 무수한 자극을 물리치고, 질문을 무시하며, 다른 사람의 말이 어떤 감정을 불러일으켰든 그것을 밖으로 드러내지 않을 수 있는 사람이라는 것을 뜻한다."[24]

'부활한 마키아벨리'로 불리는 미국 작가 로버트 그린Robert

Greene, 1959~은 『인간 욕망의 법칙』(1998)에서 다음과 같이 말했다. "말은 많이 하면 할수록 다 평범해지고 권위가 없어지는 법이다. 말로 인상을 남기려 할 때는 더욱더 그렇다. 진부한 이야기를 할 때조차도 모호하게 생각의 여지를 던지고 수수께끼처럼 만들어라. 권력자들은 말을 아낌으로써 강한 인상과 위협감을 남긴다. 말을 많이 할수록 후회할 말을 하게 될 가능성도 커진다."[25]

침묵은 사회 저명인사나 연예인에게도 최후 무기는 아닐망정 신비감을 불러일으키는 주요 무기다. "침묵은 환상을 키우는 양분이다. 만일 재키가 토크쇼 진행자로 나섰다면, 틀림없이 대중 사이에서는 그녀를 추앙하는 마음이 사라지고 말았을 것이다."[26] 미국 문화평론가 웨인 쾨스텐바움Wayne Koestenbaum, 1958~이 『나를 애타게 하는 재키Jackie under My Skin: Interpreting an Icon』(1995)에서 한 말이다. 재키는 미국 제35대 대통령 존 F. 케네디John F. Kennedy, 1917~1963의 부인 재클린 케네디Jacqueline Kennedy, 1929~1994의 애칭이다.

"케이트 모스는 논란에 휩쓸릴 때도 언론 앞에서 입을 열지 않은 덕분에, 진정한 아이콘—우리가 바라는 그 어떤 의미도 투사할 수 있는 이미지—이 되었다." 영국의 패션 전문 저널

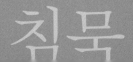

리스트 알렉산드라 슐먼Alexandra Shulman, 1958~이 『브리티시 보그British Vogue』 2007년 4월호에 쓴 기사에서 한 말이다. 패션 평론가 앤절라 바톨프Angela Buttolph, 1977~는 "어딜 가나 사람들 눈에 뜨이는데도 어느 누구와도 말을 나누려 하지 않는다는 점에서 그녀는 그야말로 천재다"고 했다.[27]

"현명한 머리가 무거운 입을 만든다." "말해야 할 때가 있고 침묵해야 할 때가 있는 법이다." "침묵은 반박이 가장 어려운 논법 중의 하나다." "침묵하라. 그러면 사람들은 당신을 철학자로 생각할 것이다." 자주 인용된 이런 서양 격언들도 침묵은 무기일 수 있다는 걸 시사한다. 그러나 언젠간 들통 날 수밖에 없는 한시적 무기라는 점에서 침묵을 무기로 자주 쓰는 건 다시 생각해볼 일이다.

생각도 나지 않는 사람을
선택할 수는 없다

"신이시여, 기억의 힘은 정말 대단합니다. 기억은 이루 헤아릴 수 없이 광대한 성소聖所입니다. 누가 그 깊이를 잴 수 있겠습니까?" 성 아우구스티누스St. Augustinus, 354~430의 말이다. 그의 '기억 찬양'을 더 들어보자. "나는 혀를 움직이거나 목으로 소리를 내지 않고도 얼마든지 노래를 부를 수 있다. 이 모든 일은 내 안에서, 나의 기억이라는 광대한 수도원 안에서 일어난다. 이 안에는 하늘도 있고, 땅도 있고, 바다도 있어서, 내가 부르면 언제든 나타난다.……나는 이 안에서 나 자신도 만날 수 있다."[28]

"기억, 뇌를 감시하는 교도관."[29] 영국 극작가 윌리엄 세익스피어William Shakespeare, 1564~1616의 『맥베스Macbeth』

(1605~1606년으로 추정)에 나오는 말이다. 그러나 기억이 늘 주인의 뜻에 고분고분하게 따르는 건 아니다. 영국 소설가 제인 오스틴Jane Austen, 1775~1817은 기억에 대해 이런 불평을 했다. "기억은 때로는 내용을 매우 잘 간직해주며 쓸모 있고 순종적이지만, 또 어떤 때는 너무나 혼란스럽고 약하며, 또 다른 때는 너무나 포악하고 제멋대로다."[30]

"'내가 그렇게 했어.' 나의 기억이 말한다. '내가 그렇게 했을 리가 없어.' 나의 자존심이 확고하게 말한다. 결국 기억이 굴복하고 만다."[31] 독일 철학자 프리드리히 니체 Friedrich Wilhelm Nietzsche, 1844~1900의 말이다. 사실 자신의 자존심을 보호하거나 세우기 위해 우리는 수많은 기억을 조작하지만, 자존심은 그런 조작에 대한 기억마저 없애주니 그걸 알 길이 없어지는 것이다.

"기억은 진실 말고도 여러 주인을 섬긴다."[32] 미국 심리학자 제롬 브루너Jerome Bruner, 1915~2016의 말이다. "기억은 미덥지 못하고 자기 기준으로 판단하는 역사가이다. 기억은 종종 과거 사건의 윤곽을 흐리게 하고, 범죄성을 호도하며, 진실을 왜곡하는 자기고양 편향ego-enhancing bias에 의해 재단되고 형성된다."[33] 미국 심리학자 엘리엇 애런슨 Elliot Aronson, 1932~의 말이다. 미국 영문학자 조너선 갓셜

Jonathan Gottschall, 1972~은 『스토리텔링 애니멀: 인간은 왜 그토록 이야기에 빠져드는가』(2012)에서 이 두 명언을 인용하면서 다음과 같이 말한다.

"기억의 목적이 과거를 사진처럼 정확히 기록하는 것이라면 기억에 심각한 결함이 있는 것이 맞다. 하지만 기억의 목적이 더 나은 삶을 살도록 하는 것이라면 기억의 유연성이 실제로는 유용할지도 모른다. 기억의 결함은 의도된 것인지도 모른다.……우리가 과거를 잘못 기억하는 이유는 삶 이야기에서 주인공 자리를 지키기 위해서이다."[34]

기억의 목적이 더 나은 삶을 살도록 하는 것이라면, 기억이 인간관계에서 중요한 수단이 되는 건 당연한 일이라 할 수 있겠다. 특히 리더십을 행사하는 지도자로선 사람들의 얼굴과 이름을 기억하는 것이 중요하다. 역사상 그런 능력이 가장 뛰어난 대표적 인물로 나폴레옹 보나파르트Napoleon Bonaparte, 1769~1821가 거론된다. 영국의 전쟁사가 앤드루 로버츠Andrew Roberts, 1963~는 『승자의 DNA: 300년 전쟁사에서 찾은 승리의 도구』(2019)에서 다음과 같이 말한다.

"나폴레옹은 사람의 얼굴과 이름을 아주 잘 기억했다. 황

기억

제는 행군 도중에도 수많은 부대원 중 자신과 함께 전투에 참여한 병사에게 다가가 전투를 회상하며 끊임없이 질문을 던졌다. 지목을 받은 병사는 어깨를 으쓱하며 황제와 격의 없는 대화를 나눴다. 물론 나폴레옹의 주위에는 계급별 병졸들의 이름을 외워 알려주는 유능한 참모들이 있었다. 하지만 그들 역시 모든 병사의 이름을 다 알지는 못했고, 더러는 나폴레옹이 먼저 나서서 병사의 이름을 부르기도 했다. 나폴레옹의 기억력은 경이로운 수준이었다."[35]

리더에겐 기억하는 게 중요하지만, 리더를 따르는 사람들에겐 기억되는 게 중요하다. "'기억된다'는 말과 '선택된다'는 말은 동의어다. 생각도 나지 않는 사람을 선택할 수는 없는 노릇이다."[36] 미국 스탠퍼드 경영대학원 교수 제프리 페퍼Jeffrey Pfeffer, 1946~가 『권력의 기술Power』(2010)에서 한 말이다. 친숙성이 선호도와 직결된다는 뜻으로 한 말이지만, 중국의 심리 상담사 구위안인谷元音은 『영향력은 어떻게 만들어지는가』(2014)라는 책에서 이 말에 좀 더 적극적인 의미를 부여해 다음과 같은 자기계발용 조언을 내놓는다.

"상대에게 선택받기 위해서는 자주 얼굴을 마주할 기회를 만들어야 한다는 뜻이다. 영향력 있는 사람이 되고 싶다면 사람들을 더 많이 만나서 당신의 얼굴을 자주 보여줘라. 눈도장을 자주 찍을수록 당신의 영향력 역시 커진다는 사실을 잊지 말자."[37]

이런 조언에 거부감을 느끼는 사람일지라도 눈도장을 찍는 걸 완전히 외면하면서 이 세상을 살아가긴 어려울 것이다. 어쩌겠는가? 생각도 나지 않는 사람을 선택할 수는 없다고 하니, 이 세상에서 완전히 잊힌 사람이 되지 않기 위해선 눈도장 찍는 일과 적정 수준의 타협을 해가면서 살아야 하지 않겠는가?

기억

울 수 있는 남자가
용기 있는 사람이다

"나는 눈물과 슬픔이 단지 여자들에게만 속한다고 생각하는 부류의 사람이 아니다."[38] 프랑스 철학자 르네 데카르트René Descartes, 1596~1650의 말이다. 그는 어린 딸이 죽었을 때 울었다는데, 그런 상황에서 울지 않는 아빠가 있을 수 있을까?

"내가 가는 곳마다 나에겐 어두운 운명이 따라다니고 있고, 또 나만큼 눈물을 많이 흘려본 사람도 없을 것이다." 프랑스 계몽사상가 장 자크 루소Jean Jacques Rousseau, 1712~1778의 말이다. 루소에 대해 비판적인 영국 작가 폴 존슨Paul Johnson, 1928~은 "이런 얘기는 특히 신분이 높은 귀부인들의 동정을 끌어내기 위한 것이었다"며 "그는 산

전수전 모두 겪은 심리적인 사기꾼이었다"고 주장했다.[39] 믿거나 말거나.

"감수성은 체질의 나약함이 아니다. 정말로 남성다운 남성의 눈에서 흘러내리는 눈물은 여성의 눈물보다 더 우리를 감동시킨다." 프랑스 계몽주의 철학자 드니 디드로 Denis Diderot, 1713~1784의 말이다. 디드로는 관객의 눈물을 흘리게 만드는 연극의 유익한 효과에 대해 이렇게 말하기도 했다. "희극이 공연되는 극장 아래층 뒷자리는 덕성스러운 사람과 악한 사람의 눈물이 뒤섞이는 유일한 장소이다."[40]

남자의 눈물은 각 나라의 문화에 따라 달리 보긴 하지만, 어느 나라에서건 어떤 상황에서 우느냐를 가장 중요하게 생각하는 것 같다. 특히 정치인의 눈물에 대해서 그렇다. 세계 정치인들 중 영국 정치가 윈스턴 처칠Winston Churchill, 1874~1965만큼 눈물이 많았던 정치인은 없었을 게다. 처칠은 자신의 마지막 개인 비서관 앤서니 브라운 Anthony Browne, 1923~2013에게 "자네도 알다시피 나는 엄청나게 많이 운다네. 여기에 익숙해져야 해"라고 당부하기도 했는데, 브라운은 처칠의 눈물이 '영웅의 이야기'를 완성하는 마침표라고 주장했다.

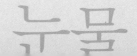

처칠은 제2차 세계대전 기간에 공개 석상에서 우는 모습을 50차례 넘게 보여주었다. 모든 눈물이 긍정적인 평가를 받진 않았겠지만, 영국의 전쟁사가 앤드루 로버츠 Andrew Roberts, 1963~는 "처칠의 가장 강력한 무기는 눈물이었다"고 말한다. 로버츠는 "자신의 눈물을 마치 질병처럼 여겼던 처칠은 주치의에게 1924년 웨스트민스터 세인트 조지 보궐선거에서 단 43표 차이로 패배했을 때부터 눈물이 많아졌다고 털어놓았다. 그러나 처칠은 보궐선거 전에도 운 적이 많았다"며 다음과 같이 말했다.

"걸핏하면 눈물을 흘렸던 그는 불굴의 정신을 지닌 빅토리아 시대의 영국인보다는, 그들보다 훨씬 앞선 시대에 태어나 다소 격정적이고 예민한 삶을 살다간 섭정 시대의 귀족에 가까웠다. 영국인들은 자신들의 수상이 눈물을 흘릴 때 그리 당황하지 않았다. 오히려 사람들은 처칠이 우는 모습을 보며 그가 감정을 드러내기를 주저하지 않는 솔직한 리더라고 생각했다. 처칠이 1940년 런던 대공습으로 인해 완전히 폐허가 된 런던 부두를 방문해 눈물을 흘렸을 때 그곳에 있던 한 노파는 참모총장 헤이스팅스 이즈메이에게 이렇게 외쳤다. '보세요, 그는 지금 이 사태에 대해 진정으로 관심을 갖고 있네요. 울고 있잖아요.'"[41]

한국인들은 비교적 눈물이 많은 편이다. 한국학 전문가인 언론인 이규태(1933~2006)는 『한국인의 정서구조 1: 해학과 눈물의 한국인』(1994)에서 "한국 사람은 기쁠 때도 운다. 외국 사람도 기쁠 때 누선淚腺을 자극받는다고 하지만 우리 한국 사람처럼 그렇게 수월하게 우는 법은 없다"고 했다. 그는 그 이유에 대해 "한국 사람은 이 세상에서 가장 강한 모성 원리 아래 자랐기에 정동적이고 감정에 젖어 있다. 그래서 잘도 운다"고 설명했다.[42]

2004년 드라마 〈겨울연가〉가 일본에서 폭발적인 한류 선풍을 불러일으킨 데엔 주인공 강준상의 눈물이 큰 역할을 했다. 여성학자 정희진은 "준상은 드라마가 방송되는 20회 내내 여성을 이해하기 위해 자신을 버리며, 여성으로 인해 행복해하고 아파한다"며 이렇게 말했다. "이제까지 여성들만이 해왔던 관계 유지에 필요한 노동을 기꺼이 분담하는, 여성과 대화할 능력이 있는 새로운 남성이다! 이를테면, 여성들에게 강준상은, 스스로 노동자가 된 자본가, 흑인 노예가 된 백인인 것이다. 전후 50년 동안 '회사 인간'만을 겪어온 일본 여성들은 말한다. '일본 드라마에서는 남자의 눈물을 본 적이 없어요.'"[43]

실제로 일본 남자들은 한국 남자에 비해 잘 울지 않는다.

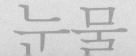

아니 울고 싶어도 남자의 눈물을 좋지 않게 보는 문화 때문에 그걸 억눌러야만 한다. 일본엔 서로 모르는 사람들끼리 한자리에 모여 같이 울면서 스트레스를 해소하는 '루이카스淚活'라는 모임이 있다는데, 2016년 이 모임에 참석한 어느 회사원은 이렇게 말했다. "남자는 회사에서 울면 '약한 인간'이 되고, 집에 가서 울면 아내와 자식이 걱정하니까 여기 온다."[44]

'루이카스' 모임은 한국에도 있다. 2018년 4월 서울 강남구의 한 카페엔 30~40대로 보이는 남성들이 모여들었다. 카페 입구엔 일반 손님은 받지 않는다는 팻말이 붙어 있었다. 11명의 남성들은 간단한 수인사를 나눈 뒤 익숙한 표정으로 자리에 앉아 슬프거나 비극적인 내용의 영화를 보면서 각자 내키는 대로 울었다고 한다. 이 모임의 회원인 조 모(39)씨는 이렇게 말했다나. "예전보다 울음이 많아졌지만 창피하고 익숙지 않아 참기만 했다. 이곳에서 한참 울다 보면 후련해지는 느낌이 든다."[45]

"눈물을 보이며 '나는 지금 힘들다'고 할 수 있는 사람은 건강한 사람이다." 서울아산병원 정신건강의학과 임상교수 김병수가 『이상한 나라의 심리학』(2019)이라는 책에서 한 말이다. 그는 그 이유에 대해 이렇게 말한다. "자존감이 높을수록 감정을 덜 억압한다. 강한 사람은 감정에 솔직하고, 감정 표현을 두려워하지 않는다. 울 수 있는 사람이 용기 있는 사람이다. 용기 있는 사람이 세상을 향해 눈물을 보일 수 있다."[46] 눈물 많은 남자들이여, 기죽지 말고 원 없이 우시라. 당신은 건강하고 용기 있는 사람이니까 말이다.

웃자고 하는 이야기에
죽자고 달려드는 이유

"정직하지 못한 사람이 농담과 유머보다 더 두려워하는 것은 없다." 영국 정치가이자 철학자인 앤서니 애슐리 쿠퍼 섀프츠베리Anthony Ashley Cooper, 3rd Earl of Shaftesbury, 1671~1713의 말이다. 그는 적에겐 엄숙한 공격보다 재기발랄한 위트와 조롱의 유머가 더 효과적이라고 했다.[47]

"유머 감각이 없는 사람은 스프링이 없는 마차와 같다. 길 위의 모든 조약돌마다 삐걱거린다."[48] 미국의 목사이자 노예폐지 운동가였던 헨리 워드 비처Henry Ward Beecher, 1813~1887의 말이다. "외국어를 사용할 때 가장 먼저 잃어버리는 재능이 바로 유머다." 영국 작가 버지니아 울프Virginia Woolf, 1882~1941의 말이다.

"유머는 성공적인 전술가에게 필수적이다. 왜냐하면 인류에게 알려진 가장 힘 있는 무기는 풍자와 조롱이기 때문이다. 유머 감각은 자신의 시각을 유지할 수 있도록 해주며 또한 자신이 과연 무엇인지에 대해 자신을 직시할 수 있도록 해준다. 우리는 덧없는 순간 동안만 타오르는 조그마한 티끌이다. 유머 감각은 구원을 위한 독단적 교리나 종교적, 정치적, 경제적 처방이라면 그 어떤 것에라도 완전히 빠져들게 내버려 두지 않는다."[49] 미국의 급진적 빈민운동가이자 지역사회 조직가인 솔 알린스키Saul Alinsky, 1909~1972의 말이다.

"냉소적으로 사람들을 무시하는 것이 아니라 오히려 사람들을 진정으로 북돋워주는 것이 유머다." 미국의 자기계발 전문가 스티븐 코비Stephen R. Covey, 1932~2012가 『성공하는 가족들의 7가지 습관』(1997)에서 한 말이다. 그는 유머 감각을 갖기 위해선 그걸 길러야겠다고 하는 의지가 있어야 한다고 했다.[50]

"유머와 진지함을 동시에 확보하는 것은 아주 특별하다. 내 목표도 바로 거기에 있다. 잘난 척하다가는 몽땅 다 잃어버리기 때문이다."[51] 미국 가수 폴 사이먼Paul Simon, 1941~의 말이다. "유머는 만성 질환을 앓고 있는 기업 경영에 부작용이 전혀 없는 신경 안정제 역할을 한다."[52] 미국 기업가 존 챔버스John Chambers, 1949~의 말이다.

지금까지 소개한 유머 예찬론은 다 공감할 수 있는 것이긴 하지만, 유머가 늘 그렇게 긍정적으로만 쓰이는 건 아니다. 동서고금을 막론하고 박수를 쳐주기 어려운 처세술의 일환으로 쓰이는 유머도 있다. 이중환李重煥, 1690~1756의 『택리지』엔 이런 말이 나온다. "벼슬을 취하는 데 기를 쓰고 피투성이로 싸움하는 버릇은 좀 덜했으나 공석公席에서는 일체 모난 말을 하지 않고, 대답하기 어려우면 익살과 웃음으로 얼버무리고……정치를 말할 때는 오직 이기만을 도모하고, 참으로 나라를 근심하고 공공에 봉사하는 사람은 적다."

이와 관련, 윤태림은 『한국인』(1993)에서 한국인은 옛날부터 낙천적인 국민으로 웃음을 나타내는 일이 많았으나, 이 웃음에는 모든 사실을 은폐하고 숨기려는 데서 나온 것도 많다고 했다. 유머와 웃음은 당쟁이 한참 심하던 때 하나의 피신·호도책으로 나왔다는 것이다. 그는 그런가 하면 정수동, 김선달, 김삿갓 등은 재질을 가지고 있으면서도 신분 때문에 영달을 얻지 못한 불평을 해학을 통하여 특권층을 조롱함으로써 배설했다고 했다.[53]

그런가 하면 "이걸 유머로 보아야 하나?"라는 생각이 들 정도로 위험한 유머도 있다. 미국 정치가이자 발명가인 벤저민 프랭클린Benjamin Franklin, 1706~1790은 "우스개로 원수를 친구로 만들 수는 없지만, 우스개가 친구를 원수로 만들 수도 있다"고 했는데,[54] 이게 바로 그런 위험한 유머에 속하는 것으로 볼 수 있겠다.

영국 심리학자 마이클 빌리그Michael Billig, 1947~는 "대인관계에서 유머란 이름으로 소통하는 메시지는 대부분 조롱을 포장한 것에 가깝다"고 했는데,[55] 남의 아픈 곳을 건드리면서 조롱하거나 특정 유형의 사람들을 비하하는 걸 유머라고 할 수 있을까? 사회복지학자 김지혜가 『선량한 차별주의자』(2019)에서 한 다음 말을 경청할 필요가 있겠다.

"유머의 중요한 속성 중 하나는 청중의 반응에 의해 성패가 좌우된다는 것이다. 그러니 '누가 웃는가?'라는 질문만큼 '누가 웃지 않는가?'라는 질문도 중요하다. 〈웃찾사〉의 흑인 분장 사건처럼 웃지 않는 사람들이 나타났을 때 그 유머는 도태된다. 누군가를 비하하고 조롱하는 농담에 웃지 않는 것만으로도 '그런 행동이 괜찮지 않다'는 메시지를 준다. 웃자고 하는 얘기에 죽자고 달려들어 분위기를 싸늘하게 만들어야 할 때가, 최소한 무표정으로 소심한 반대를 해야 할 때가 있다."[56]

그렇다. 무표정으로 소심한 반대를 하는 걸로 족할 때도 있겠지만, 분위기가 아무리 싸늘해진다 해도 웃자고 하는 이야기에 죽자고 달려들어야 할 때도 있다. 누군가가 유머라는 미명하에 특정 개인이나 집단을 비하하거나 모욕하는 농담을 매우 심하게 할 때엔 그렇게 하는 게 옳지 않을까? 유머 전문가인 하버드 의대 정신과 교수 조지 베일런트George Vaillant, 1934~는 "유머는 문제 해결을 위해 인간이 사용할 수 있는 가장 우아한 방법 가운데 하나"라고 했다.[57] 문제 해결은커녕 오히려 갈등을 유발하고 격화시키는 말을 유머라고 할 수는 없으리라.

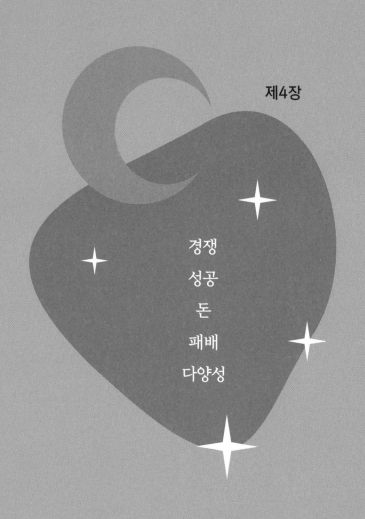

제4장

경쟁

성공

돈

패배

다양성

한국은 '기적'과 '기쁨'을 맞바꾼 나라다

"한국에선 열등감이 없는 사람을 보기 어렵다. 세상 사람들이 부러워하는 판검사, 의사, 교수도 예외가 아니다. 끝없는 경쟁의 수직적 위계 속에서 언제나 누군가가 '내 위에' 있다고 느끼는 것이다. 한국 사회를 특징짓는 '오만과 모멸의 구조'(김우창)는 바로 여기서 생겨난 것이다." 중앙대학교 독어독문학과 교수 김누리가 「경쟁, 야만의 다른 이름」이라는 『한겨레』 칼럼에서 한 말이다. 그는 "지구상 어디에도 우리처럼 가혹한 경쟁이 어린 학생들의 영혼에 깊은 상처를 남기는 곳은 없다"고 개탄한다.[1]

김누리는 2020년 3월에 출간한 『우리의 불행은 당연하지 않습니다』라는 책에서도 "저는 '경쟁은 야만'이라는

아도르노의 말을 인용하면서 한국도 독일처럼 학교에서 경쟁을 없애야 한다고 강조해왔습니다"라면서 다음과 같이 말한다.

"얼마 전엔 어느 신문 칼럼을 통해 대학 입시를 폐지해야 한다고 주장했다가 상당히 많은 비난성 댓글을 받기도 했습니다. 세상 물정을 모르는 먹물, 현실성 없는 꿈만 꾸는 이상주의자라는 식의 욕을 많이 먹었습니다. 그러나 경쟁 교육을 하지 않는 것, 대학 입시를 폐지하는 것은 사실 비현실적인 구상도, 이상적인 꿈도 아닙니다. 유럽의 많은 나라에서 그런 정신으로 교육이 이루어지고, 입시 제도가 시행되고 있기 때문입니다."[2]

김누리의 선의와 취지엔 동의할 뿐만 아니라 경의를 표하면서도 나 역시 그가 '이상주의자'라는 생각을 했다. 부정적 의미로 하는 말은 아니다. 현실주의와 이상주의는 공존해야 할 가치이지, 어떤 게 더 우월하다고 감히 누가 말할 수 있겠는가? 다만, 나는 그가 독일을 너무 좋게만 보면서 한국을 필요 이상으로 비판하고 있는 게 아닌가 하는 생각을 할 때가 있다. 1989년 4월에 독일로 유학을 떠난 그는 "독일에서 만난 것은 너무나도 다른 세상"이었다며 다음과 같이 말한다.

"그건 엄청난 충격이었지요. '내가 바라보던 하늘이 전부가 아니었구나.' 제가 우리 사회를 다시 보게 된 것은 아마도 이때부터인 것 같습니다.……오랫동안 우리를 고통스럽게 했던 많은 것들이, 그러나 우리가 마치 '자연의 이치'인 양 아무런 저항 없이 받아들였던 것들이, 독일엔 존재하지 않았습니다. 학교에서의 경쟁도, 등수도 없었고, 죽도록 매달리는 대학 입학 시험도, 학비도, 서열도 없었습니다. 물론 지금도 존재하지 않지요."[3]

김누리는 '경쟁'을 보는 독일 정치인과 한국 정치인의 시각 차이에 대해서도 이렇게 말한다. "저는 한국 정치인 중 사회적 정의를 외치는 사람을 거의 보지 못했습니다. 한국 정치인들은 입만 열면 '경쟁력'을 말합니다. 국가 경쟁력, 기업 경쟁력, 교육 경쟁력 등 온통 외치는 것이 경쟁력입니다. 그런데 독일 정치인들은 거의 대부분이 '사회적 정의'를 중시하고, 사회적 정의를 이루기 위한 경쟁을 합니다. 이것이 우리와 결정적으로 다른 점이지요."[4]

다르긴 하지만, 그 이유를 거쳐 가야 할 과정을 누가 더 빨리 졸업했느냐의 차이로 보는 게 더 타당하지 않을까 싶다. 그리고 과연 독일 사회가 김누리가 말하는 것처럼 경쟁의 무풍지대인지도 의문이다. 한국보다 경쟁이 덜 치열

경쟁

하다고 말하는 게 더 옳지 않을까? 스위스 경제학자 마티아스 빈스방거Mathias Binswanger, 1962~의『죽은 경제학자의 망할 아이디어』(2010)라는 책에 따르면, 독일 역시 과도한 경쟁에 시달리고 있다.

빈스방거에 따르면, 경쟁 이데올로기가 만연하기 직전인 1985년만 해도 독일의 학술위원회는 "경쟁은 그 자체가 목적이 아니다"고 분명하게 밝혔지만, 이제 독일의 대학과 연구소들은 이 말을 까맣게 잊은 채 경쟁력 향상에만 모든 관심을 기울이고 있다. 그는 "무엇으로 경쟁하는지, 왜 경쟁하는지는 따지지 않는다"며 다음과 같이 말한다.

"시합 그 자체가 목적이 되면 사람들은 내용을 점점 더 소홀히 하게 된다. 경쟁력만 높일 수 있으면 무엇을 생산하든, 무엇을 연구하든 상관없다. 형식이 내용을 몰아내고, 누구도 내용에 관심을 기울이지 않으며, 오직 경쟁에서 이기는 요인만이 인정받는다. 그리하여 지수로 평가할 수 없는 일의 질을 높이는 데 꼭 필요한 많은 자질들이 죽어버리고, 아울러 학문, 교육 등의 분야에서 기대할 수 있는 성공의 진정한 효용가치도 떨어진다."[5]

독일 일간지『프랑크푸르터 알게마이네 차이퉁』2007년

12월 28일자는 "전 세계가 동참한 경쟁에서 살아남기 위해 우리는 최고의 유망주를 발굴해야 하고, 그들을 최고로 만들기 위해 훈련시켜야 한다"며 "그 어디에도 경쟁을 피할 수 있는 곳은 없다. 성적 시장에서도, 유망주 시장에서도"라고 역설했다는 것도 밝혀두기로 하자.[6]

"아이들은 경쟁을 해야 하지만, 경쟁적인 사람으로 보여서는 안 된다. 학교는 겉으로는 협력을 '증진'하고, 은밀하게는 경쟁을 '묵인'함으로써 이러한 딜레마에 대처한다."[7] 미국 사회학자 존 실리John R. Seeley, 1913~2007가 1956년에 한 말이다. 나는 앞서 언급했던 김누리가 자신도 모르는 사이에 독일에서 겉으로 잘 드러나는 그런 '증진'의 모습에만 주목했던 게 아닌가 싶다.

영국 저널리스트 대니얼 튜더Daniel Tudor, 1982~는 『한국: 있을 수 없는 나라Korea: The Impossible Country』(2012)라는 책을 출간했는데, 『기적을 이룬 나라 기쁨을 잃은 나라』(2013)라는 한국어판 제목이 이 책의 핵심 주장에 더 어울리는 것 같다. 그건 바로 "한국을 가난에서 구제하고 마침내 우뚝 서게 한 그 경쟁의 힘이, 오늘날 한국인을 괴롭히는 심리적 원인이 되고 있다"는 것이다.[8]

경쟁을 전면 부정하기보다는, 어느 정도의 선에서 인정하는 타협을 해보는 건 어떨까? 행여 정답이나 모범 답안을 찾지는 말자. 『시사IN』의 2019년 조사에서 "경쟁은 개인을 발전시키는 원동력이다"는 설문에 대해 20대 남자의 60.8퍼센트가 동의한 반면 20대 여자는 47.6퍼센트만 동의했다.[9] 이 조사 결과가 시사하듯이, 경쟁에 대한 다양한 견해를 인정하고 존중하면서 공존케 하는 게 어떨까 싶다.

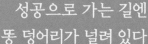

성공으로 가는 길엔
똥 덩어리가 널려 있다

"인생의 가장 큰 기쁨은 당신이 할 수 없다고 사람들이 말하는 것을 해내는 일이다." 영국 경제 전문지 『이코노미스트』(1843년 창간)의 편집자로 활약한 경제학자, 정치학자, 문예비평가인 월터 배젓Walter Bagehot, 1826~1877의 말이다. "성공의 비밀은 평범한 일을 비범하게 해내는 것이다." 미국 석유 재벌 존 록펠러John D. Rockefeller, 1839~1937의 말이다.

"꾸준한 발전을 통해 성공할 때에 결국 가장 성공한 사람이될 수 있다." 미국 발명가 알렉산더 그레이엄 벨Alexander Graham Bell, 1847~1922의 말이다. 벨은 1876년 3월 10일 전화를 발명했다. 바로 그날 벨은 전화 실험을 통해 조수 토머스 왓슨Thomas Watson, 1854~1934에게 "왓슨 군, 이리 오

성공

게. 할 말이 있네"라고 말했다. 세계에서 최초로 전화를 통해 건네진 말이다.

그런데 벨이 전화 특허 신청을 한 건 2월 14일, 특허 등록을 받은 건 3일 전인 3월 7일이었다. 2시간 뒤에 엘리사 그레이Elisha Gray, 1835~1901가 동일한 특허 출원을 했지만, 세상은 2시간 빨랐던 벨의 이름만을 기억하게 된다.[10] 벨에겐 특허 출원을 서둘러야 했던 이유가 있었던 걸까? 미국 언론인 세스 슐먼Seth Shulman, 1960~은 『지상 최대의 과학 사기극: 알렉산더 그레이엄 벨의 모략과 음모로 가득 찬 범죄 노트』(2008)에서 "벨이 그레이의 작동 원리를 훔쳤다"고 주장했다.[11]

"성공엔 오직 두 가지 길만 있다. 열심히 일하거나 속임수를 쓰는 것이다." 영국 작가 G. K. 체스터턴G. K. Chesterton, 1874~1936의 말이다. 알렉산더 그레이엄 벨은 "열심히 일하는 동시에 결정적 순간엔 속임수를 쓰라"는 세 번째 길을 몸소 보여준 건지도 모르겠다.

"성공은 실패를 거듭해도 열정을 잃지 않는 능력이다."[12] 영국 정치가 윈스턴 처칠Winston Churchill, 1874~1965의 말이다. "성공할 수 있다고 믿으면 성공한다." 미국 처세술 전문가 데일 카네기Dale Carnegie, 1888~1955의 말이다. "성공은 나를 찾아오는 것이 아니라, 내가 찾아가는 것이다." 미국 교육자 마바 콜린스Marva Collins, 1936~2015의 말이다.

2000년대 초반에 실시된 한 설문조사에서 미국인의 4분의 3이 "성공하지 못하는 사람 대부분은 세상을 탓해선 안 되고 스스로를 탓해야 한다"는 데 동의했다. 이 조사 결과가 시사하듯이 미국인은 승자에 관대하고 패자에겐 가혹하다. 미국 제43대 대통령 조지 W. 부시George W. Bush, 1946~의 고문 마빈 올라스키Marvin Olasky, 1950~는 그런 정서를 이렇게 표현했다. "자유만 강조하지 말고, 잠시 뒤로 물러나 스스로 제 무덤을 판 사람들이 그와 같은 잘못된 행동의 결과를 톡톡히 맛보도록 해야 한다."13

2012년 7월 대선 유세 중이던 버락 오바마Barack Obama, 1961~는 이후 널리 쓰이게 될, "당신은 그것을 만들지 않았다You didn't build that"는 문구를 선보임으로써 올라스키의 주장을 반박했다. 오바마는 "만약 당신이 성공했다면 혼자 힘으로 거기에 다다른 게 아닙니다.……그저 내 머리가 너무 좋으니 성공한 게 당연하다고 여기는 사람들을 보고 저는 늘 충격에 빠집니다"라면서 다음과 같이 말했다.

성공

"만약 당신이 성공했다면 그 과정에서 누군가가 당신에게 도움을 주었을 겁니다. 당신의 인생 어디쯤에 훌륭한 선생님이 있었습니다. 누군가는 도로와 교량에 투자했겠죠. 만약 당신이 사업체를 꾸려가고 있다면, '당신은 그것을 만들지 않았습니다'. 다른 누군가가 그렇게 되도록 이끌어주었을 겁니다. 인터넷은 저절로 발명된 게 아닙니다. 정부가 연구에 투자함으로써 모든 기업이 그것을 통해 돈을 벌 수 있도록 만들어낸 겁니다."[14]

옳거니와 좋은 말이다. 자기 혼자 잘나서 성공한 게 아니라는 걸 이해한다면 좀더 겸허해지면서 더불어 사는 삶을 실천할 수 있을 게다. 하지만 동시에 성공엔 그만한 비용이 따른다는 것도 인정해주는 게 옳다. 미국의 마케팅 전문가이자 작가인 라이언 홀리데이Ryan Holiday, 1987~는 『하루 10분, 내 인생의 재발견』(2016)에서 다음과 같이 말한다.

"권력의 정점에 있는 사람들, 부자들, 그리고 유명인을 지켜보라. 그들의 성공과 부에 사로잡히지 말고, 그들이 무엇을 대가로 그 자리에 올라설 수 있었는지 생각해보라. 그들이 치른 대가는 자유다. 그들의 지위는 늘 정해진 옷차림을 강요한다. 그들은 싫어하는 사람들과도 악수해야 하며, 자신의 생각을 함부로 드러내서도 안 된다."[15]

미국의 자기계발 전문가 마크 맨슨Mark Manson, 1984~은 『신경끄기의 기술』(2016)에서 "성공을 결정하는 질문은 '나는 무엇을 즐기고 싶은가'가 아니라, '나는 어떤 고통을 견딜 수 있는가'다. 행복으로 가는 길에는 똥 덩어리와 치욕이 널려 있다"고 했다.[16] 그렇다. 잊지 말자. 성공으로 가는 길엔 똥 덩어리가 널려 있다는 것을 말이다.

성공

돈은 사회에서 가장
평등한 힘이다

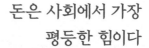

"돈을 사랑하는 사람치고 돈으로 만족하는 사람이 없
다. 욕심부린다고 더 생기는 것도 아니다. 그러니 이 또
한 헛된 일이다." 『구약성서』 「전도서傳道書, The Book of
Ecclesiastes」 5장 9절 말씀이다. "도시를 약탈하는 것은 바
로 돈이며, 따뜻한 가정에서 남자를 멀어지게 하는 것도,
천성적인 순수함을 왜곡하고 타락하게 만드는 것도, 거짓
말을 습관처럼 하게 만드는 것도 돈이다."[17] 고대 그리스
비극 시인 소포클레스Sophocles, B.C.496~B.C.406의 말이다.

"돈에 대한 사랑은 모든 악을 낳은 어머니다."[18] 고대 그리
스 철학자 디오게네스Diogenes, B.C.412~B.C.323의 말이다.
"모든 것의 힘의 원천이 돈이라고 처음 지적한 사람은 특

별히 전쟁을 염두에 두었던 것으로 보인다."[19] 고대 그리스 철학자 플루타르코스Plutarchos, 46~125의 말이다.

"인간이 사유재산을 소유하고 돈이 만물의 척도가 되는 어디에서도 나라가 공정하게 통치되거나 번영 속에서 행복을 누리기는 거의 불가능하다."[20] 영국 사상가이자 정치가 토머스 모어Thomas More, 1478~1535가 『유토피아』(1516)에서 한 말이다. "권력을 얻기 위한 돈, 돈을 지키기 위한 권력."[21] 르네상스 시대인 15~17세기에 이탈리아의 피렌체를 지배했던 메디치 가문의 가훈家訓이다.

"돈을 빌리지도 말고 빌려주지도 말라. 돈을 빌리고 빌려주면 돈도 잃고 우정도 잃는다. 그리고 부채를 지게 되면 자금 관리 감각이 둔해진다."[22] 영국 극작가 윌리엄 셰익스피어William Shakespeare, 1564~1616가 『햄릿』(1601)에 등장하는 폴로니우스의 입을 빌려 한 말이다. "돈을 빌려 달라는 요청을 거절해서 친구를 잃는 일은 적다. 하지만 돈을 빌려주었다가 친구를 잃기는 쉽다." 독일 철학자 아르투어 쇼펜하우어Arthur Schopenhauer, 1788~1860의 말이다. 그는 "돈은 바닷물과 같다. 마시면 마실수록 목이 말라진다는 점에서 그렇다"는 명언도 남겼다.[23]

돈

"돈은 새로운 형태의 노예제도다. 그리고 단순히 비인격적이라는 이유로 과거의 노예제도와 구별된다. 곧, 주인과 노예 사이에 인간적인 관계가 사라졌다."[24] 러시아 작가 레프 톨스토이Lev Tolstoi, 1828~1910의 말이다. "돈에 대해 부자들보다 더 많이 생각하는 사회계층이 딱 하나 있는데, 바로 가난한 사람들이다. 가난한 이들은 돈 이외의 다른 생각을 하지 못한다."[25] 아일랜드 작가 오스카 와일드Oscar Wilde, 1854~1900의 말이다.

"돈이 신이 되어 하늘의 조화를 빼앗을 수 있으며……천하의 귀한 것도 돈이오, 천하의 재앙을 부리는 것도 또한 돈이라 할지라." 개화기에 발행된 『황성신문』 1899년 11월 17일자 논설이다. 일제강점기에도 돈의 위세는 하늘을 찔렀다. 1921년 10월 잡지 『개벽』에 실린 글은 "돈 있는 사람이나 없는 사람이나 다 같이 소리를 아울러 돈! 돈! 한다"며 "이것이 소위 배금열拜金熱이라는 것이다"고 개탄했다. 『동아일보』 1926년 9월 16일자 사설은 "인정도 없고, 의리도 없고, 도덕도 없고, 염치도 없어진", "황금에 대한 숭배열"을 "참극慘劇"이라고 한탄하기도 했다.[26]

곰곰이 생각해보면 참 묘한 일이다. 돈의 힘이 얼마나 강한지, 아니 그게 얼마나 위대한지에 관한 무수한 증언과 주장은 돈을 비난하거나 저주할 뿐 돈에 대해 좋게 말하진 않는다. 늘 돈에 관한 이야기는 돈이 없거나 부족한 사람들이 하기 때문일까? 애써 좋게 보겠다고 들자면, 미국 작가이자 사회운동가 로저 스타Roger Starr, 1918~2001의 다음 주장은 어떤가? "돈은 사회에서 가장 평등한 힘이다. 돈은 그것을 가진 사람이 누구인지를 막론하고 그에게 파워를 안겨준다."[27]

돈이 돈을 버는 세상에서 돈을 '평등한 힘'이라고 말하기엔 민망하지만, 돈이 비난받을 용도로만 쓰이는 게 아니라는 것도 분명한 사실이 아닌가? 미국 사회학자 비비아나 젤라이저Viviana Zelizer, 1946~의 다음과 같은 관찰도 들여다볼 필요가 있겠다.

"부모는 자식을 돌보기 위해 보모나 보육사에게 돈을 지불하고, 입양 부모는 아기를 얻기 위해 돈을 지불하며, 이혼한 배우자는 위자료와 양육비를 지불하거나 받으며, 부모는 자식에게 용돈을 주고, 대학 교육을 보조하며, 첫 번째 담보대출 지불을 도와주고, 죽을 때 유산을 물려준다. 친구들과 친척들은 결혼선물로 축의금을 보내고, 친구들은 서로 돈을 빌린다. 한편 이민자들은 정기적으로 고향의 가족들에게 돈을 부친다."

도

미국 인류학자 제임스 퍼거슨James Ferguson, 1959~은『분배 정치의 시대』(2015)에서 이 글을 인용한 후 "여기서 현금은 이러한 일련의 관계들을 단순히 상업적으로 만들어버리지도, 그 관계가 돌봄, 애정, 협동, 공유의 장이 되지 못하도록 막지도 않는다"며 다음과 같이 말한다.

"실제로 사람들이 맨 처음 돈에 가치를 부여하고 그것을 획득하려고 그토록 힘쓰는 주요 이유 중 하나는 고향의 친지에게 송금을 하고 자식의 교육을 위해 저축하는 등 그 돈이 타인을 돌보고 지원하는 행위를 가능케 해주기 때문이다. 하지만 돈이나 시장 거래를 일종의 반사회적 사리사욕과 고집스럽게 연결시키려는 경향이 지속되고 있다. 이러한 연결은 우리가 분배나 사회적 지원과 같은 질문을 다룰 때 특히 위험하다."[28]

돈의 여러 얼굴을 동시에 살펴보는 게 좋겠다. 혹 평소 돈을 경멸하는 발언을 자주 했던 사람이 돈에 대한 탐욕으로 이성이 마비된 듯한 모습을 보이는 걸 본 적은 없는가? 행여 그러지 말자. 돈을 경멸하면서 이 세상을 살아갈 수는 없다. 위선과 거짓이 아니라면 말이다. 돈이 사회에서 가장 평등한 힘이 될 수 있게 쓸 수 있는 가능성을 서둘러 포기할 필요는 없다. 사적인 파워와 무관하게 돈이 사회적 평등에 근접할 수 있는 방향으로 쓰이길 희망하는 마음으로 돈을 다시 보는 건 어떨까?

패배를 재앙으로
여기는 사람들

"속임수로 승리하느니 차라리 명예로운 패배를 택하겠다."[29] 고대 그리스 비극 시인 소포클레스Sophocles, B.C.495 ~B.C.406의 말이다. "승리보다 영광스러운 패배도 있다."[30] 프랑스 철학자이자 작가 미셸 드 몽테뉴Michel de Montaigne, 1533~1592의 말이다.

시인이나 철학자는 그런 여유를 보일 수 있지만, 군인이나 정치인은 다르다. 나폴레옹 보나파르트Napoleon Bonaparte, 1769~1821가 러시아에서 패한 뒤인 1813년 드레스덴에서 오스트리아 정치가 클레멘스 폰 메테르니히 Klemens von Metternich, 1773~1859를 만나 반反프랑스 동맹에 참가하지 않도록 설득했다. 9시간에 걸쳐 격한 언쟁을 벌

인 후 나폴레옹은 자기 모자를 떨어뜨려 적대 세력 동맹
군의 대변인 격인 메테르니히가 그것을 집어주는지를 보
고 자기의 우위를 시험해보고자 했다. 이를 못 본 척해버
린 메테르니히는 다음과 같은 말을 하면서 회담을 끝냈
다. "귀하가 패자임이 분명하오."[31]

결국 1814년 3월 영국·러시아·프러시아·오스트리아군
이 파리를 점령했고, 나폴레옹은 엘바섬으로 유배되었다.
이듬해 1815년 3월 다시 파리로 들어가 황제에 즉위했으
나, 6월 워털루전투에서 패해 영국에 항복한 후, 대서양의
세인트헬레나섬에 유배당해 그곳에서 죽었다.

"극한까지 가는 걸 두려워한다면, 패배한 거나 다름없다."
미국 국무장관 존 포스터 덜레스John Foster Dulles, 1888~1959
의 말이다. 1956년 『라이프』는 "국익을 지키기 위해서라
면 극한까지 가는 것go to the brink도 망설이지 않겠다"는 덜
레스의 말을 인용 보도했는데, 1956년 대선에서 민주당
대통령 후보 아들라이 스티븐슨Adlai E. Stevenson, 1900~1965
이 이 발언을 강하게 비판하면서 'brinkmanship(아슬아
슬한 상태까지 밀고 나가는 극한 정책, 위기 정책)'이란 단어가 저
널리즘 용어로 굳어지게 되었다.[32]

"승리는 습관이다. 불행히도 패배 역시 그렇다."[33] 미국의 미식축구 선수이자 감독 빈센트 롬바르디Vincent Lombardi, 1913~1970의 말이다. 미국 최대의 스포츠 이벤트인 슈퍼볼의 우승팀에 돌아가는 트로피 이름도 롬바르디의 이름을 땄을 정도로 그의 명성은 전설적이다. 그는 이런 명언도 남겼다. "패배는 죽음보다 더 가혹한 것이다. 패배한 사람은 패배의 기억을 안고 살아가야 하기 때문이다."

군인들 중에 롬바르디 유형의 인물을 찾자면 단연 미국 육군 대장 조지 패튼George Patton, 1885~1945일 게다. 그는 이런 명언을 남겼다. "신께서 나의 적들에게 자비를 베푸시기를 기원한다. 왜냐하면 나는 그들에게 자비를 베풀 생각이 없기 때문이다."[34]

미국 제45대 대통령 도널드 트럼프Donald Trump, 1946~는 어떤가? 그는 부동산 사업가 시절이던 2007년에 출간한 『도널드 트럼프 억만장자 마인드』에서 "나와 함께 최악의 부동산 침체기를 보내고 있던 친구들 중에는 그만 중간에 패배를 선언하고 포기해버린 이들도 있었다. 얼마나 바보 같은 일인가! 패배를 선언하고 포기하는 순간 그 친구들은 모든 것을 잃고 시장에서 퇴출되었다"며 다음과 같이 말했다.

"절대 당신 스스로 패배를 선언하지 말라. 실패를 할 수는 있다. 누구나 다 실패를 하기 마련이며, 어쩌면 이는 우리의 능력 밖에 있는 일이다. 다만 실패를 하더라도 스스로 타월을 던지고 패배를 선언하지는 말라. 계속해서 싸워라. 저쪽 모퉁이만 돌면 새로운 상황이 전개될지 누구도 모르는 일이다. 끝까지 버티면 결국은 살아남고 성공할 수 있다."[35]

참으로 끔찍한 말이다. 그는 2020년 대선에서 민주당 후보 조 바이든Joe Biden, 1942~에게 패배했지만, 자신이 책에 쓴 주장처럼 끝까지 패배를 인정하지 않음으로써 미국 사회를 대혼돈의 수렁으로 몰아갔다. 더욱 비극적인 건 트럼프가 극단의 경지를 보여주었을 뿐 미국 정치가 전반적으로 승패에만 집착하는 광기를 보여주고 있다는 점일 게다.

정치학자 스티븐 레비츠키Steven Levitsky, 1968~와 대니얼 지블랫Daniel Ziblatt, 1972~은 『뉴욕타임스』(2018년 1월 27일)에 기고한 칼럼에서 "지금 정당들은 서로를 정당한 경쟁 상대가 아닌, 위험한 적으로 볼 뿐이다. 의원들은 이제 패배를 정치적 과정의 일부로 받아들이지 못하고 큰 재앙이라도 당한 것처럼 생각한다"고 개탄했다.[36]

패배

물론 미국만 그런 건 아니다. 한국 정당과 정치인들도 미국 못지않게 패배를 재앙으로 여겨 광분하는 경향을 보이고 있으며, 그 과정에서 각종 정치적 망언들이 양산되고 있다. 왜 이렇게 되었을까? 여러 이유가 있겠지만, 서울대학교 심리학과 교수 최인철은 "세상은 우리에게 이기는 연습만을 시킨다"는 점에 주목한다. "이기는 습관이 DNA처럼 새겨진 탓에 지고 싶어도 질 수 없는 불행한 괴물이 돼버렸기 때문"이라는 것이다.

"나는 그늘이 없는 사람을 사랑하지 않는다/나는 그늘을 사랑하지 않는 사람을 사랑하지 않는다." 시인 정호승의 시 「내가 사랑하는 사람」의 한 구절이다. 최인철은 이 구절을 다음과 같이 바꿔서라도, 이제부터 지는 연습을 충실히 하고 싶다고 했다. "나는 지지 않는 사람을 사랑하지 않는다. 나는 지는 것을 사랑하지 않는 사람을 사랑하지 않는다."[37]

대학은 계급 구조를 위한
'선전 기관'인가?

"세상에는 똑같은 두 개의 의견, 두 개의 머리카락, 또는 두 개의 알곡이 결코 없었다. 가장 보편적인 특징은 다양성이다."[38] 프랑스 철학자이자 작가인 미셸 드 몽테뉴 Michel de Montaigne, 1533~1592의 말이다. "무엇이 유럽 민족들로 하여금 정체되지 않고 계속해서 진보할 수 있게 만들었는가? 유럽을 유럽답게 만든 요인, 그것은 바로 성격과 문화의 놀라운 다양성이다."[39] 영국 철학자 존 스튜어트 밀John Stuart Mill, 1806~1873의 말이다.

"다양하고 이질적인 공동체는 중도로 기우는 경향이 있다." 미국 법학자 캐스 선스타인Cass R. Sunstein, 1954~이 『인포토피아Infotopia』(2006)에서 한 말이다. 즉, 자연스럽게

평균으로 수렴한다는 것이다. 반면 동질적이고 비슷한 생각으로 뭉친 공동체는 극단으로 나아갈 가능성이 높다. "여러 가지 맥락에서 사람들의 견해는 확증받았다는 이유만으로 점점 극단성을 띠는데, 내 의견이 다른 사람들과 같다는 것을 확인하는 순간 자신감이 더욱 커지기 때문이다."[40]

"다양성을 수용하려는 의지가 약할수록 진정한 자기 인식 능력도 떨어진다." 미국 철학자이자 인지 이론 전문가인 마이클 린치Michael P. Lynch, 1966~가 『근시사회』(2014)의 저자인 폴 로버츠Paul Roberts, 1961~와의 인터뷰에서 한 말이다. 린치는 자신을 제대로 아는 건 물론 민주주의에 활력을 불어넣기 위해서도 우리에겐 다른 견해가 필요하다고 주장한다.[41]

다양성이 긍정적 평가만 받은 건 아니다. "다양성의 중시는 인간의 이기주의를 부추겼다. 특히, 정치와 사회의 장에서 민족주의와 인종차별이라는 쓸데없는 집단의식을 불러일으켰다." 미국 철학자 아서 러브조이Arthur O. Lovejoy, 1873~1962가 『존재의 대연쇄The Great Chain of Being』(1936)에서 한 말이다. 그는 당시 개별성과 다양성을 찬양하는 새로운 흐름에 박수를 보내면서도, 그런 흐름의 속도가 너무 빠르다고 느껴 이런 경고를 했다. 이 말은 훗날 다양성의 가치에 의구심을 보내는 사람들에 의해 자주 인용되었다.[42]

다양성은 도시계획 비평가들과 개발업자들 간의 해묵은 논쟁 주제이기도 했다. 이와 관련 미국 사회학자 리처드 세넷Richard Sennett, 1943~은 『무질서의 효용: 개인의 정체성과 도시 생활』(1970)에서 다음과 같이 말했다.

"개발업자들은 사람들이 '자기들과 똑같은 사람들'과 살기를 원한다고 솔직하게 대꾸한다. 사람들은 경제적인 이유에서든 사회적인 이유에서든 간에 다양성이 나쁜 것이라고 생각한다. 경제적인 결핍 문제를 넘어서는 사람들의 욕망은 기능적으로 분리되고, 내적으로 균일한 환경에서 살고 싶다는 것이다. 바로 이것이 문제의 핵심이다."[43]

영국의 행동과학자 제커 덴렐Jecker Denrell은 다양성이 너무 두드러지면 혁신에 실패할 가능성이 크다고 지적하면서 많은 사례를 증거로 제시했다. 실제로 성공한 혁신 사례를 보면 다양하게 구성된 팀원들의 공이 큰 것처럼 보이지만, 평균적으로 보면, 눈에 띄는 성공을 이루지 못해도 동질성이 강한 팀이 항상 안정적인 결과를 산출한다는

다양성

것이다.[44]

경제학자 유정식은 『경영, 과학에게 길을 묻다』(2007)에서 "다양성을 중시하는 사람들의 시각 변화는 분명 긍정적인 것임에 틀림없지만, 그것이 잘못된 인식의 틀을 갖게 만든다는 부작용을 간과해서는 안 된다"며 다음과 같이 말했다.

"그 부작용이란 다양한 것은 선善이고 그렇지 않은 것은 악惡이라는 이분법적 인식이 많은 이들의 잠재의식 속에 뿌리내려 있으며 다양성을 확대하기 위한 사회적인 조치를 필수적인 것으로 받아들이고 있다는 점이다. 다양성을 확보하기 위하여 인위적이고 맹목적인 조치를 단행하는 것은 조직에 도움을 주지 못할 뿐만 아니라, 아이러니하게도 또 다른 획일성을 낳기도 한다는 점을 경계하지 않을 수 없다."[45]

그런가 하면 다양성의 장단점을 논하는 것 자체가 사치스럽다고 보는 시각도 존재한다. 특히 다양성 제고를 위한 정책은 늘 뜨거운 논쟁과 논란을 불러일으키지만, 사늉에 불과한 걸 놓고 왜 그리 호들갑을 떠드느냐고 냉소를 보내는 이들도 있다.

미국 비평가 월터 벤 마이클스Walter Benn Michaels, 1948~는 『다양성의 문제The Trouble with Diversity』(2006)에서, 소수 집단 우대 정책 혹은 장학금 제도의 실질적인 목표는 대학에 지원하지 못하는 사람들에게 시스템을 정당화하는 것에 불과하다고 주장한다. 그는 미국의 대학은 계급 구조를 위한 '선전 기관'이라며 이렇게 주장했다. "하버드대학에 다니는 극소수의 가난한 학생들의 역할은 대다수의 돈 많은 학생들에게 '하버드로 가는 길은 돈으로만 살 수 없다'는 사실을 보여주기 위한 것이다."[46]

세상을 변화시키는 데에 가장 큰 역할을 하는 정치엔 다양성이 전혀 없는데, 왜 그런 정치를 그대로 방치한 채 다양성 논쟁을 벌이느냐는 문제 제기도 있다. 미국 언론인 맷 타이비Matt Taibbi, 1970~는 『우리는 증오를 팝니다』(2019)에서 "주요 뉴스 방송사에서 말하는 '지적 다양성'이란 '양당의 누군가'를 의미한다"고 했는데,[47] 겨우 양자택일兩者擇一의 선택지를 두고 다양성 운운하는 게 낯 뜨겁지 않느냐는 항변으로 이해할 수 있겠다.

모든 사람이 참전하는 '인정 투쟁struggle for recognition'에서 인정을 받을 수 있는 가치가 다양하면 대부분의 사람들이 승자가 될 수 있는 '윈윈 게임'이 가능하겠지만, 현실은 전혀 그렇지 못하다. 우리는 금력과 권력 중심의 획일화된 서열 체제에서 승자가 독식하는 '제로섬게임'에만 미쳐 있다. 이 기본 구조를 고수하면서 외치고 실천하는 다양성에 무슨 큰 의미가 있겠는가? 대학은 기존 계급 구조를 지키기 위한 '선전 기관'에 불과하다는 말이 나오는 것도 당연한 게 아닌가? 인정을 받을 수 있는 가치를 다양화하는 건 제도나 정책이 아닌 우리 마음속에서부터 일어나는 의식 혁명을 요구한다.

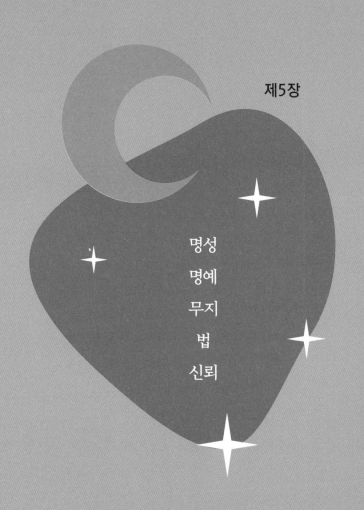

제5장

명성
명예
무지
법
신뢰

불친절한 사회에서
명성 욕망이 강해진다

세상에 공짜는 없는 법이다. 명성 역시 마찬가지다. 명성을 누리는 만큼 치러야 할 비용이 있다. 프랑스 철학자이자 작가 미셸 드 몽테뉴Michel de Montaigne, 1533~1592는 "명성과 평온은 전혀 어울리지 않는다"고 했으며,[1] 네덜란드 철학자 바뤼흐 스피노자Baruch de Spinoza, 1632~1677는 "명성의 큰 단점은 그것을 좇을수록 다른 이들의 비위를 맞추는 데 공을 들여야 한다는 것이다"고 했다.[2]

"명성은 뚱뚱한 사람에게 수영을 가르칠 때 사용하는 거세한 황소의 방광과 비슷하다. 그것은 바람을 얼마나 불어넣었고 얼마나 세게 꽉 묶었느냐에 따라 수영하는 사람을 길거나 짧은 시간 동안 떠받쳐준다. 그러나 결국 공

명성

기는 차츰 빠지고 그 사람은 밑으로 가라앉게 되어 있다."[3] 독일 철학자 아르투어 쇼펜하우어Arthur Schopenhauer, 1788~1860의 말이다.

"대중이 판단하는 명성과 진정한 명성은 거의 정확하게 반비례한다. 어리석은 대중이 가장 높이 평가하는 종류의 명성은 참된 가치와 정직한 성취와는 거리가 멀다. 그리고 그 이유는 쉽게 찾을 수 있다. 대중이 동경하는 명성은 자신이 이해할 수 있는, 그리고 자신이 염원할 수 있는 종류의 명성이다."[4] 미국 작가 헨리 루이 멩켄Henry Louis Mencken, 1880~1956의 말이다.

"혼자 있고 싶어요."[5] 스웨덴 출신의 할리우드 영화배우 그레타 가르보Greta Garbo, 1905~1990가 늘 입에 달고 살아 유명해진 말이다. 명성이 커질수록 사생활은 쪼그라들기 마련이다. 미국 작가 프랜 레보위츠Fran Lebowitz, 1950~는 "가장 좋은 명성은 작가의 명성이다. 좋은 식당의 자리를 확보할 수 있되, 식사를 할 때 누군가가 찾아올 정도는 아니니까"라고 말했지만,[6] 지명도가 높아지면 그마저 기대하기 어려워진다.

콜롬비아의 노벨문학상 작가 가브리엘 가르시아 마르케

스Gabriel Garcia Márquez, 1927~2014는 "작가에게 명성은 파괴적이다"며 이렇게 말했다. "명성이 개인적인 삶을 파괴하기 때문이다. 명성은 친구들과 같이 있는 시간, 일할 수 있는 시간을 앗아간다. 명성은 사람들을 진짜 세계로부터 소외시키는 경향이 있다. 글을 계속 쓰기를 원하는 유명한 작가는 명성으로부터 끊임없이 자신을 지켜야만 한다."[7]

그렇게 하는 방법엔 여러 가지가 있겠지만, 세계적인 물리학자 알베르트 아인슈타인Albert Einstein, 1879~1955의 방법은 어떤가? 아인슈타인 가족의 친구 토머스 버키Thomas Bukey는 "그는 항상 자신의 명성을 익살스럽게 받아들였을 뿐, 진지하게 생각하지 않았다"고 했다. 실제로 아인슈타인은 "나의 장점도 단점도 아닌, 나와는 상관없는 것에서 사람들로부터 과도한 찬사와 숭배를 받아왔다는 것은 정말 운명의 아이러니라 아니할 수 없다"고 했고, "내가 이 세상에서 몇 사람만이 이해할 수 있는 논문 몇 편으로 유명해지다니 정말 알 수가 없다"고도 했다.

아인슈타인의 익살을 몇 가지 감상해보자. "유명해지면서부터 나는 점점 어리석어졌는데, 이는 아주 당연한 현상이다.""만지는 것이 모두 황금으로 변하는 동화 속의 인물처럼 나의 경우는 모든 것이 신문의 소음이 되어버린

명성

다." 아인슈타인은 열차에서 직업을 묻는 승객에게 "나는 예술가의 모델이오"라고 답했다는데, 이는 조각과 그림을 위해 끊임없이 포즈를 취하고 있는 것 같은 느낌을 받는 자신의 마음을 드러낸 말이었다.[8]

미국 할리우드 영화인 우디 앨런Woody Allen, 1935~은 명성에 대해 이런 개그를 남겼다. "나는 작품을 통해서 불멸을 얻기는 싫다. 나는 죽지 않음으로써 불멸을 얻고 싶다. 나는 사람들의 마음속에서 영원히 살기는 싫다. 나는 내 아파트에서 영원히 살고 싶다."[9]

명성에 초연한 척하는 건 멋지게 보일지는 몰라도, 대중을 상대로 먹고사는 사람은 명성이 전혀 없으면 먹고살기가 힘들어진다는 게 문제다. 먹고사는 문제와는 별도로 명성은 '인정 욕구' 문제와도 관련이 있다. 스위스 작가 알랭 드 보통Alain de Botton, 1969~은 "명성에 대한 사람들의 욕망이 얼마나 강렬한가 하는 문제는 그들이 속한 사회의 성격과도 관련이 있다. 극소수에게만 존엄과 호의가 주어진다면, 평범한 존재에서 벗어나고 싶은 충동은 더욱 거세진다"며 다음과 같이 말한다.

"따라서 '셀러브리티 문화'를 콕 집어 부도덕한 젊은이들

탓이라며 비난하는 사람은 핵심을 놓치고 있는 것이다. 셀러브리티 문화의 진짜 원인은 자기도취적인 얄팍함이 아니다. 진짜 이유는 친절함의 부족이다. 모두가 유명해지고 싶어 하는 사회는, 근본적으로 (넓은 의미에서) 여러 정치적 이유로 인해 평범한 삶을 살면서는 품위에 대한 자연스러운 욕구를 충족할 수 없는 사회다."[10]

불친절한 사회일수록 명성 욕망이 강해진다는 이야긴데, 꽤 그럴듯하게 들린다. 한 걸음 더 들어가자면, 상처가 많은 사람일수록 더 명성에 집착한다는 가설도 가능할 것 같다. 가수 마돈나Madonna, 1958~는 "나는 하나님만큼 유명해지기 전까진 만족할 수 없다"고 했는데,[11] 그녀의 불행했던 과거를 감안하면 이해할 수 있는 욕심이다.

모두에게 친절한 사회를 만드는 건 무슨 큰돈이 드는 것도 아닌데다 우리가 마음만 먹으면 얼마든지 실천할 수 있는 것임에도 왜 그게 그리도 어려운지 모르겠다. 자신보다 높은 곳을 향해선 평등을 외치면서도 자신보다 낮은 곳을 향해선 평등을 불쾌하게 생각하는 우리 모두의 이중성 때문은 아닐까?

명성

왜 미국에선
남부의 살인율이 더 높을까?

"사기 쳐서 성공하는 것보다 명예롭게 실패하는 게 낫다."
고대 그리스 비극 시인 소포클레스Sophocles, B.C.496~
B.C.406의 말이다. "나는 죽음을 두려워하는 것보다 명예
를 더 좋아한다." 고대 로마 정치가 줄리어스 시저Julius
Caesar, B.C.100~B.C.44의 말이다. "강한 사람에게 최고의 기
념비적 업적은 죽기 전에 명예를 얻는 것이다." 고대 로마
시인 아우소니우스Decimus Magnus Ausonius, 310~395의 말
이다.

"명예, 명예, 명예, 난 이 명예를 잃어버렸네! 남은 것이라고
는 개나 돼지들에게도 있는 것뿐일세."[12] 윌리엄 셰익스피어
William Shakespeare, 1564~1616의 『오셀로Othello』에 등장

하는 말이다. 셰익스피어는 "명예가 곧 내 인생이고 명예와 인생은 함께 가는 것이다"고 했다.[13] 이에 맞장구를 치듯 영국 작가 조지프 애디슨Joseph Addison, 1672~1719은 "불명예스런 상처를 입는 것보다 수만 번 죽는 게 낫다"고 했다.[14]

프랑스에선 1589~1610년의 21년간 명예를 지키기 위한 결투로 사망한 남성의 수가 거의 1만 명에 이르렀다. 이와 관련, 미국 역사가 데이비드 파커David Parker는 이렇게 말한다. "결투는 상처받은 명예를 회복하는 데 대단히 효과적인 도구였다. 왜냐면 기꺼이 결투를 감행하는 모습이 다른 귀족들에게는 '무결과 신념의 증거'였고, 결투에 응하는 것은 결투의 원인인 논쟁에 종지부를 찍는 의미였기 때문이다."[15]

"내 생각에 프랑스인들은 자유나 평등에 신경 쓰지 않는다. 이들의 뜨거운 반응을 이끌어낼 수 있는 것은 오직 명예뿐이다." 나폴레옹 보나파르트Louis Napoleon Bonaparte, 1769~1821가 전쟁터에서 종종 했던 말이다. 그는 "군인은 오직 영광만을 원한다"며 가장 용맹함을 떨친 부대에 메달, 연금, 진급, 토지, 작위 등 각종 포상을 후하게 내렸다. 현재까지도 프랑스에서 최고 권위를 인정받고 있는 서훈 제도 '레지옹 도뇌르Légion d'honneur'를 1802년 처음 제정한 이도 바로 나폴레옹이었다.[16]

명예

고대 그리스와 로마, 그리고 영국과 프랑스에 이어 신생국 미국에서도 명예는 소중한 것이었다. 지역적으론 북부보다는 남부에서 더 소중했다. 1960년 인구가 500만 명이던 매사추세츠주에서는 74건의 살인 사건이 발생한 반면, 인구가 950만 명이던 텍사스주에서는 824건의 살인 사건이 발생했다. 고향인 텍사스주를 떠나 매사추세츠주의 터프츠대학에 입학했던 미국 사회심리학자 리처드 니스벳Richard Nisbett, 1941~은 이걸 궁금하게 여겨 연구 주제로 삼았다. 오랜 연구 끝에 그는 이런 결론을 내렸다. "미국 남부의 살인율이 높은 이유는 살인을 해서라도 명예를 지키겠다는 의지가 더 강하기 때문이다."[17]

왜 남부엔 그런 문화가 형성된 걸까? 니스벳은 남부인이 "배신에는 신속하고 극단적인 폭력으로 대처한다"는 평판이 주는 이점 때문에 불같이 화를 내거나 신체적 충돌과 처벌을 선호하게 되었으며, 이런 성향은 남부에 정착한 유럽인의 기원과 생계 수단을 반영한다고 설명한다. 남부에 정착한 사람들은 대부분 스코틀랜드와 아일랜드에서 건너온 백인이었는데, 이들은 유럽에 있을 때 황야와 산에서 소나 양을 치며 살았고 미국에 와서도 가축을 치며 사는 사람이 많았다. 목축 문화에선 스스로 재산을 지켜야 할 때가 많았는데 이때 무엇보다 유용한 것이 사적인 제재를 두려워하지 않는다는 평판이었다.

반면 북부에 정착한 사람들은 주로 독일인과 네덜란드인이었다. 이들은 고향에서나 미국에서나 농작물을 재배했는데 밀밭은 양떼보다 훔치기가 어렵고 훔쳐봐야 이익도 적었다. 농촌 마을 사람들은 정기적으로 긴밀히 접촉하기 때문에 국가 혹은 공동체 내부의 비공식적 세력이 통제하기가 쉽고, 따라서 이성적이고 온화하다는 평판이 공격적이라는 평판보다 유용했다. 남부 내부에서도 농작물 재배 지역은 목축업이 주를 이루는 건조한 산악지대에 비해 살인율이 낮았다고 한다.[18]

명예를 중시하는 남부의 문화는 미국의 외교정책에도 큰 영향을 미쳤다. 역사가 데이비드 해킷 피셔David Hackett Fischer, 1935~는 "남부 지역은 미국이 벌인 모든 전쟁에 대해, 그것이 무엇에 관한 것이든 누구에 맞선 것이든 상관없이 강력한 지지를 보냈다"며 그 이유를 '명예와 전사의 윤리'에 대한 남부 문화에서 찾았다.[19]

이런 문화와 관련, 수백 년 전 이탈리아 정치가이자 사상가 니콜로 마키아벨리Niccolò Machiavelli, 1469~1527가 다음과 같은 충고를 남겼다는 게 흥미롭다. "명예를 중시하는 문화

명예

의 지도자는 잃을 것도 많고 집단 내외에서 공격도 많이 받는다. 하지만 당신을 보호해줄 사람은 아무도 없다. 오히려 무시무시한 평판을 쌓으면 도움이 될 것이다."[20]

이는 미국 심리학자 마이클 매컬러프Michael McCullough, 1969~가 『복수의 심리학』(2008)에서 "명예는 다른 사람들에게 우리 자신에 대해 말할 때 쓰는 일종의 가면이다"며 다음과 같이 말한 것과 일맥상통한다. "역사적으로 사람들은 명예를 일종의 방패로 여겼다. 만약 내가 명예로운 사람이라는 것을 상대방이 인식하고 있다고 믿으면, 그 상대방은 누군가 나에게 해를 입혔을 때 내가 신속하고 가혹하게 보복할 것으로 짐작할 것이다."[21]

사람들이 명예를 자신에 대해 말할 때 쓰는 일종의 가면이나 신호로 이용하는 것에 대해 잘하는 일이라고 무작정 박수를 치기는 어려울 것이다. 하지만 최근 들어 아예 명예 감각이 전무한, 즉 후안무치厚顔無恥를 자신의 경쟁력으로 삼는 듯한 공인公人이 많아지는 걸 보고 있노라면 이런 생각이 드는 건 어쩔 수 없다. "그 어떤 목적으로 이용해도 좋으니 제발 자신의 명예를 존중하는 척이라도 해주세요."

무지의 세계가 우주라면, 지식의 세계는 전주시

"우리의 지식은 유한할 수밖에 없지만, 우리의 무지는 필연적으로 무한하다."[22] 오스트리아 출신의 철학자 카를 포퍼Karl R. Popper, 1902~1994의 말이다. "발전을 가로막는 가장 큰 무서운 적은 무지가 아니다. 가장 무서운 적은 자신이 안다고 착각하는 것이다."[23] 미국 역사가 대니얼 부어스틴Daniel J. Boorstin, 1914~2004의 말이다.

"무지의 세계가 우주만큼 넓다면, 우리가 알고 있는 지식의 세계는 스위스 옆에 붙어 있는 작은 도시 국가 리히텐슈타인에 해당한다고 볼 수 있다." 영국 저널리스트 올리버 버크먼Oliver Burkeman, 1975~의 말이다. 이어 그는 이렇게 말한다. "우주에 아무리 좋은 것이 많이 널려 있다 하

무지

더라도 우리가 아는 지식의 세계가 리히텐슈타인만 하다면 무슨 소용이 있을까? 결국 우리는 모른다는 사실을 모르는 채 암흑세계에 갇혀 사는 셈이다."[24]

리히텐슈타인Liechtenstein은 유럽의 중부, 오스트리아와 스위스 사이에 있는 나라로, 면적은 160제곱킬로미터, 인구는 3만 8,000명밖에 되지 않는 매우 작은 나라다. 전주시全州市의 면적이 리히텐슈타인보다 조금 큰 205제곱킬로미터이니 "무지의 세계가 우주라면, 지식의 세계는 전주시"라고 바꿔 말해도 무방하겠다.

그런데 버크먼은 이 사실을 깨우쳐준 미 국방장관 도널드 럼즈펠드Donald Rumsfeld, 1932~2021에게 감사한다고 했다. 럼즈펠드가 도대체 무슨 말을 했길래 그런 걸까? 그는 2002년 2월 12일 아프가니스탄 전쟁에 관한 기자회견에서 다음과 같이 말했다. "우리에게는 우리가 알고 있는 일들이 있고(알려진 사실들), 우리가 알지 못하는 것들(알려진 알려지지 않은 것들)이 있으며, 또 우리가 알지 못한다는 것을 알지 못하는 것들(알려지지 않은 알려지지 않은 것들)이 있다."[25]

무슨 말인지 단번에 들어오지 않는다면, 다음 번역문을 감상해보는 것도 좋겠다. "알려진 앎이 있다. 안다는 것을 안다는 뜻이다. 알려진 무지가 있다. 모른다는 것을 안다는 뜻이다. 그러나 알려지지 않은 무지도 있다. 모른다는 것을 모른다는 뜻이다."[26]

이 발언의 취지는 사실상 1980년대 이래로 환경주의자들이 광범위하게 역설해온 것이었지만,[27] 처음엔 제대로 이해되지 못한 채 말도 안 되는 말장난이라고 많은 사람의 조롱을 받았다. 미국의 '쉬운 영어 운동본부Plain English Campaign'는 이 발언에 '2003년의 횡설수설상'을 수여하기도 했다. 하지만 얼마 후 이 말은 탁견卓見으로 재평가받으면서 자주 인용되는 명언의 위치에 올랐다. 장하준은 "아무래도 '쉬운 영어 운동본부'는 럼즈펠드의 이야기가 인간 합리성이라는 문제를 얼마나 잘 꿰뚫어보는 말이었는지 제대로 이해하지 못했던 것 같다"고 평했다.[28]

예를 들어 설명해보자. "우주는 얼마나 클까?"는 '알려진 알려지지 않은 것'이지만, 집단적인 페이스북 열광 같은 것은 '알려지지 않은 알려지지 않은 것'이다.[29] 미국 증권 분석가이자 투자 전문가인 나심 니컬러스 탈레브Nassim Nicholas Taleb, 1960~는 『블랙 스완』(2007)에서 이런 '알려지지 않은 알려지지 않은 것'을 '블랙 스완Black Swan'이라고 불렀다.[30]

무지

미국 인지과학자 스티븐 슬로먼Steven Sloman, 1966~과 필립 페른백Philip Fernbach, 1979~은 『지식의 착각: 왜 우리는 스스로 똑똑하다고 생각하는가』(2017)에서 "사람들은 놀랍도록 무지하고 스스로 생각하는 것보다 더 무지하다. 또 세상은 우리가 생각하는 것보다 훨씬 더 복잡하다"며 이런 질문을 던진다. "우리가 이토록 무지한데도 세상의 복잡성에 압도당하지 않는 이유는 무엇일까? 우리는 어떻게 알아야 할 것의 극히 일부만 알면서 많이 아는 것처럼 말하고 스스로를 진지한 사람으로 여길까?"

이들이 내놓은 답은 간단하다. "우리가 거짓으로 살아가기 때문이다. 우리는 세상이 어떻게 굴러가는지 잘 안다고 여기고 사물이 어떻게 작동하는지 모르면서도 안다고 믿으며 복잡성을 무시한다. 우리의 의견은 우리의 지식으로 정당화되며 우리의 행동은 정당한 신념을 기반으로 한다고 스스로에게 말한다. 이것은 이해의 착각이다."[31]

이런 착각은 가급적 하지 않는 게 좋겠지만, 그 나름의 장점이 전혀 없는 건 아니다. 슬로먼과 페른백에 따르면, "착각하면 즐거워진다. 많은 사람이 인생의 상당한 시간 동안 일부러 착각 속에 살아간다. 사람들은 허구의 세계를 즐긴다. 공상에 빠져 즐거움을 찾고 창조성을 발휘한다. 착각은 우리가 대안 세계와 목표 그리고 결과를 상상할 수 있도록 영감을 불어넣어 창조적인 결과물을 끌어낸다. 또한 시도해볼 생각조차 못할 일에 도전하도록 동기를 부여한다."[32]

맞다. 분명히 그런 좋은 점이 있기는 하다. 그러나 그건 극소수만이 누릴 수 있는 예외에 가까운 장점이라는 것도 알아두는 게 좋겠다. 영국 심리학자 토머스 차모로-프레무지크Tomas Chamorro-Premuzic, 1975~는 『위험한 자신감: 현실을 왜곡하는 아찔한 습관』(2013)에서 최근 연구 결과라며 이런 결론을 내렸다. "무능력한 사람이 자신만만할 확률이 높은 이유는 자신의 무능력을 깨닫는 능력이 없기 때문이다."[33] 자신의 능력에 대한 무지 때문에 무모한 도전을 해 운 좋게 성공할 수도 있지만, 실패할 확률이 훨씬 더 높다는 건 수없이 검증된 상식이다. 당신은 어떤 길을 택하겠는가?

왜 법은
거미줄과 같은가?

"법은 공유지에서 거위를 훔친 불운한 도둑을 잡아 가둔다. 하지만 거위에게서 공유지를 훔친 더 큰 도둑은 활개치며 다닌다."[34] 서양의 옛 민요다. '월스트리트의 무법자'로 불린 미국의 철도 개발업자이자 금융가인 대니얼 드루Daniel Drew, 1797~1879도 약자에게만 강하고 강자에겐 약한 법의 속성에 대해 이런 말을 남겼다. "법은 거미줄과 같아서 파리와 작은 곤충을 잡기 위해 만들어진 것이다. 덩치큰 호박벌은 그냥 뚫고 지나가버린다."[35]

미국 연방 대법관 루이스 브랜다이스Louis D. Brandeis, 1856~1941는 "법에 대한 존경을 원한다면 먼저 법을 존경할 수 있게끔 만들어야 한다"고 했고, 미국 정치가 휴버트 험프리Hubert H. Humphrey, 1911~1978는 "우리가 누리는 자유의 과실을 공유하지 못하는 사람들에게 법과 질서에 대한 존중이 생겨나는 걸 기대할 수는 없다"고 했다.

법에 대한 존경과 존중이 없는 현실에 대한 개탄처럼 들린다. 그렇다. 그게 당시의 현실이었고, 오늘날에도 크게 다를 건 없다. 미국의 법정 시스템에 대해 비판적인 미국 하와이대학 사회학 교수 데이비드 존슨David Johnson은 "돈 많은 피고가 가난한 검사를 제압하는 미국의 사법제도는 본받을 게 거의 없다"고 했다. 그는 "미국식 당사자주의 소송 구조Adversary System는 피고인의 인권을 획기적으로 보호하는 제도로 인식되어 오지 않았는가?"라는 질문에 대해 다음과 같이 답했다.

"당사자주의의 본질은 피고인과 검사가 전쟁 또는 스포츠 게임에서와 같이 '이기기 위해' 자유롭게 공격과 방어를 하도록 보장하는 것이다. 실체적 진실은 그 싸움의 결과 '부수적으로' 드러난다는 것이다. 그러나 결과는 그렇지 않다. 돈이 많은 피고인은 좋은 무기(변호인과 증거 등)를 보유해 가난한 국가(검사)를 제압한다. 물론 돈이 없는 피고인은 그 반대다. 돈의 위력이 너무 세고 진실은 무의미하다."[36]

법조인을 양성하는 로스쿨이 졸업생들의 취업률을 조작하는 것으로 악명이 높다는 건 무엇을 말하는가? 법의 영역이 속된 말로 '돈 놓고 돈 먹기'식의 노름판이라는 걸 말해주고 있는 건 아닐까? 미국 로스쿨 교수 브라이언 타마나하Brian Z. Tamanaha, 1957~는 『로스쿨은 끝났다: 어느 명문 로스쿨 교수의 양심선언』(2012)에서 다음과 같이 말했다.

"로스쿨 교수들이 잘 알고 있듯이, 지망생들은 '졸업 후 9개월 내에 90% 취업'이라는 말을 '변호사는 수입이 좋은 직업'이라는 의미로 받아들인다. 로스쿨은 최고의 직업을 마케팅하고 있는 것이다. 로스쿨 취업률을 꼼꼼히 조사해본 회의적인 지망생이 있다면, 뭔가 계산이 틀리다는 것을 눈치챘을 것이다. 많은 로스쿨들이 발표하는 졸업생 취업률은 그들의 변호사 시험 합격률보다 높다. 이는 졸업생들이 구한 직업이 변호사가 전부는 아니라는 것을 의미한다."[37]

로스쿨의 이런 '사기 행각'에 대해 2011년 10월 상원의 조사가 이루어진 것과 관련, 타마나하는 이렇게 말한다. "졸업생들은 20여 개 블로그에서 '로스쿨 사기 행각'을 폭로하는 이른바 '사기 폭로 블로그scamblog' 운동으로 로스쿨에 연일 거친 공격을 해댔다. 이들은 독자들을 향해 로스쿨이 취업률 통계를 속이고 있으며, 많은 졸업생들이 엄청난 빚을 진 채 직장도 못 구하고 있다고 경고했다. 이들은 로스쿨 교수들과 학장들을 불량품을 팔아 돈을 버는 악덕업자로 묘사했다."[38] 학생들에게 법을 가르치는 로스쿨 교수들과 학장들마저 그럴진대, 법에서 무엇을 기대할 수 있을지 모르겠다.

한국의 로스쿨은 어떤가? 로스쿨은 '사법시험 낭인'을 없애고 다양한 배경을 가진 법조인을 양성한다는 취지로 지난 2008년 출범했지만 본래 취지와 달리 최근에는 다양성도 없거니와 '돈 먹는 하마'가 되었다는 비판의 목소리가 높다. 도입 10년 차(2018년) 평가 시 입학생 중 전문 분야 종사자·자격증 보유자(의료인, 공무원, 회계사·변리사 등)는 3퍼센트에 불과한 것으로 나타났다.[39] 돈 문제에 대해선 「'돈 먹는 하마' 로스쿨, 학비 4,000만 원 쓰고 또 학원 간다」라는 『조선일보』 기사에 소개된 실상을 좀 살펴보도록 하자.

2021년 기준 전국 25개 로스쿨 평균 연간 등록금은 1,425만 원에 육박한다. 등록금이 가장 비싼 곳은 고려대학교(1,950만 원)였고, 입학금을 포함하면 연세대학교

(2,150만 원)가 가장 비쌌다. 반면 로스쿨 학생 중 학비의 일부라도 장학금을 받는 학생은 최근 수년간 전체의 30~40퍼센트 안팎에 그치고 있다. 로스쿨 학위 취득 후 5년 내 변호사 시험을 통과하지 못하면, 더는 시험을 보지 못하게 되어 이른바 '오㉮탈자'가 된다. 하지만 변호사 시험 합격률이 해마다 낮아지는 등 경쟁이 치열해지다 보니 학원 등 사교육에 의지하는 학생들이 갈수록 늘고, 이들의 경제적 부담 역시 커지고 있다 하니, 도대체 로스쿨을 왜 만들었는지 국정조사나 청문회라도 열어야 하는 게 아닌가?

로스쿨 입학 후 한 학기 동안 인터넷 강의로 90만 원짜리 민법 강의, 40만 원짜리 형법 강의를 듣는 학생들이 있는가 하면, 지방 로스쿨 학생들은 방학 때 서울로 '원정 수업'을 들으러 가기도 한다. 부산대학교 로스쿨생 김 모(26)씨는 "방학 때 같은 학교 동기들의 3분의 1을 서울 신림동 학원에서 만난다"며 "본가가 서울인 학생도 있지만 지방에 거주하는 이들의 경우 인근 고시원을 구해 방학 내내 지낸다"고 했다. 이런 '사교육'이 일반적인 일이 되면서 '경제력'이 법조인의 기본 소양이라는 자조까지 나온다고 한다.[40]

프랑스 계몽사상가 장 자크 루소Jean Jacques Rousseau, 1712
~1778는 『사회계약론』(1762)에서 "법은 재산을 가진 사
람에게는 아주 좋은 것이고 재산이 없는 사람에게는 아주
나쁜 것이다"고 했다.[41] 우리가 지난 260년간 아무런 진
보도 없이 그 말을 다시 되뇌며 어린아이들에게도 가르쳐
야 한다는 건 너무 비참하지 않은가?

법

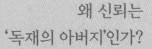

왜 신뢰는
'독재의 아버지'인가?

"신뢰는 어디서나 독재의 어버이이며, 자유로운 정부는
신뢰가 아닌 경계심에 기초하고 있다." 미국 제3대 대통
령 토머스 제퍼슨Thomas Jefferson, 1743~1826의 말이다. 신
뢰만큼 아름다운 게 없을 것 같은데, 이게 웬 말인가? 권
력에 대해서만큼은 예외라는 걸로 받아들이면 되겠다. 모
든 걸 신뢰하더라도 권력만큼은 신뢰해선 안 된다는 게
바로 민주주의의 기본 원리다. 그래서 헌법은 권력의 법
적 근거를 제공하기도 하지만, 권력 감시와 견제를 위한
각종 제한을 명문화한 게 아니겠는가?

신뢰는 믿음으로 나아가기 마련이다. 그래서 영국 작가
조지 버나드 쇼George Bernard Shaw, 1856~1950는 "우리 사회

에서 위험한 것은 불신이 아니라 믿음"이라고 했다.[42] 프랑스 정신분석학자 가브리엘 뤼뱅Gabrielle Rubin, 1970~은 『증오의 기술』(2007)에서 "'나는 믿는다'는 말은 억압이다. '나는 인류에게 행복을 안겨다줄 공산주의를 믿는다'는 말하는 주체와 그 말을 듣는 타인에게 다른 생각을 하지 못하게 하는 것을 의미한다"며 다음과 같이 말한다.

"즉 자신과 타인의 사고를 금하는 것이다. 사고는 주장의 근거에 대한 의문을 제기하는 과정을 필연적으로 내포하기 때문이다. 믿음은 자명하고 의심을 용납하지 않기 때문에 증거가 필요하지도 않고 따라서 증거를 구하지도 않는다. 믿음은 그것으로 충분히 절대적인 것이다.……믿음과 환상이나 망상에는 아주 근소한 차이만 있을 뿐이다. 정도의 차이는 있지만 세 가지 모두 외부 현실을 고려하지 않는다. 욕망의 지배를 받기 때문이다."[43]

믿음은 자주 합리성을 초월한다. 프랑스 심리학자 장 프랑수와 마르미옹Jean-Francois Marmion, 1970~은 『내 주위에는 왜 멍청이가 많을까』(2018)에서 "아무리 똑똑하고 교양 있고 비판 정신이 있는 사람도 비합리적인 믿음으로부터 자유로울 수 없다. 아무리 위대한 학자라도 여기서 자유롭지 않다"고 주장한다. 그가 제시한 알베르트 아인슈

타인Albert Einstein, 1879~1955의 사례는 놀랍기까지 하다.

아인슈타인이 다리를 저는 밀레바 마리치Mileva Marić, 1875~1948와 결혼하려고 했을 때, 그의 어머니는 밀레바처럼 다리를 저는 아이들이 태어날 것이라며 극구 반대했다고 한다. 아인슈타인은 훗날 지인에게 보낸 편지에 아내 밀레바의 병과 아들의 병에 관해 이렇게 썼다. "인생에서 가장 중요한 일을 깊이 생각하지 않고 해버렸으니 벌을 받아 마땅해. 윤리적으로도, 신체적으로도 열등한 여자와 결혼해 아이를 낳은 것은 나의 죄야."44

이게 말이 되나? 상대성이론을 발견한 세계적인 물리학자가 이런 어리석은 말을 하다니, 도무지 믿기질 않는다. 하지만 아인슈타인 덕분에 평소 궁금하게 생각했던 의문하나가 깔끔하게 풀린다. 탁월한 능력을 가졌다고 믿어온 지식인이나 유명 인사가, 내가 보기엔 어리석기 짝이 없는 정치적 발언을 하는 걸 보고 놀란 게 한두 번이 아니다. 왜 그랬을까? 이제 내가 생각하는 답은 이렇다. 그 사람은 '지식'이 아닌 '믿음'을 말한 것이었다! 지식과 믿음의 불화에 대해 오래전 독일 철학자 아르투어 쇼펜하우어Arthur Schopenhauer, 1788~1860가 다음과 같은 말을 했었다는 걸 새삼 음미하게 된다.

"믿음과 지식은 한 사람의 머릿속에서 서로 화합하지 못하는데, 이건 마치 늑대와 양이 한 우리에 갇혀 있는 셈이다. 여기서 지식은 이웃을 잡아먹으려 으르대는 늑대이다. 지식은 믿음보다 더 뻣뻣한 옷감으로 짜여 있기 때문에 이 둘이 서로 충돌하면 지식은 딱 부러져버린다."[45]

역사적으로 악명 높은 일부 독재자들이 민중의 열광적인 지지를 받기도 했다는 것은 그들이 '지식'을 '믿음'으로 전환시킨 결과였음은 두말할 나위가 없다. 민주주의 체제하에서도 권력자들은 민주주의와 정치에 관한 '지식'을 '믿음'으로 바꾸려는 시도를 끊임없이 하고 있는 것도 '믿음'의 힘을 잘 알고 있기 때문일 게다. 권력을 가진 사람이나 기관은 "제발 나(우리)를 믿어달라"고 말해선 안 된다. 권력 감시와 견제는 인간관계의 문제가 아니라 권력의 속성에 관한 문제이기 때문이다. 권력을 가진 모든 사람이나 집단이 믿음에 의존하지 않는 신뢰를 쌓아가면 좋겠다.

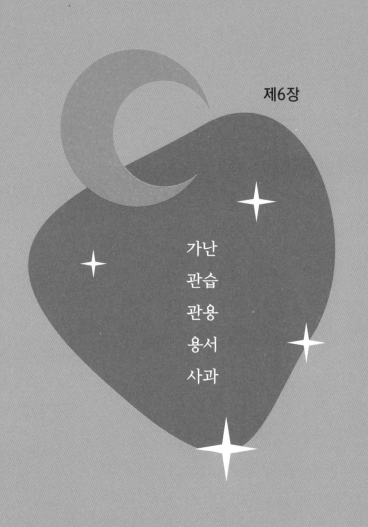

제6장

가난
관습
관용
용서
사과

가난은 어떻게
죄가 되는가?

"역사 거의 내내 인류의 대다수가 극심한 빈곤의 상황에 처해 있었다." 미국 정치학자 로브 라이히Rob Reich, 1969~의 말이다. 경제학자 그레고리 클라크Gregory Clark, 1957~는 "1800년에 살았던 평균적인 사람들의 삶은 기원전 10만 년에 살았던 평균적인 사람들의 삶보다 그리 나을 것이 없었다"고 했고, 경제학자 앵거스 디턴Angus Deaton, 1945~은 지난 200년의 역사를 빈곤으로부터의 '대탈출'이라고 묘사했다.[1]

집단적 인류의 차원에선 지난 200년의 역사를 자랑스럽게 생각해도 좋겠지만, 인류 내부의 빈부격차 문제로 들어가면 상황은 크게 달라진다. 오히려 대다수가 굶주렸던

가나

시절보다 더 격렬한 갈등과 싸움이 벌어진다. 이 갈등과 싸움은 주로 가난의 원인을 놓고 이루어졌다.

마거릿 대처Margaret Thatcher, 1925~2013는 영국 총리가 되기 5개월 전인 1978년 12월 언론 인터뷰에서 "오늘날 이 나라에 근원적인 가난이란 존재하지 않는다"며 이렇게 말했다. "서구 사회에 남겨진 문제는 가난이 아니다. 물론 사람들이 어떻게 투자할지, 수입을 어떻게 지출할지 몰라서 생기는 가난은 있다. 하지만 가난은 정말 근본적으로 성격과 인품의 결함일 뿐이다."[2]

2010년에서 2016년까지 영국 총리를 지낸 데이비드 캐머런David Cameron, 1966~도 가난에 대한 보수당의 전형적인 시각을 드러냈다. 그는 "우리는 가난이라든가 사회적 배제의 위기에 처한 사람들에 대해 이야기합니다"라면서 다음과 같이 말했다.

"이는 마치 비만이나 알코올 남용, 마약 중독 같은 것들이 순전히 전염병이나 나쁜 날씨처럼 외부적인 사건이라고 말하는 것과 같습니다. 물론, 외부적 환경—어디서 태어났고, 이웃이 누구이며, 학교는 어디를 다니는지와 같이 여러분의 부모들이 만들어준 것—이 중요한 영향을 끼치긴 합니다. 그러나 사회적 문제란 많은 경우 사람들이 선택한 결과입니다."[3]

캐머런은 가정의 중요성을 강조했다. 그는 "우리가 직면한 사회문제의 대부분이 가족의 안정에 연관되기 때문에 가정 문제는 중요하다"며 "아이들의 가능성은 보호자의 재력이 아니라 양육의 포근함에 의해 좌우된다"고 주장했다.[4]

반면 미국의 보건복지부 차관을 지낸 빈곤 퇴치 운동가 피터 에덜먼Peter Edelman, 1938~은 『너무 부유하거나 너무 가난하거나: 왜 빈곤의 종식이 어려운가』(2013)에서 "사실상 최상층의 경제력과 정치권력은 최하층에 지원할 자원을 더이상 찾지 못하게끔 만들고 있다"며 다음과 같이 말했다.

"저는 과거에 이렇게 믿었죠. 부의 분배에 대한 논의는 빈곤에 대한 논의와 별개로 다뤄져야 한다고 말입니다. 빈곤 퇴치 옹호자들이 '계급투쟁'에 가담한다는 식의 공격을 받는 걸 최대한 막기 위해서였어요. 하지만 지금은 말그대로 두 문제를 별개로 볼 여유가 없습니다."[5]

가난

분배와 빈곤이 동시에 다루어져야 한다는 건 백번 옳지만, 대부분의 사람들은 그걸 분리하고 싶어 한다. 빈곤에 대한 염려의 표현은 내 주머니에 직접적인 타격을 입히지 않지만, 분배의 문제로 들어가면 내 주머니를 건드리기 때문이다. 가난한 사람들이 적극적으로 나서면 좋겠지만, 그들은 그럴 수 없는 상황에 처해 있다.

"가난한 사람의 입장에서는 온 세상이 법률적 지뢰가 묻힌 지뢰밭이다." 미국 언론인 맷 타이비Matt Taibbi, 1970~가 『가난은 어떻게 죄가 되는가』(2014)라는 책에서 한 말이다. 가난한 사람들은 전문적인 지식을 갖춘 변호사들을 동원할 여력이 없기 때문이다. 타이비는 "가난한 사람들의 세계에서 통하는 사기의 개념은 월스트리트에서 통하는 사기와는 완전히 다르다"며 다음과 같이 말한다.

"공적 부조를 받는 사람은 정기적으로 자신의 생활 형편에 관해 장문의 보고서를 제출해야 할 뿐 아니라, 그 보고서에 상세한 개인 정보를 포함시켜야 한다. 이 사람은 평생토록 그가 신고한 생활 형편과 실제 생활 사이의 차이점을 찾으려는 은행 직원과 사회복지사, 관할 검찰청 직원, 심지어는 이웃 사람들과 교통경찰관의 감시 대상이 된다.……공적 부조를 받는 가난한 사람이 하는 모든 일상적인 행동이 사기가 될 수 있다."[6]

왜 이렇게까지 되었을까? 타이비가 지적한 것처럼, 가난은 죄가 되었기 때문이다. "우리의 마음속에는 약하고 가난한 자들에 대한 뿌리 깊은 증오심이, 그리고 부와 성공을 거머쥔 사람들을 두려워하여 비굴하게 굽실거리는 감정이 있다."[7] 이렇듯 가난이 죄가 되게끔 방치해도 괜찮은 걸까? 2001년 노벨상 100주년 기념식에서 100명의 노벨상 수상자가 내놓은 다음과 같은 '노벨 경고Nobel Warning'에 귀를 기울여보는 게 좋겠다.

"미래 세계의 평화에 가장 심각한 위험은 국가나 개인의 비이성적인 행위에서 비롯되는 것이 아니라 세상의 가난한 사람들의 합당한 요구에서 비롯될 것이다."[8]

관습은 세상을
폭군처럼 다스린다

누구나 다 인정하겠지만, 습관은 독재자다. 이성적으론 자신의 어떤 습관을 바꾸는 게 필요하다고 느낀 사람일지라도 그걸 바꾸는 건 정말 어렵다. "습관이 관습이 되었고, 관습이 법칙이 되었고, 법칙이 사회조직의 조절 장치이자 도덕을 위한 토대가 되었다"는 말이 있다.[9] 습관은 개인적인 것인 반면, 관습은 사회적인 것이다. 습관이 모여 관습이 된다. '습관의 독재'처럼 '관습의 독재' 역시 우리를 지배하는 굴레이지만, 관습은 습관에 비해 비교적 더 긍정의 대상이 되어왔다. 아마도 사회의 안정성을 중요하게 여긴 동시에 개인이 그걸 바꾸는 건 거의 불가능에 가깝다고 생각했기 때문이었을 게다.

영국 철학자 프랜시스 베이컨Francis Bacon, 1561~1626은 "관습은 인생의 최고 지도자다"고 했고,[10] 스코틀랜드 철학자 데이비드 흄David Hume, 1711~1776은 "관습은 인간의 삶에 가장 큰 지침이다"고 했다.[11] 그렇다고 해서 관습에 도전하는 목소리가 없었던 건 아니다. 영국 역사가 토머스 풀러Thomas Fuller, 1608~1661는 "관습은 현명한 사람에겐 재앙이요 어리석은 사람에겐 우상이다"고 했고, 프랑스 계몽사상가 장 자크 루소Jean Jacques Rousseau, 1712~1778는 "사회적 관습의 위력에서 아이의 창의성과 용기를 보호하라"고 외쳤다.[12]

영국 철학자 존 스튜어트 밀John Stuart Mill, 1806~1873은 『자유론』(1859)에서 "관습의 전제專制가 곳곳에서 인간의 진보를 가로막는 심각한 장애물로 등장하면서, 관습보다 더 나은 것을 지향하는 기질을 끊임없이 박해하고 있다"고 했다.[13] 밀은 "지금 이 시대에서는 획일성을 거부하는 파격, 그리고 관습을 따르지 않는 것만으로도 인류에게 크게 봉사하는 셈이 된다"며 그 이유에 대해 다음과 같이 말했다.

"오늘날에는 무언가 남과 다른 것을 일절 용납하지 않을 정도로 여론의 전제專制가 심하다. 바로 이런 이유 때문에 색다르게 행동하는 것이 바람직하다. 그래야 그러한 전제를 부숴

버릴 수 있기 때문이다. 언제나 강한 성격이 충만할 때 거기에서 남다른 개성이 꽃핀다. 그리고 한 사회 속에서 남다른 개성이 자유롭게 만개할 수 있는 가능성은, 일반적으로 그 사회가 보여주는 탁월한 재능과 정신적 활력 그리고 도덕적 용기와 비례한다."[14]

미국은 영국에 비해 관습에 대한 존중심이 약했던 신생 국가였지만, '관습의 독재'에 대해선 유럽 못지않게 강한 문제의식을 갖고 있었다. 미국 역사가이자 언어학자인 존 러셀 바틀릿John Russell Bartlett, 1805~1886은 "관습은 세상을 지배한다. 그것은 우리의 감정과 행동양식의 압제자이며 폭군처럼 세상을 다스리기 때문이다"고 했고, 미국 정치인 로버트 그린 잉거솔Robert Green Ingersoll, 1833~1899은 "관습은 요람에서부터 시작되어 무덤에 가서야 우리를 놓아준다"고 했다.

관습의 독재에 대한 저항의 목소리는 가끔 산발적으로 나오긴 했지만, 이마저 세상을 폭군처럼 다스리는 관습의 힘에 대한 증언인 것처럼 여겨질 정도였다. 관습을 어기는 건 사회를 거부하는 것으로 간주되었으며, 이로 인한 불이익은 매우 컸다. 그래서 영국 경제학자 존 메이너드 케인스John Maynard Keynes, 1883~1946는 "비인습적으로 성공하는 것

보다 인습적으로 실패하는 편이 더 나은 평판을 유지할 수 있다"고 했다.[15]

1960년대의 반문화counter culture 운동은 관습에 대한 대대적인 도전이었다. 이 운동을 지지한 사람들은 기존 관습을 미심쩍게 여겼으며, 이런 관습이 사람들 사이의 자발적이고 창조적이고 친밀한 만남을 억압한다고 해석했다. 이런 생각과 운동이 미친 영향을 사회학적으로 다룬 책이 미국 사회학자 리처드 세넷Richard Sennett, 1943~의 『공적 인간의 몰락』(1977)이다.

공적 인간은 공적 영역에서 정해진 관습에 따라 행동하던, 옛 금기 문화에서 살던 사람들을 말한다. 공적 인간은 다른 사람 앞에서 감정을 내보이며 진정성 있게 행동하기보다는 상대를 배려하는 가면을 쓴다. 그런데 감성과 진정성을 좇는 현대사회에서는 친밀함의 과대평가로 인한 '친밀함의 독재 tyranny of intimacy' 현상이 일어나면서 이런 공손한 사회적 관습이 사라져가고 있다. 가면을 쓰는 것이 정중함의 본질임에도 가면을 쓰는 행동은 진실하지 않고 도덕적으로 타락한 행동이라고 오해하는 일이 벌어진 탓이다.[16]

세넷의 이런 '친밀함의 독재' 개념을 발전시킨 덴마크 심리

학자 스벤 브링크만Svend Brinkmann, 1975~은 개인 생활에서든 학교에서든 직장에서든 감정을 토대로 한 진정한 만남이 인간관계의 이상이 되지만, 이런 이상 때문에 사람들은 끊임없이 서로에게 상처를 주게 될 뿐이라고 경고한다. 요즘 학교와 직장에서 따돌림 현상이 유행병처럼 번지는 것도 바로 그런 이유와 무관치 않다는 것이다.[17]

습관처럼, 어떤 관습이냐가 중요한 문제일 게다. 나쁜 관습도 있고, 좋은 관습도 있다는 말이다. 하지만 어떤 관습이 좋으냐 나쁘냐를 판별하는 건 쉬운 일이 아니었고 생각이 다른 사람들 사이에서 갈등을 불러오기도 했으며, 이는 지금도 현재진행형이다. 관습을 대상으로 한 투쟁은 계속될지라도, 지금 이 순간 바로 이곳에서 세상을 폭군처럼 다스리는 게 여전히 관습이라는 걸 누가 부정할 수 있겠는가?

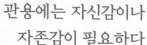

관용에는 자신감이나
자존감이 필요하다

1960년 미국 대선에서 민주당 후보 존 F. 케네디John F. Kennedy, 1917~1963의 최대 약점은 그가 가톨릭 신도라는 점이었다. 1960년 미국 전체적으로 가톨릭 신자의 비율은 20~30퍼센트로 추정되었지만, 정작 문제는 그런 비율이라기보다는 주류인 프로테스탄트의 가톨릭에 대한 뿌리 깊은 반감이었다. 일부 유명 프로테스탄트 목사들이 사실상 가톨릭 신도는 대통령이 될 수 없다는 내용의 성명서까지 발표할 정도였다.[18]

한국에서도 '적극적 사고방식'이란 책으로 자기계발의 거물이 된 미국 목사 노먼 빈센트 필Norman Vincent Peale, 1898~1993이 그런 논란의 한복판에 선 인물이었다. 필은

관용

150명의 개신교 목사를 대표해 가톨릭 대통령을 뽑으면 미국 문화가 위기에 처하게 될 것이며, 미국의 이익보다는 가톨릭의 이익을 위해 일할 것이라고 주장했다.

이에 민주당 지지자들은 물론 신학자인 라인홀드 니부어 Reinhold Niebuhr, 1891~1971와 폴 틸리히Paul Tillich, 1886~1965가 필을 비롯한 목사들의 편견을 비판하고 나서자, 필은 자신의 발언을 취소했다. 그러자 이번엔 케네디를 반대하는 다른 목사들이 크게 반발해 필은 자신이 만든 위원회에서 축출당한 건 물론 한동안 비난 공세에 시달려야 했다.[19] 당시 대선이 가톨릭 문제로 얼마나 뜨거웠는지를 말해주는 사건으로 볼 수 있겠다.

케네디는, 자신의 종교는 태어나면서 결정된 것이고 교회든 교리든 자신은 거기에 별로 구속되지 않을 것이라고 주장할 수도 있었다. 그런데 이 방법엔 한 가지 큰 문제가 있었다. 케네디의 참모들은 선거 초기부터 민주당이 패배한 1956년 대선에서 공화당 후보 드와이트 아이젠하워 Dwight D. Eisenhower, 1890~1969에게 빠져나갔던 가톨릭 민주당원을 다시 민주당으로 끌어오는 것을 필승 전략의 기본으로 설정했다. 그렇게 하려면 가톨릭이라는 종교를 배척하면 안 되는 것이었기에 그런 소극적인 방법을 쓸 수는 없었다.

그래서 케네디는 '미국적 가치'를 내세워 정면 돌파하는 방법을 구사했다. 케네디는 민주당 예비선거에서부터 종교 문제를 관용tolerance의 문제로 바꿔버렸다. 자신에게 투표하는 것은 개방적인 마음을 나타내는 것이고, 반대하는 것은 편협한 마음을 나타내는 것이라는 식이었다. 이 전략의 시험대는 웨스트버지니아 예선이었다. 웨스트버지니아는 프로테스탄트가 많은 주였고 케네디의 경쟁자인 휴버트 험프리Hubert H. Humphrey, 1911~1978는 프로테스탄트였다.

케네디의 '관용 전략'은 대성공을 거두었다. 언론인 시어도어 화이트Theodore H. White, 1915~1986는 이런 평가를 내렸다. "일단 문제가 관용 또는 불관용의 문제로 되자 휴버트 험프리는 교살당해버렸다. 누구도 험프리에 투표해서는 자신의 관용을 증명할 수 없게 되었다. 그러나 아직 마음을 정하지 못한 사람들은 케네디에게 투표함으로써 적어도 자신이 관용적인 사람이라는 것을 입증할 수 있었다."[20]

이 에피소드가 시사하듯, 관용은 미덕으로 통용된다. 하지만 위선에서 자유롭지 않다. 자신이 관용적인 사람으로

보이는 것과 실제로 관용을 실천하는 것 사이의 괴리가 크다. 바꿔 말해, 남들이 알아주는 맛이 없다면 굳이 관용적이어야 할 이유는 사라지고 만다. '착한 사람'이라는 평판과 실천 사이에 큰 괴리가 있는 것과 비슷하다.

현실 세계에서 관용은 자신감이나 자존감의 표현이라는 메시지로 읽히는 경우가 많다. 인도 지도자 마하트마 간디Mahatma Gandhi, 1869~1948는 "불관용은 자신의 대의에 대한 확신이 없음을 드러내는 것이다"고 했다.[21] 영국의 유대교 철학자이자 신학자 조너선 색스Jonathan Sacks, 1948~2020는 "관용은 자존감을 필요로 한다. 자존감의 결핍은 불안과 외국인 혐오증을 일으킨다. 히틀러가 권력을 잡은 것과 1차 대전 이후 독일인들이 느꼈던 굴욕감 사이에는 직접적인 관련이 있다"고 했다.[22]

미국 정치학자 웬디 브라운Wendy Brown, 1955~도 『관용: 다문화제국의 새로운 통치전략』(2006)에서 이렇게 말한다. "정치적으로 보자면, 관용의 포용력은 그 자체로 권력의 표현이자 그 권력이 그만큼 안전하다는 것을 의미한다. 집단이든 개인이든, 강하고 안전한 자들은 관용적일 수 있다. 하지만 주변적이고 안전에서 배제된 자들은 그럴 수 없다."[23]

미국 법학자 에이미 추아Amy Chua, 1962~는 『제국의 미래』 (2007)에서 "미국은 관용을 통해서 세계적인 패권 국가로 성장한 전형적인 사례일 것이다"며 이렇게 말한다. "물론 인권의 측면에서 보면, 미국은 대부분의 시기 동안 로마제국이나 몽골제국보다 나을 것이 없었다. 미국인들은 노예제도를 유지했다. 그들은 잔인하게 원주민들을 내쫓았고 심지어는 학살을 자행한 적도 많았다. 그렇지만 미국은 처음부터 종교적인 자유에 대한 대단히 혁명적인 공약과 다양한 국적을 가진 온갖 계층의 개인들에 대한 유난히 개방적인 시장 제도를 통해서, 수천만에 이르는 이민자들의 활력과 재능을 유인하고 보상하고 활용했다."[24]

관용에는 자신감이나 자존감이 필요하다는 점을 불편하게 생각하는 사람들도 있다. 결국 관용은 '강자의 논리'가 아니냐는 이유에서다. 예컨대, 미국 정치가 웬들 윌키 Wendell K. Willkie, 1892~1944는 이렇게 말한다. "미국의 그 누구도 다른 사람을 '관용적으로' 대할 권리는 없다. 왜냐하면 관용은 베푸는 자의 우위를 전제로 하기 때문이다. 우리의 자유는 모든 시민의 동등한 권리에 근거한다."[25]

참으로 멋지고 아름다운 말이긴 하지만, 사람 사는 게 어디 그런가? 베푸는 자의 우위를 전제로 해도 좋으니 제발

권력과 금력을 가진 이들이 관용을 많이 베풀어달라고 요청할 이가 훨씬 더 많을 게다. 우위를 전제로 하는 수준을 넘어서 우위의 횡포를 무자비하게 부리는 갑질에 중독된 자들의 사전엔 '관용'이란 단어가 없다. 이런 현실에 분노하기도 바쁜 처지에서 관용에는 자신감이나 자존감이 필요하다는 게 무어 그리 문제가 되겠는가?

"남들에겐 많은 용서를 베풀되, 당신 자신에겐 그러지 마라."[26] 로마 시인 아우소니우스Decimus Magnus Ausonius, 310 ~395의 말이다. "용서는 피해자의 몫이다." 영국 시인 조지 허버트George Herbert, 1593~1633의 말이다. "용서는 상처받은 자의 것이다."[27] 영국 작가 존 드라이든John Dryden, 1631~1700 의 말이다. 당연히 그렇긴 하지만, 현실 세계는 정반대로 돌아간다. 인도 지도자 마하트마 간디Mahatma Gandhi, 1869 ~1948는 "약자는 용서할 수 없다. 용서는 강자의 것이다" 고 했다.

"용서만큼 철저한 복수는 없다." 미국 작가 헨리 휠러 쇼Henry Wheeler Shaw, 1818~1885의 말이다. "가장 고상한 복수는 용서다"는 격언도 있다. "적을 용서하라. 용서만큼 그를 괴롭히는 것은 없다."[28] 아일랜드 작가 오스카 와일드Oscar Wilde, 1854~1900의 말이다. 그러나 영국 작가 C. S. 루이스C. S. Lewis, 1890~1960는 이런 의문을 표했다. "사람들은 용서가 아름다운 일이라고 말한다. 정작 자신이 용서할 일을 당하기 전까지는……."[29]

"용서는 인과의 고리를 끊는다. 사랑하는 마음으로 용서하는 사람이 그 일에 대한 결과를 떠맡기 때문이다. 그러므로 용서에는 항상 희생이 뒤따른다."[30] 스웨덴 경제학자로 1953년에서 1961년까지 제2대 유엔 사무총장으로 활동했던 다그 함마르셀드Dag Hammarskjold, 1905~1961의 말이다.

"용서는 단순히 남을 위한 일이 아니다. 나는 용서야말로 사리사욕을 채우는 가장 좋은 방식이라고 생각한다."[31] 남아프리카공화국 진실화해위원회 위원장을 맡았던 성공회 대주교 데스몬드 투투Desmond Tutu, 1931~2021의 말이다. 그는 용서의 치유 효과를 역설하는 대표적인 용서 옹호자답게 "용서는 당신에게 좋은 것이다", "용서는 가장 높은 경지의 자기 이익이다", "용서 없이는 미래도 없다" 등과 같은 수많은 명언을 남겼다.[32]

그러나 프랑스 철학자 자크 데리다Jacques Derrida, 1930~2004
는 『코스모폴리타니즘과 용서』(1997)에서 남아프리카공
화국에서는 용서를 특정 목표를 위한 실무 전략으로 전
락시키는 일이 일어났으며, 이는 용서의 순수성을 훼손시
켰다고 비판했다. 그는 용서가 지나치게 가볍게 받아들여
진다며, "용서는 가벼운 것이 아니다. 결코 화해의 치유법
정도로 간주해서는 안 된다"고 말했다.[33]

미국 철학자 제프리 머피Jeffrie Murphy, 1940~2020는 『용서
이전에Before Forgiving』(2002)에서 '용서 부추기기forgiveness
boosterism'라는 용어를 사용해, 용서를 심리 요법적인 기술
이나 강박관념으로 받아들이는 세태를 비판했다. 그는 '용
서 부추기기'가 용서를 서둘러 해치워야 할 일 혹은 어떤
경우에나 적용되는 보편적인 일로 몰아감으로써, 분개라
는 감정을 올바로 이해하지 못하게 방해한다고 지적했다.[34]

스코틀랜드 신학자 존 스윈튼John Swinton, 1957~은 『연민
어린 분노Raging with Compassion』(2007)에서 '용서 부추기
기'의 위험성에 대해 이렇게 말했다. "마치 법과 규칙 또
는 가치판단 기준이라도 되는 양, 피해자들에게 용서의
소명에 귀 기울이라고 몰아세우는 것은 피해자들을 또다
시 '용서의 피해자'로 만드는 것과 다름없다. 왜냐하면 그

용서

소명에 부응하지 못한다는 죄책감이 피해자를 더 큰 낙담과 실의에 빠뜨리기 때문이다. 용서는 어려운 일이다. 어떤 사람에게는 아예 불가능한 일이기도 하다."[35]

덴마크 철학자 토마스 브러돔Thomas Brudholm, 1969~은 『분개의 미덕Resentment's Virtue』(2008)에서 남아프리카공화국에서 벌어진 '용서 부추기기'를 비판하고 나섰다. 그는 데스몬드 투투는 자신의 공적 지위를 이용해 용서를 선동하고(또는 부추기고) 강요했다며, 이는 전혀 도움이 되지 않을 뿐만 아니라 역효과만 일으키는 행태라고 지적했다.

"투투는 피해자들에게 '첫발을 떼라'고 부추긴다. 피해자들부터 우선 용서하겠다는 의지를 표명하라고 강요한다. 가해자가 어떤 사람인지 자신의 과거 범죄 행각에 대해 현재 어떤 태도를 보이는지 채 알기도 전에, 피해자 먼저 용서 의지를 보이라고 몰아세운다."[36]

영국 신학자이자 심리학자인 스티븐 체리Stephen Cherry는 이런 비판에 상당 부분 동의하면서도 "투투의 성직자로서의 역할과 진실화해위원회 위원장으로서의 리더십을 수년간 지켜본 사람이라면, 그 누구도 그를 아무 때고 아무 데서나 정치적이고 공개적인 용서를 들이미는 '무비판적

인 용서 지상주의자'라 일컫지 못할 것이다"고 옹호했다.[37]

영국 철학자 이브 가라드Eve Garrad와 데이비드 맥노튼David McNaughton, 1946~은 『용서Forgiveness』(2010)에서 '용서 부추기기forgiveness boosterism'라는 용어를 원용한 '값싼 부추김cheap boosterim'이라는 표현을 여러 차례 사용하면서 다음과 같이 주장했다.

"일종의 가식이다. 용서가 모든 악행이 빚은 불행을 극복하게 해줄 쉬운 해결책이라는 가식, 상처를 치유하려는 사람 모두가 시도할 수 있는 편한 접근법이라는 가식, 도덕적으로 완전무결하다는 가식, 즉 어떤 상황에서든 용서에 반대할 만한 도덕적 근거가 전혀 없다는 가식이다."[38]

이렇듯 용서를 둘러싼 논쟁과 논란은 치열하다. 용서에 대해 어떤 입장을 취하건 용서는 그 누구도 쉽게 말해서는 안 될 주제다. 고통의 문제가 얽혀 있기 때문이다. 우리 모두 흔쾌히 용서가 늘 아름다운 건 아니라는 점을 인정하자. 용서는 아름답다고 외칠 일이 있더라도 너무 큰 목소리는 내지 말자. 이게 우리가 꼭 지켜야 할 '용서의 에티켓'이 아닐까?

용서

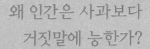

왜 인간은 사과보다
거짓말에 능한가?

사과는 과거엔 어리석거나 약한 자의 언어로 인식되었기에 해선 안 될 것처럼 여겨졌다. 그래서 미국 철학자 랠프 월도 에머슨Ralph Waldo Emerson, 1803~1882은 "분별력 있는 자는 결코 사과하는 법이 없다"고 했다. 영국 정치가이자 작가인 벤저민 디즈레일리Benjamin Disraeli, 1804~1881는 "사과란 자신이 바꿀 수 없는 것에 대한 변명일 따름이다"고 했으며, "감정을 드러낸 것에 대해 사과하지 마라. 만약 사과한다면, 그건 진실에 대해 사과를 하는 것과 같다"는 말도 했다.[39]

영국의 신학자이자 행정 개혁가 벤저민 조윗Benjamin Jowett, 1817~1893은 "결코 후회하지 말고, 변명하지도 말며, 사과하지 마라"고 했으며, 미국 시인 월트 휘트먼Walt Whitman, 1819~1892은 "스스로 변호하기 위해 내 영혼을 괴롭히진 않으리.……기본법에는 사과가 없음을 나는 알고 있다"고 했다.

미국 연방 대법관 올리버 웬들 홈스Oliver Wendell Holmes, 1841~1935는 "자기 결점을 동료가 처음 알게 되는 경우 중 9할은 사과에서 비롯된 것이다"고 했고, 영국 작가 P. G. 우드하우스P. G. Wodehouse, 1881~1975는 "바람직한 삶의 원칙은 절대 사과하지 않는 것이다. 제대로 된 부류의 사람이라면 사과를 원치 않으며, 그렇지 못한 족속들이나 그것으로 교묘하게 이익을 얻고자 한다"고 했다.[40]

미국의 정신의학자 에런 라자르Aaron Lazare, 1935~2015가 『사이콜로지 투데이Psychology Today』라는 잡지에 「걱정 말고, 사과해Go head, say you're sorry」라는 글을 써서 큰 반향을 불러일으킨 게 1995년이었다는 사실이 놀랍지 않은가? 이 글은 이런 말로 시작했다. "사람들은 사과를 나약함의 상징처럼 보는 경향이 있다. 하지만, 사과의 행위는 위대한 힘을 필요로 한다."[41]

오늘날엔 많이 나아지긴 했지만, 여전히 '사과'보다는 '거

짓말'이 우위를 점하고 있다. 왜 그럴까? 김호와 정재승은 『쿨하게 사과하라』(2011)에서 "많은 진화심리학자들이 지난 3만 년간 인간이란 종은 다양한 지적 능력을 발달시켜왔는데. 그중에서 '사과하는 능력'은 비교적 '진화가 덜 된' 행동이라고 지적한다"며 이렇게 말한다. "일부 진화심리학자들은 인류가 진화하면서 거짓말을 잘하는 사람이 그렇지 않은 사람보다 생존 가능성이 더 높고 성 선택에서도 유리했을 것이라고 주장한다. 실수나 잘못을 솔직히 인정하는 것보다는, 거짓말로 모면하고 부인하는 편이 훨씬 더 얻는 게 많기 때문이다."[42]

"타이밍을 잘 잡아야 해. 그래야 사과도 한 방에 끝나지."[43] 이기호의 소설 『사과는 잘해요』(2009)에 나오는 말이다. 공감하거나 동의할 사람이 많을 게다. 사과가 '기술' 또는 '예술'이라고 해도 좋을 정도로 전문 영역에 속하는 일이라는 점도 사과를 멀리하는 이유일지도 모르겠다. 순진하게 무작정 사과부터 하고 본다고 해서 능사가 아니다. 영국의 소통 전문가 이언 레슬리Ian Leslie, 1942~는 『다른 의견』(2021)에서 사과에 관한 연구 결과들을 소개하면서 다음과 같이 말한다.

"사과를 너무 자주 하는 것은 좋지 않다. 나쁜 경험을 한

번 이상 한 고객들은 여러 차례의 사과를 받았다. 이들은 아예 사과를 받지 못한 고객들보다도 부정적인 반응을 보였다.……여러 차례 사과를 받다 보면 그 사과는 점점 값어치가 떨어진다. 그리고 어느 시점에서는 값싼 사과로, 심지어 모욕적으로 느껴지기 시작한다."[44]

미국 작가 수전 솔로빅Susan W. Solovic, 1958~은 『여성의 영향력과 성공을 위한 안내서The Girl's Guide to Power and Success』(2001)에서 자주 사과하는 사람으로 비치면 예기치 않은 사회적 대가를 치를 수 있다고 경고한다. 그는 "의례든 아니든, 늘 미안하다고 말하다 보면 그것은 자기비하의 한 형태가 된다"면서 "당신 잘못이 아닌 경우에도 비난을 수용함으로써, 당신은 능력을 포기하고 프로의 이미지를 위험에 빠뜨린다"고 말한다.[45]

이런저런 이유로 사과가 전문 영역이 되다 보니, 그럴듯해 보이긴 하지만 진심과는 거리가 먼 엉터리 사과들이 난무하는 경향이 있다. 이미 오래전 영국 작가 길버트 체스터턴Gilbert K. Chesterton, 1874~1936은 "거만한 사과란 모욕이나 다름없다"고 했는데, 실제로 우리 주변엔 사과를 한다면서도 그런 모욕을 저지르는 사람이 많다. 이런 사과를 가리켜 '비非사과 사과non-apology apology'라고 한다.

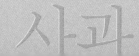

갈등 해결이라는 사과의 장점은 취하면서 책임 인정에 따른 위험은 회피하기 위해 쓰는 수법이다.[46]

미국 잡지 『뉴요커』(2008년 12월 15일)에 실린 바버라 스몰러Barbara Smaller, 1953~의 카툰은 "난 당신이 미안하다고 말해주길 원하는 게 아네요. 당신이 미안하다고 느끼는 것을 원하지"라고 말한다.[47] 시인 이담하는 "사과는 사과를 갖고 하는 것도 입이나 손바닥으로 하는 것도 아니다. 사과하고 싶다면 용서받을 때까지 늦가을 사과나무처럼 서 있어야 한다"고 했다.[48] 우리는 과연 언제쯤 이런 참된 사과를 주고받을 수 있을까?

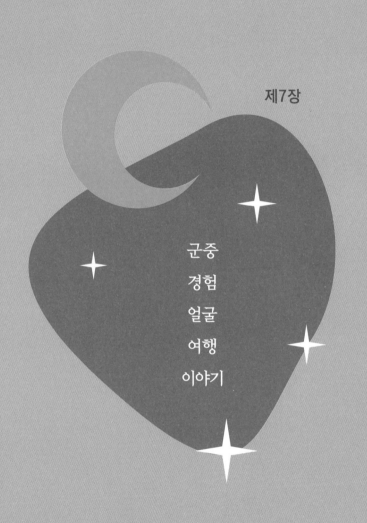

제7장

군중
경험
얼굴
여행
이야기

군중심리를 모르면
경제를 논하지 마라

"아테네인 하나하나는 교활한 여우지만, 집회 때 모아놓
으면 양떼를 상대하는 것이었다."[1] 고대 그리스 정치가이
자 시인인 솔론Solon, B.C.630~B.C.560의 말이다. "군중은 폭
군의 어머니다." 고대 그리스 철학자 디오게네스Diogenes,
B.C.412~B.C.323의 말이다. "이해하지 않고 행동하는 것, 그
것이 군중의 방식이다."[2] 중국 사상가 맹자孟子, B.C.372~
B.C.289의 말이다.

"군중은 늘 겉으로 보이는 것에 사로잡히고, 이 세상에 있
는 건 오직 군중뿐이다."[3] 이탈리아 사상가 니콜로 마키아
벨리Niccolò Machiavelli, 1469~1527가 『군주론』(1513)에서 한
말이다. 그는 "지도자 없는 군중은 아무 가치도 없는 거나

다름없는 존재"이며,[4] "지도자가 없어서 통제되지 않는 군중만큼 무슨 짓을 할지 예측할 수 없는 무서운 존재도 없지만, 반면에 이것처럼 취약한 존재도 없다"고 했다.[5]

"셀 수 없이 많은 머리를 달고 있는 눈먼 괴물. 그러나 서로 반목하고 불화하는 머리들. 흔들리는 군중." 영국 극작가 윌리엄 셰익스피어William Shakespeare, 1564~1616의 말이다. "노아의 방주에 올라탄 그 많은 동물들도 군중 속에 웅크리고 있는 금수의 본성에는 못 따라간다."[6] 영국 극작가이자 시인인 벤 존슨Ben Johnson, 1572~1637의 말이다. "군중은 머리만 있고 두뇌는 없는 사람들의 집단이다."[7] 영국 역사가 토머스 풀러Thomas Fuller, 1608~1661의 말이다.

"만약 사람들을 군중으로 이해한다면 그들이 무엇을 생각하느냐는 중요하지 않다. 그들의 판단이란 복권을 뽑는 것과 다를 바 없기 때문이다."[8] 영국 작가 존 드라이든John Dryden, 1631~1700의 말이다. 장군 한 사람 한 사람과 이야기를 주고받을 때는 그들을 대단히 존경했던 프로이센 국왕 프리드리히 대왕Friedrich der Große, 1712~1786은 "군사회의 때 소집된 그들은 바보의 무리에 지나지 않는다"고 말했다.[9]

"한 사람 한 사람을 놓고 보면 각각은 매우 똑똑하고 이해력이 있다. 그렇지만 한데 모아놓으면 인간들은 그만큼의 바보로 변한다."[10] 독일 시인 프리드리히 실러Friedrich Schiller, 1759~1805의 말이다. 그는 그 이유를 이렇게 설명했다. "독립된 개인으로 인식된 모든 인간은 의식 있고 합리적인 존재이다. 군중 속의 하나에 불과한 인간은 무의식적 존재일 뿐이다."[11]

지금까지 소개한 군중에 관한 명언들은 거의 대부분 군중에 대해 부정적이지만, 바로 그렇기 때문에 우리는 군중과 군중심리에 대해 잘 알아야만 한다. 특히 경제정책을 만들고 집행하는 사람들은 군중심리에 정통해야 한다. 그래야만 할 이유에 대해 미국 정치가이자 금융가인 버나드 바루크Bernard Baruch, 1870~1965는 다음과 같이 말했다.

"모든 경제적 행위는 본디 군중심리를 따르게 되어 있다. 군중의 사고를 제대로 인식하지 못하는 경제 이론은 수많은 허점을 갖게 된다. 우리의 본성 깊숙이 뿌리내린 특성은 실체를 확인할 수 없는 무형의 힘이지만, 이것을 이해해야만 당면한 사건들을 올바르게 판단할 수 있다."[12]

바루크가 말한 '본성 깊숙이 뿌리내린 특성'은 주위의 영

향에 민감하고 모방을 선호하는 태도를 말한다. 이와 관련, 소비자 행동 컨설턴트 필립 그레이브스Philip Graves, 1965~는『소비자학?: 시장조사의 신화, 소비자에 대한 진실, 쇼핑의 심리학』(2010)이란 책에서 "군중을 따르고자 하는 우리의 의지는 눈앞에 군중이 반드시 보이지 않아도 된다는 점에서 상당히 흥미롭다"며 "누군가 다른 사람들이 하는 행동을 말해주기만 해도 충분하다"고 말한다.[13]

그게 바로 '사회적 증거social proof'의 원리다. 많은 사람이 하는 행동이나 믿음은 진실일 것이라고 생각하는 경향이 있다는 것이다. 십수 년 전 국내 한 신용카드 회사의 TV 광고는 "천만 명이나 쓰는 카드가 있대요. 괜히 천만이겠어요", "대한민국 성인 남녀 넷 중 하나는 ○○카드를 갖고 계십니다. 자그마치 천만이나 쓴다는 얘기죠"라고 외친 적이 있다.[14] 확실한 사회적 증거에 동참하라고 선동하는 광고라고 할 수 있겠다.

"부동산은 심리다"라는 말도 그런 관점에서 이해할 수 있다. 그런데 일부 정권들, 특히 문재인 정권은 그 원리를 완전히 외면하고 사회정의를 내세운 '맹목적 신념'에 집착하다가 부동산 가격을 폭등시키는 최악의 과오를 저지르고 말았다. 문재인 정권 5년간 '2030 부동산 영끌 대출'

이 85조 원에 이르는 것으로 밝혀졌는데, 금리가 오르면서 이들 청년 세대의 비명소리가 곳곳에서 터져 나오고 있다.[15] 그래도 영끌족은 거의 대부분 부모의 도움이나 받았지만, 영끌을 할 수 없는 2030세대는 어쩌란 말인가? "영끌족이 비명을 지른다면, 영끌을 못한 이들은 비명횡사하고 있다"지 않는가?[16] 아무리 선의에서 비롯된 과오일망정, 결과적으론 이보다 더 큰 '범죄'가 어디 있으랴. 잊지 말자. 군중심리를 모르면 경제는 물론 부동산 정책을 논하지 마라.

뜨거운 부뚜막 위에 앉았던 고양이처럼 굴지 마라

경험은 소중한 대접을 받는 자산이다. 경험의 중요성을 강조하는 격언이 무수히 많은 것도 우연이 아니다. "사람은 경험을 통해서 영리해진다." "경험이 최상의 스승이다." "경험은 지혜의 어머니다." "배움 없는 경험이 경험 없는 배움보다는 낫다."

미국 정치가이자 발명가인 벤저민 프랭클린Benjamin Franklin, 1706~1790은 이런 명언을 남겼다. "경험은 소중한 학교다. 그러나 바보들은 경험에서 배우지 않으며, 경험도 부족하다. 우리는 바보들에게 충고는 할 수 있지만 행동을 대신해줄 수는 없다."[17]

프랑스 조각가 오귀스트 로댕Auguste Rodin, 1840~1917은 "경험을 현명하게 이용한다면 시간 낭비란 없다"고 했는 데,[18] "현명하게 이용한다면"이란 전제가 마음에 든다. '현 명한 이용'을 위해선 이른바 '경험의 덫'이라는 걸 주의해야 한다. 예컨대, 기업들은 일반적으로 경력자를 우대하지만 평 균적으로 볼 때 경력자가 더 우수한 성과를 달성하지는 못하 며, 경험이 오히려 독이 되는 경우도 있다고 한다.[19]

"전문성과 경험이 깊어질수록 세상을 보는 특정한 방식에 매몰된다." 미국 경영학자 에릭 데인Erik Dane의 말이다. 그 의 연구 결과에 따르면, 브리지 게임의 고수들은 규칙이 바 뀌면 바뀐 규칙에 적응하는 데 초보들보다 더 애를 먹는다고 한다. 또한 경험이 많은 회계사들은 기존 규정을 무효화하 는 새로운 세법이 적용되면 초보 회계사들보다 일을 더 서투 르게 한다는 연구 결과도 있다. 사람들은 특정 분야에서 지 식을 쌓으면 이미 존재하는 지식의 포로가 된다는 이야긴데, 일반적으로 특정 분야에 대해 보통 정도의 전문성이 있을 때 과감하고 창의적인 아이디어에 가장 열린 사고를 지니게 된 다고 한다.[20]

1996년 한 무명 여성 작가가 대략 9만 단어에 달하는 장문 의 원고를 영국과 미국의 주요 출판사 12곳에 보냈다. 약속

이나 한 듯이 출판사들은 모두 다 퇴짜를 놓았다. 작가가 무명이라는 점도 영향을 미쳤겠지만, 더욱 중요한 건 이 작품이 당시 출판사들이 불문율로 여기던 경험칙들을 위배했다는 점이었다.

당시 아이들은 점점 더 책을 적게 읽는 추세였음에도 이 원고는 평균적인 아동 소설에 비해 5만 단어나 더 길었다. 게다가 이 원고는 당시 유행하던 왕따나 이른바 '결손가정'과 같은 진지한 이슈를 다룬 소설이 아닌 본격적인 판타지물이었다.

나중에 이 원고에 관심을 보인 출판사는 아동 도서 분야에 뛰어든 지 2년밖에 되지 않은 신참이었다. 이 분야에 이렇다 할 경험이 없었기에 존중하거나 집착해야 할 원칙이나 불문율도 없었다. 이 신참 출판사의 편집자는 원고가 매력적이라고 생각했다. 게다가 시리즈 중 처음 2권을 단돈 2,000파운드에 살 수 있었으니, 사실상 위험 부담도 없었던 셈이다.

그간 퇴짜 맞는 데에 지쳤던 이 원고의 저자도 그 액수에 기뻐했지만, 정작 기뻐하고 놀랄 일은 이 책이 출간된 후에 일어났다. 세계 출판 역사상 손꼽을 수 있을 만큼 놀라운 대박 행진이 이어졌기 때문이다. 도대체 어떤 작품인가? 바로 조앤 롤링Joanne Rowling, 1965~의 『해리 포터』 시리즈 (1997~2007, 총 7권)다.[21]

롤링의 원고를 거절한 출판사들엔 당시 지배적인 불문율을 어겼다가 실패한 경험이 적어도 한두 번씩은 있었을 게다. 좋지 않은 경험의 포로가 되어 새로운 가능성을 외면하는 걸 가리켜 '연상 편향association bias'이라고 하는데, 미국 작가 마크 트웨인Mark Twain, 1835~1910이 이와 관련해 멋진 명언을 남겼다.

"우리는 어떤 경험으로부터 그 안에 들어 있는 만큼만의 지혜를 추출하고 그 이상은 추출하지 않도록 조심해야 한다. 뜨거운 부뚜막 위에 앉았던 고양이처럼 되지 않으려면 말이다. 뜨거운 부뚜막 위에 앉았던 고양이는 다시는 그 위에 앉지 않았다. 그것은 잘한 일이다. 하지만 그 고양이는 차가운 부뚜막 위에도 다시는 앉지 않았다."[22]

그러니 우리 모두 뜨거운 부뚜막 위에 앉았던 고양이처럼 굴지 않는 게 좋겠다. 영국 작가 올더스 헉슬리Aldous Huxley, 1894~1963는 "우리의 경험은 우리에게 실제 일어난 일이 아니라 우리에게 일어난 일로부터 우리가 만들어낸 것이다"고 했는데,[23] 바로 그런 '연상 편향'의 함정을 지적한 말로 이해

경험

해도 무방할 것이다.

미국 커뮤니케이션 학자 칼리 도드Carley H. Dodd
는 『문화 간 커뮤니케이션론Dynamics of Intercultural
Communication』(1982)에서 "새로운 상황에 대처하는 데 과
거 경험에 의존하지 마라"고 했다.[24] 적어도 문화 간 커뮤니
케이션에선 경험이 오히려 소통에 장애가 될 수 있다는 말로
이해하면 되겠다.

우리는 늘 경험의 덫이나 한계에 유념하면서 살아가야 하겠
지만, 대체적으로 보자면 경험 알기를 너무 우습게 아는 사
람이 더 많고, 그로 인한 폐해가 훨씬 더 크다고 보는 게 옳
을 게다. 영국 작가 조지 버나드 쇼George Bernard Shaw,
1856~1950는 "우리는 사람들이 경험을 통해 아무것도 배우
지 못했다는 사실을 경험을 통해 배운다"고 했는데,[25] 이게
딱 들어맞는 말이다. 주변을 둘러보라. 경험을 통해 아무것
도 배우지 못한 건 물론이고 아예 배울 뜻조차 없는 사람이
너무 많지 않은가?

인간의 윤리는
얼굴에서 탄생했다

"감정을 드러내는 얼굴 표정은 전 세계적으로 보편적이며, 문화권에 따라 다른 것이 아니다." 영국의 생물학자이자 진화론자인 찰스 다윈Charles Robert Darwin, 1809~1882의 말이다. 얼굴 표정은 생물학적으로 결정되는 것이며, 인류의 진화에 따른 결과라는 것이다. 다윈 이후의 많은 학자는 이에 전혀 동의하지 않았지만, 최근에 이루어진 과학적인 조사들은 "문화적인 차이를 보이는 얼굴 표정들도 있지만 적어도 몇몇 감정들을 드러내는 얼굴 표정은 전세계적으로 보편적이라는 사실"을 입증했다.[26]

"인간은 얼굴을 붉히는, 혹은 붉힐 필요가 있는 유일한 동물이다." 미국 작가 마크 트웨인Mark Twain, 1835~1910의 말

이다. 미국 사회심리학자 대처 켈트너Dacher Keltner, 1962~는 얼굴 붉힘은 누군가 무안함이나 수치심을 경험하고 있다는 좋은 단서이며, 얼굴에 나타나는 수치심과 무안함은 사람들의 용서 본능을 자극한다고 했다.[27]

"우리가 만나게 될 얼굴을 마주보기 위한 얼굴을 준비해야만 한다." 영국 시인 T. S. 엘리엇T. S. Eliot, 1888~1965의 말이다. 그가 1915년에 발표한 첫 번째 시詩「J. 앨프리드 프루프록의 연가The Love Song of J. Alfred Prufrock」의 한 구절을 약간 변형시킨 것이다. 미국 경제학자 애비너시 딕시트Avinash K. Dixit, 1944~는 『전략의 탄생』(2008)에서 이렇게 말한다. "나의 얼굴, 다시 말해 나의 행위가 어떻게 해석되는지를 모르면, 나도 모르는 사이에 나를 불리하게 하는 행동을 할 가능성이 크다. 때로는 그로 인해 심각한 손해를 입을 수도 있다."[28]

"인간의 윤리는 얼굴의 존재에서 탄생했다." 프랑스 철학자 에마뉘엘 레비나스Emmanuel Levinas, 1906~1995의 말이다. 미국 사회심리학자 셰리 터클Sherry Turkle, 1948~은 이 말을 인용하면서 "얼굴은 '나를 죽이지 마라'는 뜻을 전달한다"고 말한다.[29] 레비나스는 "얼굴은 가련하다"고 했다. 이에 대해 프랑스 인류학자 뱅자맹 주아노Benjamin

Joinau, 1969~는 『얼굴: 감출 수 없는 내면의 지도』(2011)에서 "얼굴은 기본적으로 우리 몸에서 아무것도 걸치고 있지 않는 곳이며, 언제나 취약하다. 그리고 가장 심하게 폭력에 노출되어 있는 부분이다"며 다음과 같이 말한다.

"약점을 드러내며 내 앞에 놓인 이 벌거벗은 얼굴을 대할 때 나는 관대하다.……얼굴의 표정은 특히 그 소유자의 인간성을 말해준다. 즉, 내가 그 소유자에 대한 연민을 찾을 수 있는 통로다. 이것이 바로 범죄자들이 잡혔을 경우 고개를 숙이고 있어야 하는 이유이며, 군인들이 눈을 가릴 정도로 모자를 푹 눌러쓰는 이유다. 눈에 보이는 사람보다 눈에 보이지 않는 이를 죽이거나 형을 구형하는 일이 더 쉽다."[30]

"오랫동안 지속되는 얼굴 표정은 진짜 감정을 나타내지 않을 때가 많다." 미국 심리학자 폴 에크먼Paul Ekman, 1934~이 『언마스크, 얼굴 표정 읽는 기술』(2003)에서 한 말이다. 그는 그런 표정을 가리켜 감정을 과장해서 연기하는 '모방 표정mock expressions'이라고 했으며, 이와는 반대로 감정을 나타내는 표정들은 매우 빠르게 지나가는 '미세 표정micro-expressions'이라고 했다.[31] "여성은 얼굴 표정을 읽는 데 더 뛰어난 반면, 남성은 군중 속에서 적대적

인 얼굴을 포착하는 데 더 뛰어나다." 미국의 진화생물학자 로버트 트리버스Robert Trivers, 1943~의 말이다.

"우리 얼굴은 나를 움직이기 위한 것이 아니라 다른 사람을 움직이기 위해 사용하는 우리 몸의 유일한 골격근육이다." 미국 사회심리학자 크레이그 스미스Craig Smith의 말이다. 프랑스 심리학자 마리안 라프랑스Marianne LaFrance가 『웃음의 심리학』(2011)에서 "웃음이 그토록 강하게 또 매우 중요하게 작동할 수 있는 이유는 부분적으로 웃음이 주변 사람들에게 다양한 방식으로 영향을 미치기 때문이다"며 인용한 말이다.[32]

"사십 이후에는 자기 얼굴에 책임을 져야 한다." 속설俗說이다. 이런 속설에 대해 여성학자 정희진은 강한 이의를 제기했다. '젊은이'도 자기 얼굴에 책임을 져야 하는바, 자기 성찰에 나이가 무슨 상관이냐는 것이다. 그는 욕망은 결핍에 대한 것, 결핍이 충족되면 욕망도 사라지기에, '불혹의 마흔 살'은 어불성설語不成說을 넘어 잔인하다며 다음과 같이 말했다.

"대개 보통 사람들은 나이 들수록 욕망을 실현할 수 있는 자원을 잃게 된다. 때문에 '늙을수록' 결핍에 괴로우며,

그만큼 욕망은 커질 수밖에 없다. '사십 불혹설'을 퍼뜨리는 사람은 크게 두 부류. 성별과 계급 자원으로 나이를 극복할 수 있어서 결핍의 고통을 덜 받는 '가진 자'거나, 자기 꿈을 좇기가 두려우니까 남의 꿈도 비웃는 비겁을 '집착 초월'이라고 착각하는 사람이다. 안전은 미신이다. 생명이 다할 때까지 유혹당하면서, 자신을 가능성에 개방시키고, 끊임없이 시험에 들게 하는, 도전에 매료되는 삶은 개인의 성장일 뿐 아니라 모두 마음에 들어 하지 않는 이 사회를 변화시킬 수 있는 힘이다."[33]

그렇다. 세상의 이치를 다 깨달은 도사처럼 사는 것도 좋겠지만, 끊임없이 유혹당하면서 사는 삶도 좋지 않을까? 그런 시도는 얼굴을 통해 사람을 판단하고 평가하려고 드는 우리의 오랜 습관에 대한 저항이기도 하다. 인간의 윤리는 얼굴에서 탄생했다고 하지만, 인간은 스스로 얼굴을 통제하는 법을 터득하고야 말았기에 더욱 그렇다. 그래서 나온 말이 후안무치厚顏無恥다.

후안무치는 뻔뻔스럽게 부끄러운 줄 모른다는 뜻인데, 그런 능력이 뛰어날수록 성공할 확률이 높아진다. 시인 최승호는 「방부제가 썩는 나라」라는 시詩에서 "모든 게 다 썩어도, 뻔뻔한 얼굴은 썩지 않는다"고 했는데,[34] 이는 후

얼굴

안무치의 경쟁력에 대한 증언일지도 모르겠다. 부질없는 희망일망정 인간의 윤리가 얼굴에서 탄생했던 시절로 되돌아가면 좋겠다.

여행은 편협한 마음에
치명적이다

"세계는 한 권의 책이다. 여행하지 않는 자는 그 책의 단지 한 페이지만을 읽을 뿐이다."[35] 초대 그리스도교 교회가 낳은 철학자이자 사상가인 성 아우구스티누스St. Augustinus, 354~430의 말이다. "삶에서 더 중요한 것은 도처의 거리에 있다." 네덜란드의 인문학자 에라스뮈스 Erasmus, 1466~1536의 말이다. 세계시민을 자처하며 "세계 곳곳이 나의 고향"이라고 주장했던 그는 사람들에게 여행을 장려했다. 이 두 거인의 주장에 화답하듯, 훗날 미국 작가 마크 트웨인Mark Twain, 1835~1910은 "여행은 편견, 심한 편견, 편협한 마음에 치명적이다"고 말한다.[36]

"여행에서 지식을 얻어 돌아오고 싶다면 떠날 때 지식을

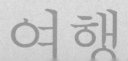

몸에 지니고 가야 한다."[37] 영국 작가 새뮤얼 존슨Samuel Johnson, 1709~1784의 말이다. 그러나 정반대의 의견도 있다. 도시 건축가 김진애는 『도시는 여행 인생은 여행』 (2019)에서 "좋기는, 아무 사전 지식 없이 가는 여행이 최고다. 호기심으로, 막연한 동경으로, 얼핏얼핏 들은 이야기만으로, 그저 가서 느끼는 것이 가장 좋다"고 말한다.[38]

"내가 로마 땅을 밟은 그날이야말로 나의 제2의 탄생일이자 내 삶이 진정으로 다시 시작된 날이라고 생각한다."[39] 독일 시인 요한 볼프강 괴테Johann Wolfgang von Goethe, 1749~1832가 『이탈리아 기행』에서 한 말이다. 이 말 이상으로 여행의 위대함을 웅변해주는 증언이 또 있을까?

"모든 세계가 움직이고 있는 이 변화의 시대에 그대로 정지되어 있다는 것은 범죄일 것이다. 여행 만세—값싸고 값싼 여행!"[40] 영국에서 조직화된 관광의 발전에 큰 기여를 한 여행 사업가 토머스 쿡Thomas Cook, 1808~1892이 1854년에 한 말이다.

"책상에 백지를 그대로 남겨두고 책꽂이의 책은 그대로 덮어둬라! 연장을 일터에 남겨둬라! 돈에도 신경 쓰지 말라!"[41] 미국 시인 월트 휘트먼Walt Whitman, 1819~1892의 말이다. 그는 「열린 길의 노래」에서 사람들에게 여행을 떠나라고 조언, 아니 명령했다.

"목적지에 가고자 여행하는 것이 아니고, 그저 가기 위해 여행한다."[42] 영국 소설가 로버트 루이스 스티븐슨Robert Louis Stevenson, 1850~1894의 말이다. 미국 작가 어설라 르귄Ursula Le Guin, 1929~2018도 "여행에 목적지가 있다는 것은 좋은 일이다. 하지만 결국 중요한 것은 여행 그 자체다"고 했다.[43]

"가장 위대한 여행은 지구를 열 바퀴 도는 여행이 아니라 단 한 차례라도 자기 자신을 돌아보는 여행이다."[44] 인도 지도자 마하트마 간디Mahatma Gandhi, 1869~1948의 말이다. 인도인의 특성일까? 인도 시인 라빈드라나트 타고르Rabindranath Tagore, 1861~1941도 비슷한 말을 했다. "수년 동안 비싼 값을 치르면서 나는 수많은 나라를 여행했다. 높은 산과 대양을 보았다. 그러나 내가 보지 못한 것은 내 집 문 앞 잔디에 맺혀 있는 반짝이는 이슬방울이었다."[45] 나와 내 주변을 외면한 채 밖으로만 떠도는 여행의 한계를 말하는 것으로 이해하면 되겠다.

"희한한 일이다. 우리가 집에 있을 때는 더할 수 없이 매

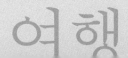

력적인 사람들인데 해외로 나가기 무섭게 대다수가 끔찍한 사람들도 변해버린다. 미국에 온 영국인 여행객들이 오만하게 굴고, 아무 근거 없이 사람을 얕잡아보고, 미국 문명의 아주 중요한 장점들을 보려 하지 않아 내가 얼굴이 화끈거렸던 경우가 너무나 많았다."[46] 영국 철학자 버트런드 러셀Bertrand Russell, 1872~1970이 1931년에 발표한「관광객」이란 글에서 한 말이다.

멀쩡한 사람도 운전을 하면 전혀 다른 인성을 갖게 되듯이, 여행도 그런가? 약탈적 여행이라고 하면 미국인들이 욕을 많이 먹었는데, 러셀의 말을 들어보면 미국인들만 그랬던 건 아닌가 보다. 왜 멀쩡한 사람들도 그렇게 외국에만 나가면 오만해지는 걸까? 미국 생태사회학자 딘 매커널Dean MacCannell, 1940~은 『관광객: 유한계급에 관한 새 이론The Tourist: A New Theory of the Leisure Class』(1976)에서 이런 설명을 내놓았다. "관광객의 수많은 응시 대상은 전통사회에서의 종교적 순례 대상과 기능적으로 동일하며, 사람들이 현대세계의 위대한 관광지들을 여행할(순례할) 때, 그들은 사실 그들 자신의 사회를 숭배하고 있는 것이다."[47]

이 설명은 앞서 소개한, "여행은 편견, 심한 편견, 편협한 마음에 치명적이다"는 마크 트웨인Mark Twain, 1835~1910의 주장에 반하는 점이 있긴 하지만, 생각하기 나름이다. 프랑스 소설가 마르셀 프루스트Marcel Proust, 1871~1922는 "항해 중의 발견은 새로운 풍경을 보는 것이 아니라 새로운 눈을 갖는 것에 달려 있다"고 했는데,[48] 여행을 통해 다양한 눈을 갖게 되면 편견과 편협한 마음에 그 어떤 변화가 오지 않을까?

여행

"하루가 지나면 그 하루는 더이상 없다. 그 하루에서 무엇이 남는가? 그에 관한 이야기밖에는 없다.……우리는 오늘을 살지만 내일이 되면 오늘은 이야기가 될 것이다. 온 세상과 모든 사람의 삶은 하나의 긴 이야기다."[49] 폴란드 출신의 미국 소설가 아이작 바셰비스 싱어Isaac Bashevis Singer, 1902~1991의 말이다.

"어린 시절에 이야기를 직접 읽었거나 다른 사람이 읽어주는 것을 들으면서 성장한 사람들이 이야기를 줄거리로만 듣고 자란 사람들에 비해 예지력이 훨씬 뛰어나고 정신 발달 상태도 더 낫다." 미국 심리학자 제임스 힐먼James Hillman, 1926~2011의 말이다. 그는 어린 시절의 독서야말로

몸소 경험하며 살아본 듯한 그 어떤 것으로 남게 된다고 주장했다.[50]

"팩트가 무슨 상관이야! 필요한 건 스토리라고!"[51] 『뻐꾸기 둥지 위로 날아간 새』(1962)의 작가 켄 키지Ken Kesey, 1935~2001의 말이다. 왜 그럴까? 스토리에는 누가who, 언제when, 어디서where, 무엇을what, 왜why, 어떻게how의 6가지 기본이 되는 조건, 즉 '육하원칙'이 필요하지 않기 때문이다. 그럴듯하면 그걸로 족하고 설득력은 말하는 이의 권위와 말솜씨에 좌우된다. 굳이 옛날이야기를 생각할 필요는 없다. 그저 사람들 사이에 떠도는 이야기를 생각해보라.

사람들은 어떤 이야기를 들으면 '그거 말 되는데'라거나 '말도 안 돼'라는 말을 즐겨 한다. 진실은 때로 얼른 듣기엔 말도 안 되는 것일 수도 있다. 그런 진실은 이야기로서 생명력이 약하다. 이처럼 이야기가 사실이나 진실보다 더 큰 힘을 발휘하는 현상을 가리켜 '이야기 편향story bias'이라고 한다. 스위스 작가 롤프 도벨리Rolf Dobelli, 1966~는 "사람들은 추상적인 사실들에 대해서는 거부감을 느끼지만, 이야기에는 본능적으로 끌리게 된다"고 말한다.[52]

"스토리가 강력한 까닭은 추상적인 개념에서 찾아볼 수 없는 맥락을 제공하기 때문이다." 미국 경영학자 칩 히스Chip Heath, 1963~가 『스틱!: 1초 만에 착 달라붙는 메시지』(2007)에서 한 말이다. 그는 "지식을 보다 일상적이고 근원적인 존재, 삶에 가까운 형태로 만들어 보여주는 것"이 바로 스토리의 역할이라고 말한다.[53]

"정치란 사람들에게 더 나은 이야기를 들려주는 것에 관한 일이다." 제42대 미국 대통령 빌 클린턴Bill Clinton, 1946~의 말이다. 이와 관련, 할리우드 기업가 피터 구버Peter Guber, 1942~는 『성공하는 사람은 스토리로 말한다: 어떻게 그들의 마음을 사로잡을까?』(2011)에서 다음과 같이 말한다. "그러고 보면 클린턴 자신보다 정치적 목적을 위해 이야기를 더 잘 활용한 사람도 없는 것 같다. 실제로 그가 대통령 경선 출마를 선언했을 때 나와 나의 아내가 그의 당선을 적극적으로 지지하기로 결정했던 것도 그의 이야기에 매료되었기 때문이다."[54]

"나는 이야기가 영혼의 일용할 양식이라고 생각합니다. 우리는 이야기가 없으면 못 삽니다." 미국 소설가 폴 오스터Paul Auster, 1947~가 『글쓰기를 말하다: 폴 오스터와의 대화』(2013)에서 한 말이다. 그는 "나는 스스로를 소설가

novelist보다는 스토리텔러storyteller로 생각하는 버릇이 있나 봅니다"라면서 다음과 같이 말했다.

"이야기에 목마를 때 그 갈증을 풀기 위해서 꼭 소설을 읽어야 하는 것은 아닙니다. 텔레비전을 시청하거나 만화를 보거나 영화를 관람해도 되죠. 어떤 식으로 이야기를 접하든, 이야기는 매우 중요합니다. 우리는 이야기를 통하여 그나마 세상을 알아갑니다. 내가 계속해서 글을 쓰고 있는 것도 이런 까닭에서입니다."[55]

이런 '이야기 예찬론'엔 끝이 없다. 그러나 동시에 이야기의 위험에 대한 경고도 많다. "스토리텔링이 처음부터 비난받을 만하거나 잘못된 결론을 내리는 것은 아니다. 문제는 이야기꾼이 이야기를 멋지게 꾸미기 위해 사실을 왜곡하거나 이야기를 사실에 맞추려고 하는가에 달려 있다." 독일 언론인 비난트 폰 페터스도르프Winand von Petersdorff, 1963~가 『사고의 오류』(2013)에서 한 말이다. 그는 "권선징악의 할리우드 영화에 딱 어울리는 이야기라는 생각이 들면, 그때가 곧 이야기의 신뢰성이 의심스러운 시점이라고 생각하면 된다"고 주장했다.[56]

미국 경제학자 타일러 카우언Tyler Cowen, 1962~은 "아무 생

각 없이 선악을 주제로 한 이야기를 계속 늘어놓는 사람은 누구든 지능지수에서 10점을 감점하자"고 제안했는데, 그건 너무 과격한 것 같다.[57] 미국 영문학자 조너선 갓셜Jonathan Gottschall, 1972~이 『이야기를 횡단하는 호모 픽투스의 모험』(2021)에서 제시한 타협책이 어떨까 싶다.

갓셜은 "스토리텔링은 인류의 생존에 산소만큼 필수적이면서도 그만큼 치명적인 독"이라며 "결코 이야기꾼을 믿지 말라"고 외친다. 우리는 우리 자신이 슬기로운 동물 '호모 사피엔스'인 것 못지않게 이야기에 중독된 동물 '호모 픽투스Homo Fictus'임을 잘 모르고 있다는 것이다.[58] 그는 이 책을 다음과 같은 타협책을 제시하는 걸로 끝낸다. "이야기를 증오하고 거부하라. 하지만 이야기꾼을 증오하지 않으려고 노력하라. 그리고 평화와 자신의 영혼을 위해, 이야기에 말 그대로 반할 수밖에 없는 가련한 자들을 경멸하지 말라."[59]

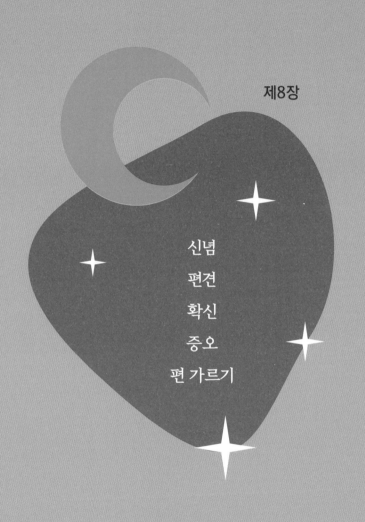

제8장

신념

편견

확신

증오

편 가르기

신념과 행동,
어떤 게 먼저인가?

"과학적 정신은 경험이 신념에 위배되는 순간, 언제라도 대량의 신념을 전부 버릴 각오를 하라고 인간에게 요구한다."[1] 실용주의의 아버지로 불리는 미국 철학자 찰스 샌더스 퍼스Charles Sanders Peirce, 1839~1914의 말이다.

그러나 그런 일은 실제로는 거의 일어나지 않는다. 독일 철학자 프리드리히 니체Friedrich Wilhelm Nietzsche, 1844~1900가 그 이유를 간단히 설명했다. "신념은 감옥이다."[2] 그는 "강한 신념이야말로 거짓보다 더 위험한 진리의 적이다"고 했다.[3] 이탈리아 철학자 알베르토 토스카노Alberto Toscano, 1977~의 해설에 따르면, "니체에게 있어 진정 위대한 지성을 추동하는 힘은 믿음이 아니라, 어떤 하나의 주

어진 진리에 대한 헌신에 묶이지 않은 채 가치를 제출하고 파괴할 자유를 표현하는 거대한 정열이다."[4]

영국의 정치사상가 이사야 벌린Isaiah Berlin, 1909~1997은 1958년 '자유의 2가지 개념'이라는 강연에서 자유를 '소극적 자유negative freedom'와 '적극적 자유positive freedom'로 구분했다. 소극적 자유는 남의 간섭과 방해를 받지 않고 원하는 대로 행동할 수 있는 권리가 보장되는 자유이며, 적극적 자유는 공동체 참여를 통해 자아실현을 할 수 있는 자유를 말한다.[5]

벌린은 소극적 자유를 진정한 자유로 보았으며, 적극적 자유는 가치에 관한 일원론적 관점을 전제한다는 점에서 위험하다고 보았다. 그래서 신념에 대해 부정적인 자세를 취한 그는 "거창한 역사적 이상의 제단에 개인들을 희생한 책임이 있는 것은 다름 아닌 신념이다"고 했다. 이에 영국 철학자 조너선 색스Jonathan Sacks, 1948~는 "나와 신앙 (혹은 인종이나 이데올로기)이 다른 자들은 나와 똑같은 인간이 아니라는 신념 말이다"고 맞장구를 쳤다.[6]

"그들은 신념으로 무장된 사람들이다.……아무런 의심 없이 특정한 신조를 믿으며, 일말의 양심의 가책도 없이 그

신조를 실천에 옮긴다. 그들은 인간이기를 포기한 자들이며 그 대신 살아 숨 쉬는 특정한 신념 또는 이데올로기의 화신이다." 미국 민주당 상원의원 J. 윌리엄 풀브라이트 J. William Fulbright, 1905~1995가 『권력의 오만The Arrogance of Power』(1966)에서 워싱턴의 권력자들에 대해 한 말이다.

국가 경영에 이데올로기가 개입되는 것은 위험천만한 일이라고 본 풀브라이트는 "그동안 세계는 인류를 재생시키겠다는 고상한 뜻을 가진 사람들의 십자군적 행태에 의해 온갖 풍상을 겪을 만큼 겪었다고 생각한다"며 이렇게 말했다. "세계의 악을 감시하고, 독재자들을 무찌르며, 인류를 부유하고 행복하고 자유롭게 만들 임무를 지녔다고 스스로 자부하는 사람들은 (그 누구든) 세계에 평화를 가져오기보다는 자신이 도우려는 사람들에게 온갖 불행을, 그리고 스스로에게는 파멸을 초래할 가능성이 더 높다."[7]

이렇듯 신념에 대해 부정적이거나 회의적인 자세를 취하는 사람들은 사회심리학자 대릴 벰Daryl Bem, 1938~의 '자기지각 이론self-perception theory'을 환영할 가능성이 높다. 우리 인간은 타인의 행동을 보고 그 사람을 규정짓는 것처럼 자신의 행동을 보고 자신을 규정하는데, 이게 바로 '자기지각self-perception'이다.

벰이 연구를 위해 주목한 사건은 1954년 5월 17일 연방 대법원의 브라운 사건Brown v. Board of Education of Topeka 판결이었다. 이 판결에서 연방 대법원은 흑인에 대한 그간의 '분리 평등' 원칙을 뒤집고 교육 시설의 분리에 위헌 판결을 내렸다. 이 판결 10여 년 전인 1942년에 실시된 조사 자료에 따르면, 학교 통합 정책, 주거 통합 정책, 대중교통 통합 정책에 찬성한 백인들의 비율은 각각 30퍼센트, 35퍼센트, 44퍼센트 수준에 머물러 있었다. 그러나 연방 대법원 판결 후 2년 뒤인 1956년 자료에서는 그 비율이 49퍼센트, 51퍼센트, 60퍼센트로 크게 증가했다.[8]

이 변화는 무엇을 의미하는 걸까? 이 물음에 이끌려 물리학도였던 벰은 자신의 전공을 사회심리학으로 바꾸었다. 그가 1967년부터 1970년대 초반에 걸쳐 발전시킨 자기 지각 이론에 따르면, 우리의 많은 태도가 자신의 행동과 행동이 일어나는 상황들에 대한 우리의 지각들에 근거한 것이다. 특별한 생각이나 계획 없이 어떤 행위를 한다면 행위자는 그 행위를 바탕으로 자신의 내적 특성을 추리해 낸다는 것이다.

신념이 행동을 형성하는가, 아니면 행동이 신념을 형성하는가? 꼭 어느 하나를 택할 필요는 없다. 신념이 행동을 형성하는 경우도 많다. 그러나 그 어떤 구체적인 신념이 없을 때 우리는 자신이 왜 그런 행동을 하는지 모르면서 어떤 행동을 자주 하게 되며, 이런 경우 자신이 한 행동을 정당화하려고 이미 저지른 행동에 맞게 신념을 세운다는 게 자기지각 이론의 요지다.[9]

자기지각 이론을 수용하면 자신의 신념에 대해 상대적 타당성만 인정하면서 다른 사람의 신념에 대한 포용이나 타협의 가능성을 키울 수 있다. 소설가 김훈은 십수 년 전 어느 강연에서 "사실 위에 정의를 세울 수는 있어도 정의 위에 사실을 세울 도리는 없다. 나는 신념이 가득 찬 자들보다는 의심이 가득 찬 자들을 신뢰한다"고 했다.[10] 그가 다음과 같이 지적한 우리 정치 언어의 현실을 살펴보면 이 말에 수긍하지 않을 수 없다.

"우리 사회의 언어가 의견과 사실을 구분하는 능력을 상실한 지 오래다. 의견을 사실처럼 말하고 사실을 의견처럼 말하기 때문에 언어가 소통이 아니라 단절로 이르게 된다. 이것은 지배적 언론이나 담론들이 당파성에 매몰돼 그것을 정의, 신념이라고 믿기 때문이다. 우리 시대 언어의 모습은 돌처럼 굳어지고 완강해 무기를 닮아가고 있다."[11]

'편견 상업주의'를
경계하라

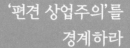

"계몽기 이전까지는 편견이라는 개념이 오늘날 우리에게 익숙한 부정적 의미를 갖지 않았다." 독일 철학자 한스 게오르크 가다머Hans Georg Gadamer, 1900~2002의 말이다. 『진리와 방법』(1960)에서 편견을 옹호한 그는 선판단prejudgment은 긍정적인 가치를 가질 수도 부정적인 가치를 가질 수도 있었지만, 계몽기를 거치면서 이러한 의미가 '근거 없는 판단', 즉 인간의 이성이 아니라 인간적 권위와 전통에 의한 판단을 의미하는 것으로 축소되었다고 말했다.[12]

"편견에 사로잡힌 사람을 가르치려 함은 눈동자에 빛을 비추려는 것과 같다. 눈동자는 수축된다."[13] 미국 연방 대법관 올리버 웬들 홈스Oliver Wendell Holmes, 1841~1935의 말이다.

그래서 더욱 여행이라는 간접적 가르침이 더 도움이 될지도 모르겠다. 몸으로 직접 하는 여행이건 미디어를 통해 간접적으로 하는 시청각 여행이건, 그런 여행을 통해 이 세상엔 모든 면에서 자신과 다른 종류의 사람이 많이 산다는 걸 끊임없이 깨닫는 게 편견을 통제하는 데에 도움이 될 것이다.

그런가 하면 '편견 없는 인간'이 가능하냐는 의문을 제기하는 이들도 있었다. 미국 사회학자 로버트 파크Robert E. Park, 1864~1944는 "편견 없는 인간은 확신이 없는 인간이며 궁극적으로는 아무런 성격이 없는 사람이다"고 했다. 그는 편견을 "사회적 거리social distance를 유지하기 위한 다소 본능적이고 자발적인 성향"으로 이해했다. 병리적인 것이 아닌 하나의 보편적인 인간 현상으로 본 것이다. 그는 1928년에 쓴 글에서 '인종적 편견'과 '인종적 적대와 갈등'을 구분하면서 다음과 같이 말했다.

"아마도 미국에는 다른 어느 곳보다 인종적 편견이 적을 것이다. 그러나 인종적 갈등이나 인종적 적대는 훨씬 많다. 갈등이 더 많은 이유는 변화와 진보가 더 많기 때문이다. 미국에서 흑인은 상승할 수 있고 실제적인 의미에서 볼 때 그가 부딪치게 되는 적대가 곧 그의 발전을 묘사하는 척도가 된다."14

사회심리학에서 편견 연구가 이루어진 것은 1920년대부터였는데, 초기 연구 주제는 백인 우월주의 편견을 입증하기 위한 것이었다.[15] 미국 사회심리학자 고든 올포트Gordon W. Allport, 1897~1967는 『편견의 본질The Nature of Prejudice』(1954)에서 "지배 집단의 면전에서 편견의 피해자들은 자아를 깨끗이 지우려고 노력한다. 주인이 농담을 하면 노예는 웃고, 주인이 사납게 굴면 노예는 움찔하고, 주인이 아부를 원하면 노예는 아첨을 떤다"고 했다.[16]

올포트는 편견의 제거를 낙관했지만, 1956년 남아프리카를 방문한 후 그런 낙관론을 버렸다. 그는 요하네스버그 강연에서 이렇게 주장했다. "그렇다. 인간은 부족의 동물이다. 그렇다. 우리는 편견을 빠르게 형성한다. 그렇다. 고정관념을 바탕으로 생각하는 것은 우리 본성에 깊이 뿌리박고 있는 것처럼 보인다.……(그러나) 절망하는 것은 역사의 오랜 교훈을 오독하는 것이다."[17]

결코 절망을 해선 안 되겠지만 편견을 극복하는 게 매우 어렵다는 건 분명한 사실이다. 올포트가 말했듯이, "폭탄은 제거할 수 있지만, 마음속의 편견은 쉽게 제거할 수 없다".[18] 그래서 오늘날엔 편견 그 자체보다는 편견을 대하는 우리의 자세에 더 관심을 기울인다. 캐나다 심리학자 데이비드 맨들

David Mandel은 "가장 큰 문제는 편견 그 자체가 아니다. 문제는 바로 우리가 편견에 빠지기 쉬우며, 편견이 우리가 내리는 판단에 어떤 영향을 미치는지 너무도 쉽게 망각한다는 사실이다"고 말한다.[19]

무능한 사람일수록 자신이 무능하지 않다고 더 강하게 확신하는 인지적 편향cognitive bias을 가리켜 '더닝-크루거 효과 Dunning-Kruger effect'라고 한다.[20] 미국 철학자 마이클 린치Michael P. Lynch, 1966~는 이 '효과'를 원용해 "우리는 자신의 편견을 감지하지 못할수록 오히려 편견을 잘 감지한다고 생각할 수 있다"는 가능성을 제시했다.[21]

'편견 없는 인간'이 가능하진 않지만, 진짜 문제는 집단적 편견으로 이익을 취하려는 사람들이 밀어붙이는 '편견 상업주의'라고 할 수 있다. 미국 SF 작가 로버트 하인라인Robert A. Heinlein, 1907~1988은 "편견에 호소해 천 명을 움직이는 게 논리로 한 명을 설득하는 것보다 더 빠르다"고 했는데,[22] 바로 이게 문제다. 우리 주변을 공기처럼 떠다니는 각종 정치 언어의 소음을 감상해보시라. 당신은 익숙한 편견 공세에 굴복해 편견 상업주의자들의 사업을 돕고 있지는 않은지 말이다.

편견

확신과 광신은
이웃사촌이다
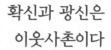

"확신을 가지고 시작하는 사람은 의심으로 끝나고 흔쾌히
의심하면서 시작하는 사람은 확신을 얻으며 끝낸다."[23] 영
국 철학자 프랜시스 베이컨Francis Bacon, 1561~1626의 말이
다. "곤경에 빠지는 것은 뭔가를 몰라서가 아니라, 뭔가를
확실하게 안다는 잘못된 생각 때문이다."[24] 미국 작가 마
크 트웨인Mark Twain, 1835~1910의 말이다.

"무엇을 확신하는 자는 어리석고, 상상하고 이해하는 자
는 의심과 우유부단함으로 가득 차 있다. 그것이 우리 시
대 가장 뼈 아픈 부분 중 하나다."[25] 영국 철학자 버트런
드 러셀Bertrand Russell, 1872~1970의 말이다. 흥미롭게도 러
셀이 1940년 교수로 재직하고 있던 미국 뉴욕시티대학

CCNY에서 쫓겨난 것은 완고하고 비타협적인 어느 한 학부형의 행동 때문이었다. 자유로운 삶의 방식과 사고방식을 우려한 한 어머니의 편지가 그를 교수직에서 끌어내린 것이다. 러셀은 『결혼과 도덕Marriage and Morals』(1929)에 "계약 결혼과 혼전 동거는 옳다"고 썼는데, 그 어머니는 주로 이 책을 문제 삼으면서 러셀이 교수를 하기엔 도덕적으로 부적합하다고 주장했고, 어리석은 법원(뉴욕대법원)이 이런 어리석은 주장에 맞장구를 쳐준 것이다.[26]

"자기 확신의 말에서 가정의 말로 바꾸라."[27] 미국 발달 심리학자 로버트 케건Robert Kegan, 1946~이 『성공하는 직장인의 7가지 언어습관』(2001)에서 한 말이다. 물론 소통을 위해서다. "어떤 사람들은 가장 확신이 없을 때조차 내가 가장 확신 있을 때보다 더 확신이 있다."[28] 미국의 금융인 로버트 루빈Robert Rubin, 1938~이 『불확실한 세상에서In An Uncertain World』(2003)라는 책에서 한 말이다.

"확신과 광신은 서로 멀리 떨어져 있지 않다." 미국 언론인 캐서린 슐츠Kathryn Schultz, 1974~가 『오류의 인문학』(2010)에서 한 말이다. 그는 확신을 "자신이 틀릴 리가 없다는 신념"으로 정의하면서 이렇게 말한다. "만약 내가 나의 신념이 옳다고 확고하게 믿는다면 반대 의견을 가진 사

람들은 진리를 부정하고 사람들을 거짓됨으로 꾀어내고 있는 것이 된다. 거기에서부터 그런 사람들을 개종, 강제, 그리고 필요하다면 살인까지도 포함해 가능한 모든 방법으로 그들을 침묵시킬 도덕적 자격이 내게 있다고, 심지어 그럴 의무가 있다고 생각하는 데까지는 그리 멀지 않다. 그 거리는 사실 너무나 가깝기 때문에 역사는 극단적인 신념이 폭력을 부추기고 합리화하는 예들로 넘쳐난다."[29]

슐츠는 "확신은 우리의 다른 결점들을 보완해줄 두 가지 미덕인 상상력과 공감에 치명적인 해를 끼친다"고 말한다. 그러나 우리는 그걸 잘 깨닫지 못한다. 왜 그럴까? 슐츠는 "우리는 자신의 확신을 그저 자신의 옳음의 부산물이거나 우리의 대의명분이 정의롭기 때문에 정당화할 만한 것으로서 경험한다"며 다음과 같이 말한다.

"놀랍게도 우리는 대체로 유연하고 상상력이 넘치며 확대해석을 즐기는 사람임에도 불구하고, 이 장면에서 너와 나의 입장을 바꿔서 생각하지 못한다. 우리는 자신의 확신이 외부에서 볼 때는 우리가 혐오하는 다른 사람들의 확신과 마찬가지로 온당치 못하거나 근거가 빈약해 보일 것이 틀림없다는 것을 상상할 수 없거나 좋아하지 않는다."[30]

그렇듯, 확신과 광신은 이웃사촌 관계이지만, 현실 세계에선 그게 더 유리한 처세술인 걸 어이하랴. 특히 행동이 필요한 분야의 직업에 종사하는 사람들에게 더욱 그렇다. 영국 정치가 토니 블레어Tony Blair, 1953~는 1994년 당 대표 수락 연설에서 앞에서 소개한 프랜시스 베이컨의 말을 다음과 같이 뒤집었다.

"확신을 갖는 자는 변화할 수 있으나, 의심을 품는 자는 제자리걸음을 면치 못한다. 변화된 노동당이 비전과 확신을 가지고 급변하는 세계 속에서 영국을 이끌고 나갈 것이다. 이것이 바로 국민들에 대한 우리의 약속이다."[31]

오스트리아 출신 영국 철학자 루트비히 비트겐슈타인 Ludwig Wittgenstein, 1889~1951이 확신이 대접받는 이유를 잘 설명했다. 그는 "근거가 탄탄한 믿음의 근저에는 근거가 없는 믿음이 자리한다"고 했지만, 그럼에도 삶을 기능적으로 살아가려 한다면 우리는 자신의 믿음들 중 일부를 완전히 확실하다고 간주할 수밖에 없다고 주장했다. 즉, 우리가 어떤 것들을 확신하지 않고는 다른 어떤 것도 시작할 수조차 없다는 것이다.[32]

"확신이 없으면 아예 행동이 이루어지지 않는다." 호주 사

회학자 잭 바바렛Jack Barbalet이 『감정, 사회이론, 사회구조 Emotion, Social Theory and Social Structure』(1998)에서 한 말이다. 왜 그럴까? 그의 설명을 더 들어보자. "행동은 가능한 미래를 현재로 끌어들이는데, 미래는 알 수 없고 미래에 관한 정보를 얻을 수 없기 때문에 계산 능력으로서의 이성은 행동을 위한 토대를 제공하지 못한다. 모든 행동은 결국 행위자가 자신의 능력과 이 능력의 효과를 확신하는 데 토대를 둔다. 행위자의 확신은 행동의 필수적 근원이다."[33]

모든 확신이 올바른 행동만을 낳는다면 확신은 아름답다고까지 말할 수 있겠지만, 그게 그렇질 못하니 문제다. 광신이 자주 세상을 휩쓰는 건 우리가 행동을 위해 지불하는 비용이라고 할 수 있다. 우리는 많이 알아서 확신하는 게 아니다. 불확실성에 대한 두려움 때문에 확신하는 연기를 하는 것뿐이다.

즐거움과 쾌감을
얻기 위한 증오

증오엔 반드시 치러야 할 비용이 있다. 그런 의미에서 미국 신학자 호제아 벌루Hosea Ballou, 1771~1852는 "증오는 자기형벌이다Hatred is self-punishment"고 했다. 우리 인간이 그런 자기형벌을 원한다면 어쩔 수 없겠지만, 그 형벌이 얼마나 가혹한 것인지는 잘 모르는 것 같다.

증오를 매개로 싸우다 보면 종국엔 싸우면서 증오의 대상을 닮아가기 마련이다. 이게 가장 소름 끼치는 일 아닐까? 미국 사회운동가이자 작가인 에릭 호퍼Eric Hoffer, 1902~1983는 "억압받는 사람들이 거의 예외 없이 자신들이 증오하는 억압자를 얼마나 닮아가는지 보면 경악스러울 정도다"고 했는데,[34] 이건 제3자의 시선일 뿐 정작 증

오의 망령에 사로잡힌 당사자는 그걸 모른다.

어쩌면 증오의 대상을 닮아가는 게 아니라 자신에게도 있었던 걸 재발견하게 되는 건지도 모르겠다. 독일 작가 헤르만 헤세Hermann Hesse, 1877~1962는 "누군가를 증오하는 것은 그 내부에 있는 자신의 일부분을 증오하는 것이다"고 했는데,[35] 그런 일련의 심리적 과정을 '투사projection'라고 한다.

"집단 간의 경쟁의식과 증오는 새로운 것이 아니다. 새로운 일은 기술의 발달로 이런 집단들이 서로 너무나 가까워져서 도저히 편히 지낼 수 없게 되었다는 사실이다. 인류는 이런 정신적, 도덕적 근접 상황에 어떻게 적응해야 할지를 아직 배우지 못했다."[36] 미국 심리학자 고든 올포트Gordon Allport, 1897~1967의 말이다.

"증오는 습관이 되었다. 파괴해야 할 외부의 적이 없으면 광신자들은 다른 적을 만들어내고야 만다."[37] 미국 사회운동가이자 작가인 에릭 호퍼Eric Hoffer, 1902~1983가 『맹신자들The True Believer』(1951)에서 한 말이다. 그는 자서전 『길 위의 철학자』(1983)에선 "증오가 정당한 불평보다는 자기 경멸에서 솟아난다는 것은 증오와 죄의식의 밀접한

관계에서 드러난다"고 말했다.[38]

남아프리카공화국 최초의 흑인 대통령이자 인권운동가인
넬슨 만델라Nelson Mandela, 1918~2013는 "태어날 때부터 피
부색이나 출신 배경, 종교적 이유로 남을 증오하는 마음
을 가지고 있는 사람은 없다. 배워서 증오하는 것이다"고
했다.[39]

"독재 체제와 포퓰리즘은 대중에게 증오를 요구한다. 심
지어 사랑을 표방하는 종교도 근본주의에 빠지면 증오
를 부추길 때가 많다. 적에 대한 증오는 국민과 신도를 하
나로 묶어 동일한 불꽃으로 활활 타오르게 하기 때문이
다."[40] 이탈리아 작가 움베르토 에코Umberto Eco, 1932~2016
의 말이다.

사실 바로 이게 문제다. 국민과 신도를 하나로 묶어 동일
한 불꽃으로 활활 타오르게 할 수 있는 힘이 증오 외에 그
무엇이 있겠는가? 그런 목적의 증오에 동원되는 사람들
이 일방적으로 이용당하는 것이라면 증오의 선동이 오래
지속되기 어렵겠지만, 그게 그렇질 않으니 문제다.

영국 소설가 그레이엄 그린Graham Greene, 1904~1991은 "증

오와 사랑은 같은 호르몬을 유발하는 것 같다"고 했는데,[41] 의학적 타당성과 무관하게 의미심장한 말이다. 사랑뿐이겠는가? 미국 정신분석학자 오토 케른베르크Otto Kernberg, 1928~는 「즐거움으로서의 증오」(1990)라는 논문에서 "격노에서 파생된 증오는 매우 유쾌한 공격적 행동을 낳을 수 있다. 다른 이에게 고통, 수치심, 아픔을 유발함으로써 느끼는 가학적 쾌감, 다른 이의 가치를 깎아내림으로써 얻어지는 환희가 그것이다"고 말한다.[42]

어디 그뿐인가? 다른 사람이나 집단에 대한 우월감을 만끽하기 위한 증오도 있다. 이 또한 넓은 의미에서 '즐거움과 쾌감을 얻기 위한 증오'로 볼 수 있겠지만, 그만큼 증오가 제공하는 심리적 이점이 다양하다는 건 이른바 '증오 상업주의'가 앞으로도 계속 창궐할 가능성이 높다는 걸 시사한다.

미국의 커뮤니티 조직가이자 작가인 샐리 콘Sally Kohn, 1977~은 『왜 반대편을 증오하는가』(2018)에서 "나는 모든 증오가 다른 사람들에 대한 이질화된(왜곡된) 사고방식을 전제로 한다는 것을 배웠다"며 "체계적으로 다른 사람들의 인간성을 교묘하게 말살하면서 우리 자신은 경건한 척 높이려는 우월성이 바로 증오의 근본적인 뿌리이다"고 말

한다.[43]

마틴 루서 킹Martin Luther King, 1929~1968의 부인으로 민권
운동가인 코레타 스콧 킹Coretta Scott King, 1927~2006은 "증
오는 견디기 힘든 너무 힘든 막중한 짐이다. 증오하는 대
상보다 증오심을 품고 있는 사람이 더 많은 상처를 입는
다"고 했지만,[44] '즐거움과 쾌감을 얻기 위한 증오'는 그런
가설을 사실상 부분적으로나마 반박하는 것이어서 씁쓸
하다. 증오를 얼마나 정당한지에 따라 '좋은 증오'와 '나
쁜 증오'로 나눌 수 있다면, '좋은 증오'를 하는 사람은 상
처를 입는 반면 '나쁜 증오'를 하는 사람은 즐거움과 쾌감
을 얻는 게 아닌지 두렵다는 생각마저 든다.

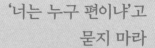

'너는 누구 편이냐'고
묻지 마라

"그들은 나를 가두는 원을 그렸다. 이교도, 반역자, 경멸할 자식이라 소리치며. 그러나 나는 사랑과 승리의 정신을 가졌다. 우리는 그들을 받아들이는 원을 그렸다."[45] 미국 시인 에드윈 마컴Edwin Markham, 1852~1940의 말이다. "모든 좋은 사람들이 동감하고 모든 좋은 사람들이 말하네. 좋은 사람들은 다 '우리'고 나머지는 '그들'이라고."[46] 영국 시인 러디어드 키플링Rudyard Kipling, 1865~1936의 말이다.

"정직한 꿈을 꾸며 살았던 우리가 나쁜 사람들을 더욱 나쁜 사람들과 비교하여 옹호하는 것은 불후의 시를 위한 주제가 아니라 우리 시대의 논리다."[47] 시詩로 파시즘에 맞서 싸웠던 영국 시인 세실 데이루이스Cecil Day-Lewis,

1904~1972의 말이다.

불가리아 출신의 영국 작가이자 문화인류학자인 엘리아스 카네티Elias Canetti, 1905~1994는 『군중과 권력』(1960)에서 "인간은 그가 상상할 수 있는 모든 인간을 집단으로 분류하려는 강한 욕구를 갖는다. 서로 느슨한 관계밖에 없고 형체가 정해져 있지 않은 사람들을 대립적인 두 집단으로 분류함으로써 일종의 밀도를 갖게 하는 것이다"며 다음과 같이 말한다.

"전투 대형처럼 배열된 이 집단들은 배타적이 되고 서로 적의를 갖도록 만들어진다. '선善'과 '악惡'에 관한 판단은 아주 오래된 이원적 분류 수단이지만 그것은 결코 개념적인 것도, 평화적인 것도 아니다. 중요한 것은 판단을 행하는 자에 의해 형성되는 대립적인 집단 간의 긴장이며, 이 긴장은 계속된다."[48]

"'너는 어느 편인가?'라는 질문이 냉전 시대의 유일한 질문이었다." 오스트리아 철학자 이졸데 카림Isolde Charim, 1959~이 『나와 타자들: 우리는 어떻게 타자를 혐오하면서 변화를 거부하는가』(2018)에서 한 말이다. 이어 그는 다음과 같이 말했다. "1993년 새뮤얼 헌팅턴은 '문화 전쟁'

이라는 개요를 발표했다. 특히 새로운 형태의 전선을 예언했는데, 냉전이 끝난 후 세계사는 새로운 패러다임, 즉 문명과 그에 딸린 '문화'에 의해 흘러갈 것이었다. 여기에서 '너는 어느 편인가'라는 질문은 더이상 없다. 헌팅턴에 따르면, 새로운 질문은 더 나아간다. '너는 누구냐?'……(이) 질문은 순수하기보다 전투를 위한 질문이다."[49]

"나는 미국 연방 수준에서는 자유주의자로 통한다. 내가 살고 있는 주 수준에서는 공화당 지지자로 통한다. 내가 살고 있는 도시 수준에서는 민주당 지지자로 통한다. 그리고 우리 가족과 친구들 사이에서는 사회주의자로 통한다."[50] 정치 성향을 구분하는 것의 어리석음에 대한 풍자로, 조프 그레이엄Geoff Graham과 빈스 그레이엄Vince Graham 형제의 말을 미국 증권 분석가이자 투자 전문가인 나심 니컬러스 탈레브Nassim Nicholas Taleb, 1960~가 『스킨 인 더 게임』(2018)이란 책에서 인용한 것이다.

"'지식인이라면 어느 편인지를 분명히 밝혀라'라고 삿대질을 했다고 한다. 나는 경악했다. 어느 편인지를 밝히라니! 어느 편에 속하는 것이 나의 지성일 수가 있는가.…… 내가 '자유'의 편이라면 '정의'를 배반하는 것이고 내가 '정의'의 편이라면 '자유'를 부정하는 것인가. 이러니 어느 편인지 밝히라는 말은 대체 무슨 말인가. 잠꼬대인가 술주정인가."[51] 소설가 김훈이 산문집 『너는 어느 쪽이냐고 묻는 말들에 대하여』(2007)에서 한 말이다.

"정치인에게 편 가르기는 마약과 같은 유혹이다." 『한국일보』 기자 박석원이 쓴 「막말의 정치공학」이라는 칼럼에서 한 말이다. 이어 그는 다음과 같이 말했다. "복잡하게 얽힌 이슈들을 단순한 양자택일로 바꿔 공격적 자세로 어필하는 것만큼 끌리는 전략이 없어 보이기 때문이다. 실제로 폭언을 퍼붓는 어떤 정치인이 사회적 비난에 직면할 때, 사태는 묘한 단계를 밟아가기 쉽다. 관심이나 애정이 전무한 대중들에게도 문제 인물이 밥상의 화두로 등장하고, 쟁점이 달아오르면 찬반으로 빨려 들어가게 된다. 이렇게 전선이 확대되면 수세에 몰렸던 장본인은 반동의 기회를 찾고 계파적 정체성과 소속감을 강화하게 된다."[52]

정치인만 편 가르기를 하는 건 아니다. 영국의 대화 분석가인 맥스 앳킨슨Max Atkinson은 '설득력 있는 언어 구사법'의 하나라며 이렇게 말한다. "'우리 대 그들'이라는 대립 구도를 연상시키는 말을 사용하라."[53] 이 말은 편 가르기가 보통 사람들의 일상적 삶에서도 꽤 쓸모가 있다는 걸 시사해준다.

"중립 기어 박고 보자." 2030세대 커뮤니티에서 자주 사용하는 말이라고 한다. 어떤 논쟁이 벌어졌을 때 한쪽 주장만 보고 반대쪽을 욕하지 말고, 양측의 입장을 다 듣고 팩트가 무엇인지부터 챙기자는 의미다. 당연하거니와 쉬울 것 같지만, 그게 그렇질 않다. 특히 세대 차이가 크다. 이와 관련, 박원익과 조윤호는 『공정하지 않다: 90년대생들이 정말 원하는 것』(2019)에서 다음과 같이 말한다.

"기성세대는 일단 '너는 누구 편이냐?' 하고 묻는 데 익숙한 세대들이다. 오늘날 50대가 된 과거 민주화 세대의 경우 젊은 시절에 오래된 보수 기득권 체제를 없애는 일이 공통의 사명이자 목적이었다. 그래서 때로 '우리 편'이 잘못했을지라도 어느 편이 권력을 잡는지가 매우 중요한 세대였다. 49대 51의 싸움에 익숙해진 세대들이다. 그러나 과거 세대의 노력으로 만들어진 '민주주의 대한민국'에서 자라난 20대는 정치적 입장을 먼저 정하고 내 편 네 편으로 싸우기보다 개별 사안을 더 정확하고 공정하게 파악하려는 자세를 더 '좋은 태도'로 인정한다."[54]

2030세대가 "너는 누구 편이냐"고 묻는 걸 거부하는 성향이 강하다고 하니 불행 중 다행이다. 편을 갈라 싸워야 할 때도 있고, 그런 성격의 일도 있기 마련이지만, 문제는 무슨 일에서건 상습적인 편 가르기가 체질화된 사람들이다. 그런 싸움에서 별 실익을 챙기지도 못할 사람들이 편 가르기로 큰 이익을 볼 사람들의 '노예'를 자처해 혈압을 올리는 걸 보고 있자면 불쌍하다는 생각마저 든다. 이제 편 가르기 그만할 때도 되었다. 불가피하게 하더라도 적당히 해라. 지겹다.

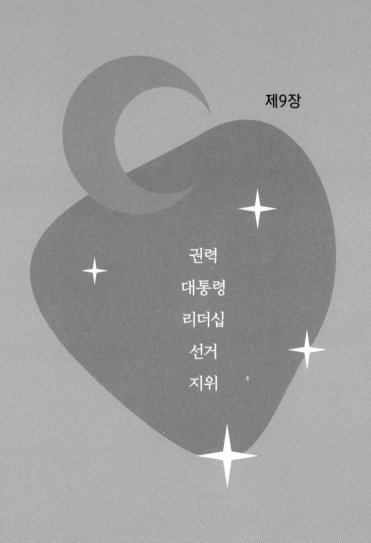

제9장

권력

대통령

리더십

선거

지위

왜 권력은 사람의 피를
끓게 만드는가?

"남을 지배하고자 하는 권력욕은 다른 어떤 열정보다도 사람의 마음을 흥분시킨다."[1] 고대 로마 시대의 역사가이자 정치가 코르넬리우스 타키투스Cornelius Tacitus, 55~117의 말이다. 그는 "권력에 대한 욕망은 모든 정열 가운데 가장 나쁜 것이다"고 했지만,[2] 다른 어떤 열정보다도 사람의 마음을 흥분시킨다는데 그걸 무슨 수로 억제할 수 있겠는가?

"지배 권력만큼 인간 심성을 만족시켜주는 건 없다." 영국 작가 조지프 애디슨Joseph Addison, 1672~1719의 말이다. "권력에는 매력이 있다. 알다시피 도박과 돈에 대한 탐욕 못지않게, 권력은 사람의 피를 끓게 할 수 있다."[3] 미국 제33대

대통령 해리 트루먼Harry S. Truman, 1884~1972의 말이다.

"권력의 소유는 인간의 모든 유혹들 중에서 가장 큰 유혹이다."[4] 독일 역사가 게르하르트 리터Gerhard Ritter, 1888~1967의 말이다. 미국의 신학자이자 정치학자인 라인홀드 니부어Reinhold Niebuhr, 1892~1971는 『도덕적 인간과 비도덕적 사회』(1932)에서 "개인이 대의大義나 공동체에 헌신하기 위해 자신의 모든 걸 바칠 때조차도 권력에 대한 의지는 여전히 갖고 있다"고 했다.[5]

그렇다면, 그렇게 사람의 마음을 흥분시키고, 피를 끓게할 수 있다는 권력을 가진 권력자들은 도대체 어떤 사람들인가? 위험한 전쟁터를 취재한 여성 종군기자이자 공격적인 인터뷰로 유명한 이탈리아 언론인 오리아나 팔라치Oriana Fallaci, 1929~2006는 세계의 수많은 권력자를 인터뷰한 후에 권력자들의 속성에 대해 다음과 같이 말했다.

"그들은 대체로 교양도, 지식도, 철학도, 세계관도, 인내심도, 가정교육도, 감성도, 지성도, 윤리관도 일반인보다 낫지 않다. 그들의 공통점은 단지 거대한 탐욕과 이를 실현하기 위한 끝없는 잔인함을 가지고 있다는 것이다."[6]

그래서 권력자들은 늘 위험하다. 아일랜드 신경심리학자 이언 로버트슨Ian Robertson, 1951~은 『승자의 뇌: 뇌는 승리의 쾌감을 기억한다』(2012)에서 "세상에서 가장 큰 위험들 가운데 하나는 권력욕이 강한 지도자가 한 차례 승리를 거둔 뒤에 그의 혈액에 분출되는 테스토스테론 때문에 발생한다"며 다음과 같이 말한다.

"이 호르몬 분출은 매우 유독하다. 산악인이 보다 높고 보다 위험한 코스를 찾는 것과 마찬가지로 권력을 추구하는 정치인은 승리가 촉발해줄 화학적 도취 상태를 열망한다. 그런데 불행히도 모든 도취가 다 그렇듯 그다음 차례의 자극은 지난번보다 더 강력해야만 동일한 효과가 발휘된다."[7]

권력자의 화학적 도취 상태를 강화시키는 건 권력자 주변에 몰려드는 사람들이다. 언론인 김민배는 「신권력자들」이라는 칼럼에서 1980년대 후반부터 정치부 기자로서 권부權府의 실력자들을 보면서 '권력의 두 얼굴'을 가까이서 구경할 수 있었다면서, '세속적인 권력의 모습들'을 묘사했다. 그는 다음 6가지를 지적했다. 첫째, 권력자에겐 '손님'이 많았다. 둘째, 권력자에겐 늘 사람이 따라다니거나 기다린다. 셋째, 권력자의 책상엔 이력서가 많이 쌓인다. 넷째, 권력자는 전화가 여러 대다. 다섯째, 권력자 주

변엔 아부하는 사람이 많다. 여섯째, 권력자는 누구에게나 전화해도 콜백이 금세 온다.[8]

16년 전에 쓴 칼럼이지만 오늘날에도 크게 달라졌을 것 같진 않다. 무엇보다도 권력자의 주변에 사람이 몰리는 건 만고불변萬古不變의 진리라고 보는 게 옳을 것이다. 사람들의 연락과 발길이 끊길 때 권력자는 자신의 권력이 사라졌음을 깨달으면서 고독과 허무의 세계로 들어갈 수밖에 없다. 카피라이터 정철이 『사람사전』(2020)에서 내린 '권력'의 정의가 가슴에 와닿는다. "쥐면 놓기 싫은 것. 놓치면 다시 쥐고 싶은 것. 다시 쥐고 싶어 평생 주위를 맴도는 것. 그러나 한 번 가면 다시 오지 않는 것. 아는 척도 하지 않는 것. 허무한 것. 허망한 것. 어쩌면 헛것."[9]

미국 초대 대통령 조지 워싱턴George Washington, 1732~1799은 "대통령이 된다는 건 사형대에 오르는 것", 제3대 대통령 토머스 제퍼슨Thomas Jefferson, 1743~1826은 "화려한 불행", 제7대 대통령 앤드루 잭슨Andrew Jackson, 1767~1845은 "고급 노예 생활", 제8대 대통령 마틴 밴 뷰런 Martin Van Buren, 1782~1862은 "물러날 때가 가장 행복했다"고 했다.[10]

제32대 대통령 프랭클린 루스벨트Franklin Delano Roosevelt, 1882~1945는 "나를 만나러 오는 사람들은 대부분 뭔가를 원하는데, 이것이 대통령직을 '외로운 자리'로 만든다"고 했고,[11] 제33대 대통령 해리 트루먼Harry S. Truman, 1884~1972

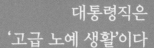

은 "백악관은 세계 최상의 감옥이다"고 했다. 트루먼은 "대통령 노릇은 호랑이의 등을 타고 달리는 것과 같다. 잡아먹히지 않으려면 계속 달려야만 한다"는 말도 남겼다.[12]

오늘날 미국이나 한국에선 대통령은 퇴임 후에도 보통 사람들의 입을 딱 벌어지게 만들 정도로 으리으리한 대접을 받지만, 미국에선 트루먼 시절까지만 해도 대접이라고 할 만한 게 전혀 없었다. 이미 100년 전 제13대 대통령 밀러드 필모어Millard Fillmore, 1800~1874가 다음과 같은 문제 제기를 했음에도 달라진 건 없었다.

"우리의 전직 대통령들이 돈이 없어 떠돌아다니다가 생계를 잇기 위해 모퉁이에 식료품 가게를 차려야 할 지경으로 내몰리는 것은 국가적 수치다.……우리는 한 사람을 대통령으로 뽑아 놓고, 그가 정직한 사람이기를 기대하고, 또 돈을 많이 벌어들이는 직업을 포기하기를 바란다. 하지만 우리는 임기가 끝나면 그 사람을 은둔과 가난 속으로 방치해버린다."[13]

대통령 퇴임 후 아주 궁핍한 상태로 고향인 미주리주 인디펜던스에 있는 자기 집으로 내려간 트루먼은 하원의장 샘 레이번Sam Rayburn, 1882~1961에게 다음과 같이 말했다고 한다. "나는 아주 가난합니다. 오줌을 눌 요강도 없고 그 요강을 비울 창문도 하나 없습니다." 아무려면 그랬을까 싶긴 하지만, 잡화상을 하다가 대통령으로 변신한 트루먼에게 당시 제공된 건 육군 연금 111달러뿐이었다고 한다.

트루먼이 우편물 비용조차 감당하지 못한다는 소문이 돌자 의회는 마침내 행동에 나섰고 1958년에 '전직 대통령법'을 제정해 일정액의 급여와 소수의 직원, 여행 기금, 사무실 같은 특혜를 제공하기로 했다. 나중에 후속 조치가 제정되어 경호 서비스가 추가되었고, 대통령에서 야인으로 돌아가는 데 필요한 이행 자금을 제공했다. 이러한 평생 지원 체계가 확립되면서, 전 대통령직ex-presidency이라는 비공식 직책이 탄생했지만, 1980년대에 이르러 전직 대통령들의 경제 사정이 꾸준히 나아지자 이젠 이에 대한 상당한 저항이 생겨나기 시작했다.[14]

그렇다면 대통령 재임 시 권력은 원 없이 누릴 수 있는 걸까? 이 또한 결코 그렇지 않다는 주장이 많다. 미국 대선이 있던 해인 1952년의 어느 봄날, 트루먼은 이미 군인 출신의 공화당 후보인 드와이트 아이젠하워Dwight D. Eisenhower, 1890~1969가 자기 당 후보를 누르고 백악관 주인이 될 것을 예감하고 있었다. 그는 백악관 집무실 책상을 두드리며 이렇게 말했다고 한다. "아이젠하워는 이 자리에 앉을 거야. 그

대통령

러고는 '이거 해, 저거 해'라고 지시하겠지. 하지만 아무 일도 일어나지 않을 거야. 대통령 자리는 군사령관하고는 다르거든. 가엾은 아이크(아이젠하워). 그는 곧 이 자리가 심한 좌절감을 가져다준다는 걸 알게 되겠지."[15]

미국에선 1960년대와 1970년대에 걸쳐 '제왕적 대통령'이란 말이 유행하기도 했지만, 그건 대외 정책 중심의 관점에서 본 대통령 권력에 대한 우려였을 뿐 대통령 권력은 의외로 약하다는 주장도 끊임없이 제기되었다. 미국 정치학자 리처드 로즈Richard Rose, 1933~는 1991년 "워싱턴의 최고 권력자는 누구인가라는 질문에 대한 답은 간단하다. 최고 권력자는 없다는 게 헌법상 정답이다"고 했다.

이와 관련, 영국 정치학자 아치 브라운Archie Brown, 1938~은 『강한 리더라는 신화: 강한 리더가 위대한 리더라는 환상에 관하여』(2014)에서 다음과 같이 주장했다. "미국 정치 체제에서 시간이 지남에 따라 대통령의 권력이 증가했다는 통념은 과도한 단순화다. 의회에서 통과된 법안에 대통령이 거부권을 행사하는 비율이 계속 낮아지고 있다는 것만 봐도, 통념이 사실과 다름을 알 수 있다."[16]

그럼에도 또는 그렇기 때문에 '강한 리더'를 요구하는 목소리는 그칠 줄 모른다. 브라운의 주장을 더 들어보자. "미국에서는 견제와 균형이라는 제약 때문에 누가 대통령이 된다 해도 도저히 불가능할 일들을 대통령에게 기대하는 경향이 만연하다. 마찬가지로, 의회 민주주의 국가에서도 최근 수십 년간 정치 평론가 사이에서 총리가 지금보다 훨씬 더 많은 일을 해내야 한다고 요구하는 경향이 대두되었다."[17]

그런 기대와 요구는 한편의 코미디를 방불케 한다. 미국 작가 존 스타인벡John Steinbeck, 1902~1968이 잘 지적했듯이, "우리는 대통령에게 도저히 한 사람이 해낼 수 없는 일과, 도저히 한 사람이 감당할 수 없는 책임과, 도저히 한 사람이 견뎌낼 수 없는 압박을 주고 있다".[18] 이 코미디는 정파적 코미디다. 우리 편 대통령은 무조건 옹호·추앙하고, 반대편 대통령은 무조건 비난·악마화한다. 사정이 이와 같으니, 대통령직이 '고급 노예 생활'이라는 주장에 동의하지 않을 수 없게 된다. 오늘날 미국이나 한국에서 퇴임 후 대통령에게 눈살이 찌푸려질 정도로 과도한 대접을 해주는 건 그런 노예 생활에 대한 보상일지도 모르겠다.

대통령

지도자에게
지성은 단점이다

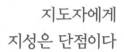

"지도자가 때로는 지성적이고 유식한 사람일 수 있다. 그러나 그것은 그에게 일반적으로 유용하다기보다는 오히려 해가 된다. 지성은 사태의 복잡성을 보여주며 설명하고 이해하는 것을 가능하게 함으로써 그 지성의 소유자를 너그럽게 만들며, 사도使徒들에게 필요한 신념의 강렬함과 격렬함을 매우 완화시킨다. 모든 시대의 위대한 지도자들, 특히 프랑스혁명의 지도자들은 매우 편협하였음에도 불구하고 큰 영향력을 행사하였다."[19]

프랑스의 사회심리학자 귀스타브 르봉Gustave Le Bon, 1841 ~1931의 말이다. 믿고 싶지 않지만, 르봉의 이런 주장을 뒷받침해줄 많은 증거가 있다. 지성에선 단연 우위였던 레온 트로츠키Leon Trotsky, 1879~1940가 권력투쟁에서 이오시프 스탈린Joseph Stalin, 1879~1953에게 패배를 당한 것도 바로 그런 이유 때문이었다. 루마니아 태생의 프랑스 사회심리학자 세르주 모스코비치Serge Moscovici, 1925~2014는 『군중의 시대』(1981)에서 다음과 같이 말한다.

"빛나는 지성과 폭넓은 지식은 그것들이 부족하였던 스탈린보다도 그것들을 풍부하게 갖추고 있었던 트로츠키에게서 하나의 핸디캡이 되었다. 즉 그것들은 결정적인 순간에 트로츠키를 망설이게 하였으며, 타협하고 틀리게 계산하는 경향이 있게 하였다."[20]

지지자들의 열렬한 추종을 이끌어내는 지도자의 특성은 지성이 아니라 감성이라는 점도 지성의 가치를 떨어뜨린다. 미국의 리더십 전문가 진 리프먼 블루먼Jean Lipman-Blumen, 1933~은 『부도덕한 카리스마의 매혹』(2004)에서 다음과 같이 말한다.

"한 리더의 독성이 만개하면 누구나 쉽게 그 사실을 눈치챌 수 있다. 그래서 이 심한 독성은 피할 수 있다. 하지만 교활하기 짝이 없는 치명적인 리더나 독성의 초기 단계에 놓여 있는 리더의 자석 같은 당김을 피하는 일은 훨씬 더 어

리더십

렵다. 그런 리더의 경우 우리를 흥분하게 만들거나 우리에게 덫을 씌우는 도전과 이상으로 끌어당기기 때문이다."[21]

지도자에게 지성은 단점이라는 건 지도자들이 지성은 무시해도 좋다는 뜻이 아니다. 기존 리더십의 그런 한계를 꿰뚫어보면서 새로운 유형의 리더십을 모색해보자는 뜻이다. 미국 정치학자 머리 에덜먼Murray Edelman, 1919~2001은 "역사와 이론은 지도자가 추종자를 만들기보다는 추종자가 지도자를 만든다는 걸 시사한다"고 말한다.[22] 미국 정치학자 제임스 번스James M. Burns, 1918~2014가 내린 결론도 같다. "위대한 추종자가 있어야 위대한 지도자도 가능하다."[23]

리더십은 지도자와 추종자 사이에 이루어지는 협업의 산물이라는 걸 인정할 때에 비로소 바람직한 리더십의 실천이 가능해진다. '지원적 리더십supportive leadership', '서번트 리더십servant ledership' 등과 같은 새로운 유형의 리더십이 외쳐지는 이유도 바로 그런 변화의 흐름을 시사해준다.

미국 리더십 전문가 J. 도널드 월터스J. Donald Walters, 1926~2013는 『지원적 리더십의 기술The Art of Supportive Leadership』(1987)에서 "진정한 리더십은 오직 한 유형뿐이

다. 그것은 바로 '지원적 리더십'이다"며 이렇게 말한다. "지원적 리더십은 사람들을 몰아가는 것이 아니라 이끄는 것이다. 지원적 리더십은 강압이 아닌 참여에 의해 이루어진다. 지원적 리더십은 인간과 관련된 어떤 일에서건 가장 중요한 원칙을 준수하는데, 그것은 바로 인간이 사물보다 더 중요하다는 것이다."[24]

'서번트 리더십'은 로버트 그린리프Robert K. Greenleaf, 1904~1990가 창시한 운동이자 리더십 유형으로 한마디로 말하자면, 공복公僕이라는 말뜻에 충실하고자 하는 '섬기는 리더십'이다. 『예수의 리더십: 서번트 리더십의 비밀 Jesus on Leadership: Discovering the Secrets of Servant Leadership』(1998)의 저자인 C. 진 윌크스C. Gene Wilkes는 '서번트 리더십'의 기본 원리에 대해 이렇게 말한다. "리더십은 추구의 대상이 아니다. 리더십은 다른 사람들이 주는 것이다."[25]

존 맥스웰John C. Maxwell, 1947~은 "섬김은 조종이나 자기 홍보의 목적으로 이루어져서는 안 된다. 섬김의 동력은 사랑이어야 한다"고 했다. 남들을 지배함으로써 얻을 수 있는 이익에 눈독을 들여 리더가 되려는 사람들이 흘러넘치는 세상에서 꿈같은 이야기다. 하지만 우리 스스로 리더나 지도자들에게 '섬김'을 요구하는 게 아니라 스스로

리더십

'섬김'을 바치려는 마음가짐이나 자세를 갖고 있는 건 아닌지 성찰해볼 필요가 있겠다. 그래야 지도자에게 지성은 단점이 아니라 장점이 되는 것도 가능해질 것이다.

나는 깨어 있지만
너는 어리석다

"영국인들은 자신이 자유인인 줄 알지만, 크게 잘못 생각하는 것이다. 의원 선거 기간에만 자유인이고, 의원이 선출된 후에는 다시 아무것도 아닌 노예 신세다."[26] 프랑스 계몽 사상가 장 자크 루소Jean Jacques Rousseau, 1712~1778의 말이다. 그는 『사회계약론』(1762)에서 대중의 권력을 대표자에게 위임하는 것은 민주주의의 본래 의도와 맞지 않는다며 자기 통치를 논하는 영국인의 허세를 그렇게 비웃었다.

대중을 믿을 수 있는가? 18~19세기까지만 해도 대중은 믿기 어려운 존재라는 생각이 광범위하게 퍼져 있었다. 당대의 진보 지식인이었던 영국 철학자 존 스튜어트 밀

선거

John Stuart Mill, 1806~1873조차도 탐욕스러운 대중의 투표권에 대해 우려했으며, 그래서 교육받은 사람에게는 표를 한 표보다 많이 주어야 한다고 주장하기도 했다. 그는 무엇이 두려웠던 걸까? 그의 주장을 들어보자.

"집주인, 고용주, 고객에 의한 강압의 시대는 지나갔지만, 이제는 이기심 또는 유권자의 이기적인 편파심이 더 큰 악의 원천이다. 다른 사람의 결정 때문에 나올 결과에 대한 두려움보다는 유권자 개인의 이익, 계급의 이익, 자기 마음속의 나쁜 감정으로 인해 '비열하고 짓궂은 투표'가 이루어지는 일이 훨씬 잦아졌다. 비밀투표를 하면 유권자는 부끄러움이나 책임감에서 벗어나 자유롭게 악한 영향력을 행사하게 된다."[27]

오늘날엔 감히 그런 식으로 말하는 사람은 없지만, 선거가 사회 진보에 기여하지 않는 방향으로 이루어지는 것에 대한 의구심은 여전히 살아 있다. 미국 정치학자이자 경제학자인 찰스 린드블롬Charles Lindblom, 1917~2018은 1970년대에 다음과 같이 말했다.

"많은 사람들은 왜 소득과 부富를 더욱 평등하게 분배하기 위해 투표권을 행사하지 않을까. 왜 자신이 구하는 그 밖의 여러 가지 가치를 평등히 분배하기 위해 한 표를 던지려 하지 않을까. 사회가 기본적으로 자유롭고 민주적인 데도 말이다. 이는 20세기의 최대의 수수께끼의 하나이다."[28]

린드블롬의 이런 의문은 2000년대 들어서도 여전히 풀리지 않는 수수께끼로 남았다. 미국 언론인 토머스 프랭크Thomas Frank, 1965~가 2004년에 출간한『왜 가난한 사람들은 부자를 위해 투표하는가: 캔자스에서 도대체 무슨 일이 있었나』라는 유명한 책도 바로 그런 수수께끼를 다루었다.

프랭크는 "캔자스는 미합중국 그 자체"라며 이렇게 말했다. "그곳에 한 번도 가본 적이 없는 사람일지라도 그곳을 낯설지 않고 친근하게 느낀다. 캔자스는 선호하는 여행지로는 전국에서 하위를 면치 못하지만 온갖 제품의 마케팅 담당자들이 시제품을 내놓고 소비자 반응을 확인하는 곳으로도 유명하다."[29] 그런 캔자스에 무슨 일이 일어났는가? 한때 미국 진보 세력의 산실이었던 캔자스가 이젠 극우 지역으로 변한 것이다! "캔자스는 모든 것이 평균인 땅이지만 그 평균의 특성은 일탈과 호전성, 분노다. 오늘날 캔자스는 일상생활의 구석구석까지 반동의 선전으로 점철된 보수주의의 성소다."[30]

왜 그렇게 되었을까? 프랭크의 책에선 민주당의 위선에 대한 분노와 더불어 낙태 문제 등 사회문화적 가치와 종교적인 원인 등이 언급되긴 했지만,[31] 보수에 대해 워낙 적대적인 태도를 취하는 바람에 비판을 받기도 했다. 예컨대, 캐나다 심리학자 키스 스타노비치Keith E. Stanovich, 1950~는 『우리편 편향: 신념은 어떻게 편향이 되는가?』 (2021)에서 "『왜 가난한 사람들은 부자를 위해 투표하는가』 유의 주장을 펼치는 교육받은 자유주의자는 아마도 이런 입장인 것 같다"며 이렇게 말한다. "다른 유권자들은 절대 그들의 금전적 이익에 반하는 투표를 해선 안 되지만, 내가 그렇게 하는 것은 비합리적이지 않다. 왜냐? 나는 깨어 있는 시민이니까."

프랭크의 입장을 그렇게까지 보는 것엔 이견이 있을 수 있겠지만, "나는 깨어 있지만 너는 어리석다"는 식으로 생각하는 유권자가 많으며, 이들이 오만한 착각을 하고 있다는 데엔 흔쾌히 동의할 수 있다. 아니 동의를 넘어서 매우 중요한 점을 지적했다는 칭찬을 해주어도 좋겠다. 스타노비치는 "비영리기구NPO에서 일하는 자유주의자는 흔히 금전적 보상보다는 자신의 가치관 편에 선다. 마찬가지로 군대에 지원한 보수주의자 역시 대체로 금전적 보상보다는 자신의 가치관을 선택한다"며 다음과 같이 말한다.

"수입이 시원치 않은 수많은 공화당 투표자는 그들 자신의 금전적 이익에 도움이 되기보다는 남들을 돕기 위해서 투표한다. 그러한 공화당 지지자의 행동을 당혹스러워하는 자유주의적인 민주당 지지자가 하는 행동과 정확히 똑같이 말이다.……그들이 자신의 금전적 이익에 반하는 투표를 한다는 비판이 옳다고 치자. 그렇다고 해도 그들이 자신의 가치관이나 세계관을 드러내기 위해 금전적 이익을 희생할 수도 있다는 사실이 그들을 비합리적으로 만들어주는 것은 아니다."[32]

이건 아주 중요한 말이다. "나는 깨어 있지만 너는 어리석다"는 생각이 불필요한 정치적 갈등을 키우고 있기 때문이다. 스타노비치는 "지금껏 민주당 지지자는 공화당 지지자를 인식론적으로 비합리적이라고 비난해왔다"고 지적했는데,[33] 미국이나 한국이나 어찌 그리 똑같은지 놀랍기도 하거니와 재미있다는 생각에 슬그머니 웃음이 나온다. 이제 그러지 말자. 각자의 가치관이나 세계관의 다름을 어리석음이나 사악함의 결과로 보는 '내로남불'이야말로 어리석은 동시에 사악한 것일 수 있다는 생각을 해보는 게 좋겠다.

선거

잃을 게 많을수록
약해진다

지위가 중요해진 세상에선 한 번 쟁취한 자신의 지위를
어떻게 유지할 것인가 하는 게 중요한 문제로 대두되었다.
영국 작가 조지 버나드 쇼George Bernard Shaw, 1856~1950는
『지적인 여성을 위한 사회주의와 자본주의 입문』(1928)에
서 그런 '지위 유지 게임'에 대해 다음과 같이 말했다.

"벽돌집에 사는 그 여자(즉, 중산층 여성)는 자기보다 못하
다고 생각되는 수많은 사람을 무례하게 대함으로써 자신
의 사회적 지위를 유지한다. 물론 가끔은 사회라는 낭떠
러지에 돌출된, 자신의 작은 손잡이에 매달려 있는 극소
수 사람들에게 약간의 친절을 베풀기도 한다. 소득 불평
등은 인간 사회로부터 드넓고 안전하며 비옥한 평원을 빼

앗았고, 사람들을 낭떠러지 끝으로 내몰았다. 때문에 사람들은 필사적으로 그녀의 발끝에 매달려야 하고, 그 여자는 마음대로 사람들을 발로 차서 낭떠러지 밑으로 떨어뜨릴 수 있게 된 것이다."[34]

그렇게 살아가야 한다는 게 너무 피곤하지 않은가? 뭔가 다른 삶의 방식은 없을까? 조지 버나드 쇼는 이런 대안적 전략을 제시했다. "속물적인 우리 사회에서 '난잡함promiscuity'이라는 단어만큼 악의적이고 끔찍한 뜻을 내포하고 있는 단어는 없다. 하지만 만약 당신이 성적 문란이라는 이 단어의 제한된 용례를 넘어설 수 있다면……사회적 난잡함은 오히려 바람직한 태도의 비결이라는 사실을 깨닫게 될 것이다."[35]

그렇다. 서로 다른 지위들의 경계가 난잡하게 뒤섞인다면 우리가 지위 경쟁이나 지위 투쟁을 해야 할 이유는 사라지거나 약화되고 말 것이다. 적어도 목숨 걸고 쟁취해야 할 것은 아니다. 지위에 집착하는 사람들은 행여 그런 '불상사'가 일어날까봐 지위의 구별 짓기에 더더욱 세심하게 매달리며 불안을 느끼는 건지도 모르겠다.

"지위 불안은 매우 파멸적이라 우리 삶의 여기저기를 파괴할 수 있다." 스위스 출신으로 영국에서 활동하는 작가 알랭 드 보통Alain de Botton, 1969~이 『불안』(2004)에서 한 말이다. 그는 '지위 불안status anxiety'을 "사회에서 제시한 성공의 이상에 부응하지 못할 위험에 처했으며, 그 결과 존엄을 잃고 존중을 받지 못할지도 모른다는 걱정"으로 정의하면서 이렇게 말한다. "현재 사회의 사다리에서 너무 낮은 단을 차지하고 있거나 현재보다 낮은 단으로 떨어질 것 같다는 걱정. 이런 걱정은 매우 독성이 강해 생활의 광범위한 영역의 기능이 마비될 수 있다."[36]

"불평등이 심할수록 사회적 지위도 중요해지고 사회적 평가에 대한 우려도 증가한다. 평등한 사회일수록 사람들은 서로를 공통된 인간성에 근거해 평등한 타자로 받아들이지만 지위의 차이가 커질수록 상대방을 이리저리 재면서 평가한다. 그러면서 사람의 정체성에서 사회적 지위가 가장 중요한 특징으로 부각되는 것이다. 낯선 관계일수록 사회적 지위는 그 사람의 유일한 특징일 수 있다."[37] 영국 보건학자 리처드 윌킨슨Richard G. Wilkinson, 1943~이 『평등이 답이다: 왜 평등한 사회는 늘 바람직한가?』(2010)에서 한 말이다.

높은 지위에 올라 불안을 전혀 느끼지 않는 유명 인사들은 "지위 경쟁이나 지위 투쟁의 굴레와 압박으로부터 벗어나라"고 조언하지만, 사람들은 그게 위선이라는 걸 귀신같이 안다. "그래, 나도 당신처럼 성공했다면 얼마든지 그럴 수 있지." 차라리 미국 월스트리트의 트레이더이자 작가인 나심 니컬러스 탈레브Nassim Nicholas Taleb, 1960~가 『스킨 인 더 게임: 선택과 책임의 불균형이 가져올 위험한 미래에 대한 경고』(2018)에서 한 말에서 작은 위로나마 찾는 게 어떨까 싶다.

탈레브는 "잃을 것이 많은 사람일수록 약해진다. 나는 지금까지 많은 토론회에 참석했는데, 그런 자리에서 노벨경제학상 수상자 가운데 토론에서 질까봐 두려워하는 사람들을 여럿 봤다"며 이렇게 말한다. "특히 나는 예전에 언론에서 공개적으로 노벨경제학상 수상자 네 명을 사기꾼이라고 지적한 적이 있는데, 그들은 공개적으로 내 언사에 우려를 표명했다. 그들은 왜 유명 인사도 아닌 일개 트레이더인 나의 비난에 그토록 민감하게 대응했을까? 더 높은 지위에 오를수록 평판에 더 신경 쓰게 되기 때문이다. 이런 이들은 토론 자리에서 자기보다 못한 사람에게 패하면 더욱 크게 타격을 입는다고 생각한다."[38]

이어 탈레브는 "흔히 높은 자리에 오르면 더 강한 권력을 행사하게 된다고 생각하는데, 이는 몇몇 한정된 조건하에서만 그렇다"며 이렇게 말한다. "미국 CIA 국장은 미국 최고 권력 가운데 한 명이지만, 전 CIA 국장 데이비드 퍼트레이어스David Petraeus는 어떤 면에서 보면 트럭 운전사보다도 더 취약한 위치에 있는 사람이다. 자신의 아내 외의 여자와는 데이트도 할 수 없는 사람이기 때문이다. 다른 사람들의 목숨을 빼앗을 수도 있는 위치에 있지만, 개와 마찬가지로 강한 목줄에 묶여 있기는 마찬가지다. 고위 공직에 몸담은 사람들의 상황은 전부 이렇다."[39]

중세 시대 로마의 신학자이자 사상가 보나벤투라Bonaventura, 1221~1274는 "원숭이는 더 높이 올라갈수록 엉덩이가 더 많이 드러난다"고 했다.[40] 그렇게 드러나는 엉덩이에 아무 문제가 없을 수도 있겠지만, 지위가 높을수록 취약해지는 게 많아진다는 건 분명한 사실이다. 재벌 총수보다는 구멍가게 주인이 정치적 표현의 자유를 훨씬 더 많이 누릴 수 있다는 걸 잘 아시지 않는가? 물론 "입에 재갈이 물려도 좋으니 제발 출세 좀 해보자"고 외칠 사람이 훨씬 더 많겠지만, 어차피 출세는 물 건너간 꿈이라면 그런 '정신 승리'라도 챙겨서 나쁠 건 없으리라.

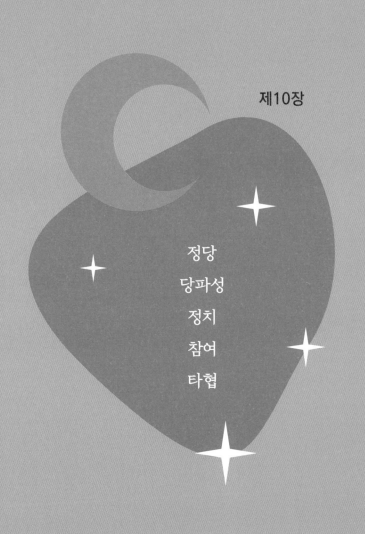

제10장

정당
당파성
정치
참여
타협

죽어가는 정당,
강해지는 당파성

미국은 오늘날 대표적인 정당 민주주의 국가이지만, 초대
에서 4대에 이르는 대통령들(조지 워싱턴, 존 애덤스, 토머스 제
퍼슨, 제임스 매디슨)은 모두 처음엔 정당에 강하게 반대했
다. 조지 워싱턴George Washington, 1732~1799은 "정당 정치
는 하나의 정파가 다른 정파를 억누르는 또 다른 형태의
폭정이다"고 했고,[1] 존 애덤스John Adams, 1735~1826는 "정
당은 정치에서 가장 심각한 악이다"고 했다.[2] 미국의 초대
재무부 장관 알렉산더 해밀턴Alexander Hamilton, 1755~1804
도 "정당이야말로 민주 정치에 가장 치명적인 질병이다"
고 했다.[3]

제임스 매디슨James Madison, 1751~1836은 무엇보다도 정당

으로 인해 "다수건 소수건, 타인의 권리와 공동체 전체의 영속적인 이해에 반하는 공동의 열정이나 이익을 기반으로 시민들이 뭉치게 되는 사태"를 우려했는데, 이게 바로 이들이 정당에 반대한 근본적인 이유였다. 토머스 제퍼슨 Thomas Jefferson, 1743~1826은 "정당에 대한 충성은 자유롭고 도덕적인 인물이 처할 수 있는 가장 타락한 상태",[4] "천국에 갈 수 있지만, 정당과 함께 가야 한다면 절대로 천국에 가지 않을 것이다"고 했다.[5] 하지만 제퍼슨과 매디슨은 각각 공화당과 민주당이라는 양대 정당의 창립자가 되었다.[6]

약 200년 후 미국의 정당 정치는 어떻게 되었는가? 좋은 점도 많았겠지만, 초대에서 4대에 이르는 대통령들의 정당에 대한 우려는 충분한 근거가 있다는 게 입증되고 말았다. 정당 간 적개심은 오늘날 미국에서 인종적·종교적 적개심보다 훨씬 강렬한 것이 되고 말았으니 말이다.[7] 양상은 좀 다를망정 유럽도 다르지 않았다. 2010년대 중반에 나온 국제투명성기구의 부패지수에 따르면, 거의 모든 서양 민주국가에서 정당은 부패에 관한 한 단연 1등으로 판정이 났으니 말이다.[8]

2016년 1월 파리정치대학 정치연구소에서 실시한 여론

조사에 따르면 프랑스인 열에 아홉은 정당에 신뢰를 갖고 있지 않은 것으로 나타났다. 프랑스 정치학자 로맹 슬리틴 Romain Slitine은 『시민 쿠데타: 우리가 뽑은 대표는 왜 늘 우리를 배신하는가?』(2016)에서 "각 정당들은 그들만의 놀라운 철옹성을 쌓는 데 성공했다. 시민들로부터 외면당하고, 당원은 모든 정파를 다 합해도 최대 36만여 명밖에 되지 않는다. 이는 프랑스 국민의 0.5퍼센트에 불과한 숫자다. 이런 상황임에도 그들은 모든 선거에 참여할 수 있는 후보 선정의 독점권을 쥐고 있다!"며 다음과 같이 말했다.

"정당은 대부분 스스로 밀폐되고 사회로부터 격리된 구조로 축소되었다. 단기적 권력 쟁취 논리에만 집중되어 국가의 미래를 위한 성찰과 사상을 배출해내는 요람으로서 기능은 이미 잃어버렸다. 정당은 지지자들로부터 멀어지고 아주 계급화된 선거전만을 위한 직업적 기계로 변모했다. 그러면서도 정치 활동의 주인으로 여전히 지배하고 있다. 정당은 출마 후보자를 지명하는 독점권을 행사하며 모든 사회의 운명을 책임지는 프로그램을 결정하고 제도권과 시민들 사이의 주요 통로로 여겨진다. 하지만 그 누구도 속지 않는다."[9]

정당의 종언이 임박한 것인가? 비슷한 시기에 미국에서

나온 연구 결과도 그런 의심을 짙게 만들었다. 미국 정치
학자 줄리아 아자리Julia Azari는 2016년에 발표한 논문에
서 "우리 시대의 가장 중요한 특징은 당파성은 강하지만
정당은 약한 것이다"는 결론을 내렸다. 흥미롭지 않은가?
정당은 약하다 못해 사실상 죽어가고 있는데, 당파성은
날로 강해지고 있다니 말이다.

미국 언론인 에즈라 클라인Ezra Klein, 1984~은 『우리는 왜
서로를 미워하는가』(2020)에서 아자리의 논문을 거론하
면서 "이것은 트럼프의 부상, 이념적으로 극단적인 후보
들의 성공, 카리스마 있는 선동가가 정치판을 휘두를 가
능성을 이해하는 가장 중요한 통찰 가운데 하나다"며 다
음과 같이 말한다.

"어떻게 트럼프처럼 비정상적인 후보가 공화당 예비선거
에서 승리하고 전 국민을 대상으로 한 투표에서 그렇게
큰 몫을 차지할 수 있었을까? 약한 정당과 강성 당원이 답
이다. 50년 전 미국이 가졌던 강한 정당 체제에서라면 트
럼프의 승리는 불가능했을 것이다. 공화당 엘리트들은 트
럼프를 보며 공포를 느꼈고, 종말론적인 용어까지 써가며
그를 비난했다.……그러고 나서 모든 공화당 의원이 하나
같이 트럼프를 승인했다. 크루즈는 병적인 거짓말쟁이에

게 투표하라고 독려했고, 페리는 보수주의에 암적인 인물에게 투표할 것을 촉구했다. 루비오는 변덕스러운 사람에게 미국의 핵무기 코드를 넘겨주라며 선거운동을 했다."[10]

이건 미국만의 이야기가 아니다. 한국에서도 비슷하게 나타나고 있는 현상이다. 자기 정당의 경선 때엔 경쟁자를 절대 대통령이 돼선 안 될 인물로 비난하지만, 경선이 끝나고 나면 언제 그랬느냐는 듯 경선의 승자를 대통령으로 만들어달라고 호소하는 코미디가 벌어진다. 그리고 그런 코미디를 하는 게 통이 크고 미래를 내다보는 대인大人이라는 식의 찬사까지 쏟아진다. 이게 도대체 뭐하는 짓이냐고 따지는 일은 거의 없다. 이렇듯 "죽어가는 정당, 강해지는 당파성"이 어떤 결과를 낳을 것인지 예의 주시해보는 게 좋겠다.

정당

정열적 당파성이
우리 눈을 멀게 한다

정치인들이 허구한 날 당파 싸움을 벌이는 나라가 있다. 이를 보다 못한 학자들이 나서서 이런 해결책을 제시했다. 두 정당의 의원 100명을 골라내서 기술 좋은 외과의사가 이들의 뇌를 톱으로 반씩 자른 다음 반대편 정당의 사람들 뇌에 붙인다. 그러면 그들의 두개골 안에서 치열한 싸움이 벌어질 테지만 얼마 안 가서 서로를 이해하게 될 것이며, 이제 정치인들의 뇌에서 국민이 원하는 중용과 조화가 나올 수 있게 되리라는 것이다. 영국 작가 조너선 스위프트Jonathan Swift, 1667~1745의 『걸리버 여행기』에 나오는 이야기다.[11]

"인간이 역사에서 배운다고 해도, 그것이 우리에게 어떤 교훈을 줄 수 있단 말인가! 정열과 당파성이 우리의 눈을 멀게 한다. 따라서 경험이 주는 빛은 선미船尾의 등이어서 우리의 등 뒤에 일렁이는 파도를 비출 뿐이다."[12] 영국 시인 새뮤얼 테일러 콜리지Samuel Taylor Coleridge, 1772~1834의 말이다.

"당파성은 필터다." 미국 사회심리학자 앵거스 캠벨Angus Campbell, 1910~1980을 비롯한 학자들이 1960년에 출간한 『미국의 유권자The American Voter』라는 책에서 한 주장이다. 언론인 데이비드 브룩스David Brooks, 1961~의 해설에 따르자면 이런 이야기다. "당파성은 그 정당이 승인한 세계관과 일치하지 않는 사실은 걸러버리고 일치하는 사실은 과장한다. 오랜 세월에 걸쳐서 몇몇 정치학자들은 이 책에서 기술하는 관찰 내용을 비판해왔다. 그러나 많은 학자들은 여전히 캠벨의 결론, 즉 사람의 인식은 그 사람의 당파성에 의해 상당한 수준으로 왜곡된다는 명제로 돌아간다."[13]

미국 정치학자 샨토 아이엔가Shanto Iyengar는 2015년 약 1,000명의 사람에게 장학금을 받기 위해 경쟁하고 있는 두 고등학교 3학년 학생의 이력서 가운데 하나를 고르라고 부탁하는 실험을 했다. 이력서는 3가지 측면에서 차이를 두었다. 첫째, 학점이 3.5거나 4.0일 수 있었다. 둘째, 두 학생은 젊은 민주당원 클럽 회장이거나 젊은 공화당원 클럽 회장일 수 있었다. 셋째, 그들은 전형적인 아프리카계 미국인 이름

을 가진 동시에 아프리카계 미국인 학생 협회의 회장이거나 전형적인 백인 이름을 가지고 있을 수 있었다.

이력서에 정치적 정체성을 보여주는 단어가 포함되자 민주당원들과 공화당원들의 약 80퍼센트가 자신이 소속된 당의 당원에게 장학금을 수여했다. 학점은 상관이 없었다. 공화당원 학생이 더 자격을 갖추었을 때, 민주당원들의 30퍼센트만이 그를 선택했고, 민주당원 학생이 더 자격이 있을 때 공화당원들의 15퍼센트만이 그를 선택했다. 결론은 "당파성이 학업 우수성을 이겼다"는 것이었다. 이 연구에서는 당파성이 인종도 이겼다. 후보자들이 동등한 자격을 갖추었을 때, 흑인의 78퍼센트가 같은 인종의 후보를 선택했고, 백인은 42퍼센트가 그렇게 했다. 다른 인종 후보자가 더 높은 학점을 받은 경우, 흑인의 45퍼센트와 백인의 71퍼센트가 타인종 학생을 선택했다.[14]

아이엔가와 논문을 같이 쓴 숀 웨스트우드Sean J. Westwood는 다른 인종을 폄하하는 데 전념하는 주요 미디어 채널은 없지만, 다른 당을 폄하하는 데 전념하는 채널들은 있다며 "언론이 부족의 지도자가 됐습니다. 그들은 부족원들에게 어떻게 정체성을 확인하고 행동해야 하는지 알려주고 있으며, 우리는 그 지시를 따르고 있습니다"고 말했다.[15]

아이엔가 등의 정치학자들이 내세운 논지는 "오늘날 미국의 가장 중요한 단층선은 인종, 종교, 경제적 지위가 아니라 정치적 정당 소속감"이라는 것이다.[16] 정치학자 로버트 퍼트넘 Robert D. Putnam, 1941~도 『업스윙: 나 홀로 사회인가 우리 함께 사회인가』(2020)에서 "감정 온도계에서 측정된 정당 간 적개심은 오늘날 인종적·종교적 적개심보다 훨씬 강렬하다"고 말한다. 보통 미국인들 사이에서 당파주의는 공적 생활뿐만 아니라 사적 생활에서도 점점 더 '우리' 대 '그들'이라는 틀에 갇히게 되었다며 한 말이다.[17]

이를 어찌해야 할까? 답이 없다. 그래서인지 미국 제26대 대통령 시어도어 루스벨트Theodore Roosevelt, 1858~1919가 유권자에게 퍼부은 폭언이 생각난다. 공화당 대통령 후보로서 민주당 일색인 남부 지역에서 선거 유세를 하던 그는 일부 청중이 "나의 할아버지도 민주당원이었고 아버지도 민주당원이고 나는 민주당원이다"는 말로 자신의 기를 꺾으려 하자 발끈하면서 이렇게 쏘아붙였다. "글쎄요, 만일 당신의 할아버지가 민주당원이었는데 당신 아버지도 민주당원이라면 당신은 무엇일까요? 대답은 바로 나옵니다. 물론 '나는 바보천치지요!'라고 말입니다."[18]

물론 이런 식의 폭언엔 동의할 수 없다. 하지만 정열적인 당

당파성

파성에 눈이 멀어 그게 무슨 타고난 운명이나 팔자라도 되는 것처럼 호들갑을 떠는 유권자들의 자세나 주장에도 동의할 수 없다. 자신이 좋아하던 연예계 스타나 스포츠 스타가 자신이 증오하는 정당의 지지자라는 걸 알게 되면 온갖 욕설을 퍼부으며 돌아서는 사람들을 보면 어이없다 못해 기가 질린 나머지 갑자기 숨 쉬기가 힘들어진다. 당파성 숭배자 또는 중독자들이여, 부디 내게 숨 쉴 수 있는 자유를 달라!

정치는 마녀사냥과
갈취의 기술인가?

"정치는 도덕과 아무런 관계가 없다."[19] 이탈리아 정치가이자 사상가인 니콜로 마키아벨리Niccolò Machiavelli, 1469~1527의 말이다. "정치제도는 인간이 '자신의 사적인 이익 외에 다른 목적을 위해 행동하지 않는다'는 가정에 입각해야 한다."[20] 스코틀랜드의 철학자 데이비드 흄David Hume, 1711~1776의 말이다.

"현대 국가의 핵심 기능은 세상을 친구와 적으로 나누는 것이다."[21] 독일 정치학자이자 나치 철학자인 카를 슈미트Carl Schmitt, 1888~1985가 1932년 『정치성의 정의』라는 책에서 한 말이다. 그는 "참된 정치 이론은 반드시 성악설性惡說을 취한다"고 했으며,[22] 특히 전쟁이 친구와 적의 구분

을 지속시키는 주된 메커니즘이기 때문에 국가가 임무를 수행하는 데 핵심적으로 중요하다고 주장했다.

"이곳에는 음흉한 인간들이 득실거리고 있어. 자기를 때려눕히려고 하는 사람과 매일 대결해나갈 각오가 없다면, 워싱턴으로 올 생각은 아예 안 하는 것이 좋아. 워싱턴이란 곳은 세상과 동떨어져서 모두 자기만 생각하고, 노상 마녀재판을 열지 않으면 속이 안 풀리는 곳이지. 정치에 뜻을 둔 자는, 오늘은 누가 화형을 당하고 누가 단두대에서 사라지는가 하고 매일 창밖에 주의를 쏟고 있지."[23]

1992년 빌 클린턴Bill Clinton, 1946~의 대통령 당선 직후 연방준비제도이사회FRB 의장 앨런 그린스펀Alan Greenspan, 1926~이 클린턴 행정부의 고위직 후보로 이름이 오르내리던 오랜 친구에게 들려준 말이다. 어떤 저명한 여류 인사는 힐러리 클린턴Hillary Clinton, 1947~에게 직접 이런 말을 들려주기도 했다. "당신은 워싱턴에 관해 모르는 것이 있습니다. 모두들 정책을 내걸고 싸우지만, 실은 정책이 어떻든지 간에 상관없습니다. 오히려 신경이 쓰여 견딜 수 없는 것은 만찬 때 어느 사람 옆자리에 앉는가 하는 점입니다."[24]

『뉴욕타임스』칼럼니스트 레슬리 겔브Leslie Gelb, 1937~는 1993년 워싱턴을 떠나며 이렇게 말했다. "워싱턴은 진실에 무관심하다. 진실은 보도된 기사들 간의 갈등이나 정치 조련사들의 경연장으로 격하되었다. 이제 진실은 증거에 의해서가 아니라 어떻게 연기하느냐에 의해 판단되고 있다. 진실은 두려움이다. 여론조사에 대한 두려움, 특정이익에 대한 두려움, 판단받는 것이 두려워 남을 판단하는 것에 대한 두려움, 권력과 특권을 잃는 것에 대한 두려움이다. 거짓을 받아들이는 것이 진실이 되어버렸다."[25]

"문제를 해결해서 생기는 돈은 없다. 그러니 정치인들이 왜 문제를 풀려고 하겠는가?" 기업을 운영하면서 수십 년간 민주·공화 양 당에 돈을 내야 했던 미국 기업가 레이먼드 플랭크Raymond Plank, 1922~2018의 말이다. 이와 관련, 작가 피터 스와이저Peter Schweizer, 1964~는 『정치는 어떻게 속이는가: 갈취당하는 데 신물난 시대를 해부한다』(2013)에서 "워싱턴 권력의 중심부에서 실제 벌어지고 있는 일은 법보다는 돈을 만드는 일이다"며 다음과 같이 말했다.

"워싱턴에서 일어나고 있는 일의 대부분은 돈을 뜯어내는 것일 뿐 정책과는 거리가 멀다. 굳은 신념을 지닌 지도자들이 없다는 얘기는 아니다. 그러나 상업적인 관점에서

봤을 때, 특정 법들을 통과시킴으로써 혹은 통과시킬 거라고 협박함으로써 생기는 돈이 분명히 존재한다. 또한 두 정당은 종종 불구대천의 원수로 묘사되지만 이들은 동일한 상업적 이유에서 서로를 절실하게 필요로 한다. 게다가 정파와 이데올로기적 차이는 사람들이 생각하는 것만큼 그렇게 중요하지 않다."[26]

모두 다 정치를 매우 부정적으로 보게 만드는 우울한 이야기들이지만, 그렇다고 해서 정치가 마녀사냥과 갈취의 기술로 머무르게끔 방치할 수는 없는 일이다. 작가 출신으로 체코 대통령을 지낸 바클라프 하벨Vaclav Havel, 1936~2011이 내린 정치에 대한 다음과 같은 정의를 너무 순진하다고 코웃음 치지 말고 잘 음미해보자. "정치란 도덕적 감성, 자신을 비판적으로 성찰하는 능력, 진정한 책임감, 취향과 기지, 타인과 공감하는 능력, 절제의 감각, 겸손을 더 많이 강조하려는 인간적 노력이 행해지는 장소다."[27]

1997년부터 2007년까지 영국 수상으로 재임한 토니 블레어Tony Blair, 1953~의 정책 고문을 지낸 제프 멀건Geoff Mulgan, 1961~의 다음과 같은 말도 감상해보자. "정치에 결함이 많은 건 사실이지만 현대사회 속에서 지도력을 만들어내는 원천으로서 아직까지는 정치를 능가하는 게 없다.

미디어와 글로벌 재정, 심지어 개개인의 소비자한테로 권력이 넘어갔다고 볼 수도 있지만, 이들의 영향력은 부정적인 모습을 드러낼 때가 많다. 변화를 성취하는 긍정적인 능력이 아니라, 일의 진행을 방해하는 능력으로 기능한다는 얘기다."[28]

사실 정치에 대한 과도한 환멸은 과도한 기대에서 비롯되는 경우가 많다. 미국 정치학자 로버트 팩스턴Robert O. Paxton, 1932~은 『파시즘: 열정과 광기의 정치 혁명』(2004)에서 "정치적으로 성공한다는 것은 지지자를 얻는 것뿐 아니라 잃는 것 또한 필연적으로 포함한다. 정당으로 발전하는 단순한 과정조차도 초기의 일부 순결주의자들에게는 배신으로 느껴질 수 있다"고 했다.[29]

그렇다. 양극단은 피하는 게 좋다. 제15대 대통령 김대중은 "정치는 서생의 문제의식과 상인적 현실감각을 함께 갖춰 하는 것이다"고 했는데,[30] 바로 이런 이상과 현실의 타협이 필요하다. 한국 정치판엔 타협을 불온시하는 교조주의자가 많다는 점에 유념하면서 정치는 결코 '마녀사냥과 갈취의 기술'이 아니라는 걸 증명하기 위해 우리 모두 애써보는 게 어떨까?

정치

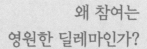

왜 참여는
영원한 딜레마인가?

"전에는 정치, 종교, 예술, 운동에 직접 참여하던 우리들이
지금은 대리인들에 의해 대표되고 있다." 미국 사회학자
로버트 파크Robert Park, 1864~1944가 1918년에 한 말이다.
"전에 우리가 공유하던 모든 형태의 공동체 활동과 문화
적 활동은 전문가들이 가져갔으며 대부분의 사람은 이제
더이상 행위자가 아니라 구경꾼일 뿐이다."[31]

"평범한 미국 시민의 참여는 주기적으로 되풀이되는 선
거에 국한된다." 스웨덴 경제학자 군나르 뮈르달Gunnar
Myrdal, 1898~1987이 『미국의 딜레마』(1944)에서 한 말이다.
"평범한 시민들은 정상적인 삶의 일과로서 자기 지역 정
부에 참여하는 것을 포기했다. 노조, 협동조합, 그 밖의 공

익 조직도 상대적으로 부족하다 보니 시민들의 기권이 도드라져 보인다."[32]

"대중적 참여가 없는 민주주의는 마비돼 사망하기 마련이다." 미국의 급진적 빈민운동가이자 지역사회 조직가인 솔 알린스키Saul Alinsky, 1909~1972가 『래디컬: 급진주의자여 일어나라Reveille for Radicals』(1946)에서 한 말이다. 이어 그는 다음과 같이 말했다.

"우리 인민대중의 대다수는 이 나라의 운명을 형성하는 데에 자신들의 목소리를 내거나 자신들이 할 일이 있다고 더이상 믿지 않는다. 그들은 그들 자신의 어떤 욕망이나 능동적 행위의 결과로 민주주의를 포기한 게 아니다. 그들은 좌절, 절망, 무관심에서 비롯된 자포자기의 수렁으로 내몰렸기 때문에 민주주의를 포기한 것이다."[33]

"수동적인 '방관자 민주주의'로부터 능동적인 '참여 민주주의'로 변화되기만 하면 민주주의는 전체주의의 위협을 격퇴할 수 있다." 에리히 프롬Erich Fromm, 1900~1980이 『소유냐 존재냐To Have or to Be?』(1976)에서 한 말이다. 그는 참여 민주주의에서는 "공동체의 사안들이 개별 시민들에게 있어서 그들의 사적인 사안들만큼이나 긴밀하고 중요

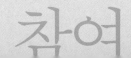

하며, 나아가서 공동체의 행복이 각 시민들의 사적인 관심이 된다"고 말했다.[34]

이렇듯 참여를 민주 시민의 덕목으로 강조한 이가 많았지만, 반대로 참여의 그늘을 지적한 이도 많았다. 영국 철학자 버트런드 러셀Bertrand Russell, 1872~1970은 「이성의 몰락, 니체와 히틀러」(1935)라는 글에서 "이성에의 호소는 권력이 소수의 독재자들에게 한정되어 있을 때 보다 용이하다. 정치 참여층이 점점 확대되고 이질화되면서 이성에의 호소는 점점 어려워진다"며 다음과 같이 말했다.

"논쟁의 출발점이 되는, 보편적으로 인정받는 가설들이 점점 줄어들기 때문이다. 그러한 보편적 가설들이 존재하지 않을 때 사람들은 자신의 직관에 의존하게 된다. 이질적인 집단들의 직관들은 당연히 서로 다를 것이므로 직관에의 의존은 결국 충돌과 힘의 정치로 이어지게 된다."[35]

"언뜻 보면 정치적 무관심으로 보이는 현상이 사실상 정치적 건강의 징표이며, 정치 참여도가 높은 것은 흔히 심각한 사회·정치적 위기 상황에서 위험한 열정을 방출할 수도 있는 현상이라는 주장이 있다. 이것은 1950년대와 1960년대에 '엘리트주의' 민주주의 이론가와 정치학자들이 주로 내놓은 견해였다."[36] 영국 정치학자 에이프릴 카터April Carter, 1937~2022가 『직접행동: 21세기 민주주의, 거인과 싸우다』(2005)에서 한 말이다.

그런 이론가 중의 한 명인 미국 정치학자 새뮤얼 헌팅턴Samuel P. Huntington, 1927~2008은 1975년 '민주주의의 과잉'이 사회문제가 될 수 있다고 경고하면서 이렇게 주장했다. "민주적 정치제도의 효과적 운영을 위해서는 대체로 일부 개인과 집단의 일정 정도의 무관심과 불개입이 요구된다."[37]

"모든 대중이 너나없이 정치에 깊이 관여한다면 대중 민주주의가 어떻게 제대로 작동할 수 있겠는가? 그러니 일부 사람들에 의한 관심의 결여가 결코 무익한 것만은 아니다." 미국 미디어 학자 W. 러셀 뉴먼W. Russell Neuman이 『대중정치의 패러독스』(1986)에서 정치적 무관심을 긍정하는 시각이라며 말한 것이다. 이어 그는 다음과 같이 말했다.

"대중의 극단적인 관심은 극단적인 정치 참여를 낳게 되고 마침내 이러한 현상이 공동체 전반에 걸쳐서 일반화된다면 민주주의 자체마저 파괴할 수 있는 가히 엄청난 정

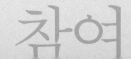
참여

치적 광란이 극에 달할 것이다. 따라서 일부 대중의 낮은 정치적 관심은 급변하는 시기의 복잡한 사회에는 필수적인 완충제이다."[38]

참여에 대한 견해는 자주 이념적 논쟁이나 갈등으로 비화되기도 하지만, 그렇게 이분법으로만 볼 일은 아니다. 이념과 무관하게 참여엔 명암明暗이 있기 때문에 사실상 영원한 딜레마라는 걸 어찌 부정할 수 있으랴. 사실 극소수 열정적인 사람들만 능동적, 아니 공격적으로 참여해 빚어지는 문제는 아예 참여가 없느니만 못한 결과를 초래하기도 했다. 그래서 어떤 이들은 모두 다 적극적인 참여를 하는 사회는 파괴적일 수 있다며, 균형을 위해 정치 무관심층도 필요하다고 말한다. 고참여, 중참여, 저참여를 하는 세종류의 시민이 균형을 이루는 게 이상적이라는 것이다.[39]

무엇을 위한 참여인지도 따져볼 문제다. 이상한 사이비종교 집단이나 미국의 KKK와 같은 인종차별 집단에서 열성적으로 활동하는 것도 참여다.[40] 특정인이나 집단에 대해 증오와 혐오의 발산 또는 배설을 위해 하는 참여도 있다. 이런 참여를 긍정적으로 볼 수 있을까? 정치학자 박상훈이 잘 지적했듯이, "시민이 참여하면 좋다가 아니라, 어떤 참여인가가 훨씬 더 중요하다"고 할 수 있겠다.[41]

왜 링컨은 백인과 흑인의
결혼에 반대했는가?

미국은 사실상 타협을 숭상하는 헌법에 기초해 세워진 나라다. 작가 조너선 라우시Jonathan Rauch, 1960~는 『지식의 헌법』(2021)에서 '미국 헌법의 아버지'로 불리는 제4대 대통령 제임스 매디슨James Madison, 1751~1836을 '타협의 천재'로 부르면서 다음과 같이 말한다.

"헌법은 많은 일을 수행하지만, 핵심은 타협을 강요하는 메커니즘이다. 의회는 입법을 할 수 있지만, 대통령은 거부권을 행사할 수 있고, 법원은 그것을 뒤집을 수 있다. 의회는 거부권을 기각할 수 있고, 대통령은 새로운 법관을 지명할 수 있지만, 의회는 그들을 거부할 수 있다―기타 등등. 설계상 어떤 행위자도 다른 행위자의 동의 없이는 많은 일을 할 수 없다. 그리고 결국 모두가 유권자의 주기적 개입에 의해 견제를 받는다. 하지만 이런 공식적인 견제와 균형은 시작일 뿐이다.……매디슨 체제의 정치는 균형을 향한 끊임없는 투쟁이다."[42]

라우시는 "지금의 양극화한 분위기에서는 사람들이 타협을 기껏해야 필요악으로 생각하는 경향이 있다. 원칙을 굽히고 진보를 저해해 모두가 불만족스러워지고 마는 불합리한 판단이라고 말이다"라면서 다음과 같이 말한다.

"애석한 일이다. 왜냐하면 매디슨의 시각이 진실에 훨씬 더 가깝기 때문이다. 타협은 절대선絶對善이다. 정부가 무너지지 않고 계속 전진하게 해주는 톱니바퀴이자 끊임없이 혁신·적응·포괄에 압박을 가하는 원천이다. 바꿔 말하면, 타협은 민주주의가 어떻게 하면 역동적인 동시에 안정적일 수 있을까 하는 불가능해 보이는 난제에 대한 매디슨식 해답이다."[43]

매디슨이 타협의 초석을 놓은 대통령이었다면, 타협을 실천에 옮겨 미국을 야만의 수렁에서 건져낸 대표적 인물은 제16대 대통령 에이브러햄 링컨Abraham Lincoln, 1809~1865이었다. 우선 다음 글을 감상해보면서 과연 누구의 주장일지 생각해보시기 바란다.

"저는 지금까지 한 번도, 어떤 식으로든 흑백 양 인종 간의 사회적·정치적 평등을 추구한 적이 없으며, 지금도 그러한 평등에는 반대합니다.……저는 이제까지 검둥이 유권자나 배심원을 양산하는 데 찬성하거나, 그들에게 공직을 주거나 백인과의 혼인에 찬성한 적이 없으며, 지금도 반대하는 입장입니다. 그리고 여기에 덧붙여 저는 흑백 양 인종 간에는, 제가 생각하기엔 앞으로 영원히, 서로가 정치적·사회적 평등을 누리며 함께 사는 것을 허락지 않는 신체적 차이가 있다고 말하고자 합니다. 그리고 흑백 양 인종이 평등하지 않으면서 함께 사는 이상, 분명 우월과 열등의 지위가 정해져야 합니다. 저는 누구나 그렇게 생각하듯이, 백인종에게 우월한 지위가 돌아가야 한다고 생각합니다."[44]

누굴까? 누가 한 말일까? 웬 인종차별주의자의 망언이냐고 생각할지 모르겠지만, 유감스럽게도 이는 '노예해방의 영웅'으로 불린 링컨의 말이다. 그는 대통령이 되기 전 일리노이주에서 주 하원의원(1834~1842)과 연방 하원의원(1847~1849)을 지냈는데, 이 시절에 했던 주장이다. 이에 대해 미국 역사학자 게리 윌스Gary Wills, 1934~ 는 "링컨은 만약 흑인들의 완전한 평등을 지지한다면 일리노이주에서는 결코 당선되지 못한다는 사실을 알고 있었기 때문에 완전 평등에는 일관되게 반대했다"고 말한다.[45]

'타협의 귀재'였다고나 할까? 영국 작가 길버트 체스터턴 Gilbert K. Chesterton, 1874~1936은 링컨의 그런 리더십 스타일을 비교적 일찍 알아본 사람이었다. 체스터턴은 "링컨은 노예제도를 용인하면서도 끊임없이 노예제도는 용인될 수 없는 것이라고 말했으며, 어떤 조치도 취할 수 없을 때 무언가 조치를 취해야 한다고 주장했다"며 다음과 같이 말했다.

"하지만 이러한 모순은 정치가들을 자극했고, 결국 이 이상한 논리가 가장 실용적인 것임이 증명되었다. 즉 결국 무언가 조치를 취할 수 있는 기회가 왔을 때, 그 조치를 실행해야 한다는 데 아무도 의문을 제기하지 않았던 것이다. 이제 그것은 마치 맑은 하늘에서 번개가 내려꽂히듯 명백한 일이었다."[46]

게리 윌스는 "링컨은 어떤 순간에 얼마만큼 강도 높게 대응해야 할지를 알기 위해서, 동료 시민들의 복합적인 동기와, 상이한 입장을 지닌 측들의 상호 견제하는 힘과, 그것들이 변화하는 방향을 매 순간 점검해야만 했다. 추종자들이 지도자를 이해하는 것보다, 지도자가 추종자를 이해하는 것이 더욱 중요한 법이다. 따라서 리더십을 구축하는 일에는 많은 시간이 든다"며 다음과 같이 말한다.

"위대한 사상가들이나 예술가들이 지도자가 되기 어려운 이유도 바로 이 때문이다. 자신의 문제 해결에 몰두하는 과학자는 수많은 다른 사람들의 요구를 이해할 에너지나 인내심을 지니기가 어렵다. 더욱 중요한 점은, 순수 과학자는 자신이 영향을 끼치고 싶어 하는 청중을 위해 견해를 다듬지는 않는다는 사실이다. 다시 말해 링컨은 사람들을 노예제 문제를 해결하는 방향으로 이끌기 위해 자신의 견해를 조금씩 순화시켜 말했지만, 과학자라면 그런 식으로 행동할 수 없다."[47]

링컨식 타협의 문법에 따르자면, 링컨이 백인과 흑인의 결혼에 반대했던 이유는 그걸 가능케 하기 위해서였다는 역설이 성립된다. 미국 작가 앨버트 허버드Elbert Hubbard, 1856~1915가 말했듯이, 어차피 "인생은 숙명과 자유의지 사이의 타협"이 아닌가? 우리 모두 타협에 대해 어떤 태도를 취하건 그걸 두려워하지는 말자. 그게 타협의 출발점일 테니 말이다.

제1장

1 헬렌 니어링(Helen Nearing), 이석태 옮김, 『아름다운 삶, 사랑 그리고 마무리』(보리, 1992/1997), 195쪽.

2 셰리 터클(Sherry Turkle), 황소연 옮김, 『대화를 잃어버린 사람들: 온라인 시대에 혁신적 마인드를 기르는 대화의 힘』(민음사, 2015/2018), 100쪽.

3 셰리 터클(Sherry Turkle), 황소연 옮김, 『대화를 잃어버린 사람들: 온라인 시대에 혁신적 마인드를 기르는 대화의 힘』(민음사, 2015/2018), 100쪽.

4 앨리스 칼라프라이스(Alice Calaprice) 엮음, 강애나·이여명 옮김, 『아인슈타인 혹은 그 광기에 대한 묵상』(정신문화사, 1996/1998), 53쪽.

5 셰리 터클(Sherry Turkle), 황소연 옮김, 『대화를 잃어버린 사람들: 온라인 시대에 혁신적 마인드를 기르는 대화의 힘』(민음사, 2015/2018), 98쪽.

6 바버라 애버크롬비(Barbara Abercrombie), 박아람 옮김, 『작가의 시작』(책읽는수요일, 2012/2016), 126쪽.

7 바버라 애버크롬비(Barbara Abercrombie), 박아람 옮김, 『작가의 시작』(책읽는수요일, 2012/2016), 126쪽.

8 셰리 터클(Sherry Turkle), 이은주 옮김, 『외로워지는 사람들: 테크놀로지가 인간관계를 조정한다』(청림출판, 2010/2012), 467~468쪽.

9 셰리 터클(Sherry Turkle), 황소연 옮김, 『대화를 잃어버린 사람들: 온

라인 시대에 혁신적 마인드를 기르는 대화의 힘』(민음사, 2015/2018),
93쪽.

10 파커 파머(Parker J. Palmer), 김찬호 옮김, 『비통한 자들을 위한 정
치학: 왜 민주주의에서 마음이 중요한가』(글항아리, 2011/2012),
247쪽.

11 폴 슈메이커(Paul Schumaker), 조효제 옮김, 『진보와 보수의 12가지
이념: 다원적 공공정치를 위한 철학』(후마니타스, 2008/2010), 747쪽.

12 제레미 홀든(Jeremy D. Holden), 이경식 옮김, 『팬덤의 경제학: 약자
가 강자를 이기는 새로운 게임의 법칙』(책읽는수요일, 2012/2013),
311쪽.

13 헬렌 피셔(Helen E. Fisher), 최소영 옮김, 『왜 사람은 바람을 피우
고 싶어할까: 사랑과 배신의 진화심리학』(21세기북스, 1992/2009),
203쪽.

14 오민석, 「사랑의 재발명」, 『중앙일보』, 2019년 7월 2일, 28면.

15 아르투어 쇼펜하우어(Arthur Schopenhauer), 문정희 옮김, 『회의
주의자 쇼펜하우어, 모욕의 기술』(위즈덤하우스, 2002/2020), 32쪽.

16 앨리스 칼라프라이스(Alice Calaprice) 엮음, 강애나·이여명 옮김,
『아인슈타인 혹은 그 광기에 대한 묵상』(정신문화사, 1996/1998),
253쪽.

17 현실문화편집부, 『언니들의 페미니즘: 하루 한 문장씩 페미니스트 되
기』(현실문화, 2016), #39.

18 김소영, 「"한국 사회 여성에 불평등" 20대 女 73%…20대 男은 29%
뿐」, 『동아일보』, 2022년 4월 19일.

19 특별취재팀, 「여고생들 "꿈 포기한 엄마, 우리는 입시 지옥…결혼도
출산도 싫다"」, 『조선일보』, 2022년 5월 18일.

20 김소정, 「남성 12%만 "결혼, 반드시 해야 한다"…여성은?」, 『조선일
보』, 2022년 6월 28일.

21 우석훈, 『솔로계급의 경제학: 무자식자 전성시대의 새로운 균형을 위
하여』(한울아카데미, 2014), 71쪽.

22 반면 20~30대 여성은 남성에 비해 상관관계가 뚜렷하지 않았다. 임
금 상위 10퍼센트(76.7퍼센트)와 중졸 이하(77.6퍼센트) 결혼 비율

이 가장 높았고, 정규직과 비정규직은 각각 37.3퍼센트와 39.8퍼센트로 결혼 비율이 비슷했다. 임금 하위 10퍼센트의 결혼 비율은 42.1퍼센트로 남성(6.9퍼센트)의 6배 이상이었다. 이 연구를 수행한 노동사회연구소 김유선 선임 연구위원은 "남성과 여성이 임금 수준과 학력 등에서 다른 특성을 보이는 건 남성은 생계를 책임지고, 여성은 가계를 보조한다는 통념이 강하게 작용한 결과"라고 말했다. 손장훈, 「高임금 남성, 低임금보다 결혼율 12배 높다」, 『조선일보』, 2016년 11월 14일.

23 대럴 웨스트(Darrell M. West), 홍지수 옮김, 『부자들은 왜 그리고 어떻게 민주주의를 사랑하는가』(원더박스, 2014/2016), 44쪽.

24 David G. Myers, 『The Pursuit of Happiness: Discovering the Pathway to Fulfillment, Well-Being, and Enduring Personal Joy』(New York: Avon Books, 1992), p.105.

25 임귀열, 「[임귀열 영어] A light heart lives long(걱정 없이 살아야 장수한다)」, 『한국일보』, 2012년 1월 25일.

26 오토 키퍼(Otto Kiefer), 정성호 옮김, 『로마 성 풍속사 II』(산수야, 1933/1995), 310쪽.

27 Donald O. Bolander, ed., 『Instant Quotation Dictionary』 (Little Falls, NJ: Career Publishing, 1981), p.134.

28 마크 맨슨(Mark Manson), 한재호 옮김, 『신경끄기의 기술: 인생에서 가장 중요한 것만 남기는 힘』(갤리온, 2016/2017), 26~27쪽.

29 김석종, 「[여적] 행복감」, 『경향신문』, 2015년 3월 25일.

30 김석종, 「[여적] 행복감」, 『경향신문』, 2015년 3월 25일.

31 스티븐 컨(Stephen Kern), 이성동 옮김, 『육체의 문화사』(의암출판, 1975/1996), 109~110쪽.

32 베라 슈워츠(Vera Schwarcz), 「슬픔의 창: 현대 중국에서 나타난 개인적 비애의 공용화」, 아서 클라인만(Arthur Kleinman) 외, 안종설 옮김, 『사회적 고통: 인간의 고통에 대한 사회학적, 의학적, 문화인류학적 접근』(그린비, 1997/2002), 263쪽.

33 필립 샌드블롬(Philip Sandblom), 박승숙 옮김, 『창조성과 고통: 위대한 예술가는 위대한 병자다』(아트북스, 1982/2003), 39쪽.

34 탈 벤-샤하르(Tal Ben-Shahar), 노혜숙 옮김, 『완벽의 추구』(위즈 덤하우스, 2009/2010), 259쪽.

35 마이클 르고(Michael LeGault), 임옥희 옮김, 『싱크! 위대한 결단으로 이끄는 힘』(리더스북, 2006), 312~313쪽.

36 로리 애슈너(Laurie Ashner)·미치 메이어슨(Mitch Meyerson), 조영희 옮김, 『사람은 왜 만족을 모르는가?』(에코의서재, 1996/2006), 177쪽.

37 리처드 세넷(Richard Sennett), 유강은 옮김, 『무질서의 효용: 개인의 정체성과 도시 생활』(다시봄, 1970/2014), 157쪽.

38 리처드 세넷(Richard Sennett), 유강은 옮김, 『무질서의 효용: 개인의 정체성과 도시 생활』(다시봄, 1970/2014), 157~158쪽.

39 로리 애슈너(Laurie Ashner)·미치 메이어슨(Mitch Meyerson), 조영희 옮김, 『사람은 왜 만족을 모르는가?』(에코의서재, 1996/2006), 192~193쪽.

40 필립 샌드블룸(Philip Sandblom), 박승숙 옮김, 『창조성과 고통: 위대한 예술가는 위대한 병자다』(아트북스, 1982/2003), 39쪽.

제2장

1 폴 페어솔(Paul Pearsall), 정태연·전경숙 옮김, 『역설의 심리학: 익숙한 인생의 가치와 결별하라』(동인, 2005/2007), 227쪽.

2 H. L. 멩켄(H. L. Mencken), 김우영 옮김, 『멩켄의 편견집』(이산, 1927/2013), 232쪽.

3 캐슬린 홀 재미슨(Kathleen Hall Jamieson), 원혜영 옮김, 『대통령 만들기: 미국 대선의 선거 전략과 이미지 메이킹』(백산서당, 1996/2002), 73~74쪽.

4 Scott Collins, 『Crazy Like a Fox: The Inside Story of How Fox News Beat CNN』(New York: Portfolio, 2004), p.34.

5 로빈 던바(Robin Dunbar), 김정희 옮김, 『던바의 수: 진화심리학이 밝히는 관계의 메커니즘』(아르테, 2010/2018), 265쪽.

6 캐서린 메이어(Catherine Mayer), 황덕창 옮김, 『어모털리티: 나이

가 사라진 시대의 등장』(퍼플카우, 2011/2013), 19쪽.

7   Peter Archer, ed., 『Quotable Intellectual』(Avon, MA: Adams Media, 2010), p.147.

8   맥스웰 몰츠(Maxwell Maltz), 공병호 외 옮김, 『맥스웰 몰츠 성공의 법칙』(비즈니스북스, 2002/2010), 476쪽.

9   최윤영, 「옮긴이의 글」, 리하르트 반 뒐멘(Richard van Dülmen), 최윤영 옮김, 『개인의 발견: 어떻게 개인을 찾아가는가 1500~1800』(현실문화연구, 2005), 304쪽.

10 이언 와트(Ian P. Watt), 이시연·강유나 옮김, 『근대 개인주의 신화』(문학동네, 1996/2004), 340~341쪽.

11 이언 와트(Ian P. Watt), 이시연·강유나 옮김, 『근대 개인주의 신화』(문학동네, 1996/2004), 342~344쪽.

12 에릭 클라이넨버그(Eric Klinenberg), 안진이 옮김, 『고잉 솔로: 싱글턴이 온다』(더퀘스트, 2012/2013), 21쪽.

13 진 리프먼 블루먼(Jean Lipman-Blumen), 김양호·이승영 옮김, 『성공한 리더, 성공하는 리더십』(경향신문사, 1996/1997), 79쪽.

14 로버트 퍼트넘(Robert D. Putnam)·셰일린 롬니 가렛(Shaylyn Romney Garrett), 이종인 옮김, 『업스윙: 나 홀로 사회인가 우리 함께 사회인가』(페이퍼로드, 2020/2022), 259쪽.

15 로버트 퍼트넘(Robert D. Putnam)·셰일린 롬니 가렛(Shaylyn Romney Garrett), 이종인 옮김, 『업스윙: 나 홀로 사회인가 우리 함께 사회인가』(페이퍼로드, 2020/2022), 259쪽.

16 로버트 퍼트넘(Robert D. Putnam)·셰일린 롬니 가렛(Shaylyn Romney Garrett), 이종인 옮김, 『업스윙: 나 홀로 사회인가 우리 함께 사회인가』(페이퍼로드, 2020/2022), 356~357쪽.

17 에리히 프롬(Erich Fromm), 오제운 옮김, 『To Have or to Be?(소유냐 존재냐?)』(YBM Si-sa, 1976/1986), 84~85쪽.

18 알피 콘(Alfie Kohn), 이영노 옮김, 『경쟁에 반대한다: 왜 우리는 이기기 위한 경주에 삶을 낭비하는가?』(산눈, 1986/2009), 172쪽.

19 마거릿 크룩섕크(Margaret Cruikshank), 이경미 옮김, 『나이듦을 배우다: 젠더, 문화, 노화』(동녘, 2013/2016), 77~78쪽.

20 두에인 엘진(Duane Elgin), 유자화 옮김, 『단순한 삶: 뜨거운 지구에 서 쿨하게 사는 법』(필로소픽, 2010/2011), 25쪽.

21 로버트 루트번스타인(Robert Root-Bernstein)·미셸 루트번스타 인(Michèle Root-Bernstein), 박종성 옮김, 『생각의 탄생』(에코의 서재, 1999/2007), 118~119쪽.

22 로버트 루트번스타인(Robert Root-Bernstein)·미셸 루트번스타 인(Michèle Root-Bernstein), 박종성 옮김, 『생각의 탄생』(에코의 서재, 1999/2007), 119쪽.

23 두에인 엘진(Duane Elgin), 유자화 옮김, 『단순한 삶: 뜨거운 지구에 서 쿨하게 사는 법』(필로소픽, 2010/2011), 37쪽.

24 로버트 루트번스타인(Robert Root-Bernstein)·미셸 루트번스타 인(Michèle Root-Bernstein), 박종성 옮김, 『생각의 탄생』(에코의 서재, 1999/2007), 121쪽.

25 워런 베니스(Warren Bennis)·버트 나누스(Burt Nanus), 김원석 옮김, 『리더와 리더십』(황금부엉이, 2003/2005), 33쪽; 로버트 퍼 트넘(Robert D. Putnam)·셰일린 롬니 가렛(Shaylyn Romney Garrett), 이종인 옮김, 『업스윙: 나 홀로 사회인가 우리 함께 사회인 가』(페이퍼로드, 2020/2022), 41쪽.

26 칩 히스(Chip Heath)·댄 히스(Dan Heath), 안진환·박슬라 옮김, 『스틱!: 1초 만에 착 달라붙는 메시지, 그 안에 숨은 6가지 법칙(개정 증보판)』(엘도라도, 2007/2009), 52~53쪽.

27 로히트 바르가바(Rohit Bhargava), 이은숙 옮김, 『호감이 전략을 이 긴다』(원더박스, 2012/2013), 265쪽; 강준만, 「왜 전문가들은 자주 어이없는 실수를 저지를까?: 지식의 저주」, 『생각의 문법: 세상을 꿰 뚫는 50가지 이론 3』(인물과사상사, 2015), 135~139쪽 참고.

28 앤드루 맥아피(Andrew McAfee)·에릭 브린욜프슨(Erik Brynjolfsson), 이한음 옮김, 『머신 플랫폼 크라우드』(청림출판, 2017/2018), 210쪽; 로저 마틴(Roger Martin), 김정혜 옮김, 『생 각이 차이를 만든다: 보이지 않는 것을 통찰하는 통합적 사고의 힘』 (지식노마드, 2007/2008), 116쪽.

29 김보미, 「[투명장벽의 도시 ④] "키오스크는 고문 기계"…세상은 변한

다, 노인들이 못 쫓아오게」, 『경향신문』, 2022년 10월 18일.

30 Peter Archer, ed., 『Quotable Intellectual』(Avon, MA: Adams Media, 2010), p.215.

31 데이비드 실즈(David Shields), 김명남 옮김, 『우리는 언젠가 죽는다』(문학동네, 2008/2010), 226쪽.

32 아서 클라인만(Arthur Kleinman) 외, 안종설 옮김, 『사회적 고통: 인간의 고통에 대한 사회학적, 의학적, 문화인류학적 접근』(그린비, 1997/2002), 145쪽.

33 크리스토프 앙드레(Christophe André), 이세진 옮김, 『나답게 살아갈 용기』(더퀘스트, 2010/2014), 112쪽.

34 성염, 「죽음」, 우리사상연구소 엮음, 『우리말 철학사전 4: 마음·도·초월』(지식산업사, 2005), 314쪽.

35 이유진, 「온전한 삶을 영위한 인간, 헨리 데이비드 소로」, 『한겨레』, 2020년 9월 18일, '책과생각' 2면.

36 Peter Archer, ed., 『Quotable Intellectual』(Avon, MA: Adams Media, 2010), p.213.

37 H. L. 멩켄(H. L. Mencken), 김우영 옮김, 『멩켄의 편견집』(이산, 1927/2013), 450쪽.

38 송인한, 「그것은 결코 해결 방법이 아닙니다」, 『중앙일보』, 2020년 7월 13일, 29면.

39 20세 때에 한 말이라고 한다. 올리비에 토드(Oiivier Todd), 김진식 옮김, 『카뮈: 부조리와 반항의 정신 1』(책세상, 1996/2000), 10쪽.

40 콘스탄틴 폰 바를뢰벤(Constantin von Barloewen) 편, 강주헌 옮김, 『휴머니스트를 위하여: 경계를 넘어선 세계 지성 27인과의 대화』(사계절, 2007/2010), 83쪽.

41 필립 아리에스(Philippe Ariès), 이종민 옮김, 『죽음의 역사』(동문선, 1975/1998), 227, 253쪽.

42 로버트 단턴(Robert Darnton), 김지혜 옮김, 『로버트 단턴의 문화사 읽기』(길, 1990/2008), 321~322쪽.

43 신동욱, 「[신동욱 앵커의 시선] 카터의 귀가」, 『TV조선 뉴스9』, 2023년 3월 1일.

44 박순찬, 「"번호표 뽑는 화장터·현찰 세는 장례식장…패스트푸드점 같은 한국 장례 풍경 충격"」, 『조선일보』, 2014년 9월 2일.

45 크리스 헤지스(Chris Hedges), 정연복 옮김, 『지상의 위험한 천국: 미국을 좀먹는 기독교 파시즘의 실체』(개마고원, 2008/2012), 62쪽.

46 A. C. 그레일링(A. C. Grayling), 남경태 옮김, 『미덕과 악덕에 관한 철학사전』(에코의서재, 2001/2006), 53쪽.

47 가브리엘 외팅겐(Gabriele Oettingen), 이종인 옮김, 『무한긍정의 덫』(세종서적, 2014/2015), 23쪽.

48 에릭 호퍼(Eric Hoffer), 방대수 옮김, 『길 위의 철학자』(이다미디어, 1983/2014), 89쪽.

49 이미도, 「[이미도의 무비 識道樂] [123] Freedom Is Not Free」, 『조선일보』, 2019년 6월 1일.

50 하워드 진(Howard Zinn), 유강은 옮김, 『달리는 기차 위에 중립은 없다; 하워드 진의 자전적 역사에세이』(이후, 1994/2002), 288~289쪽.

51 진중권, 『이것이 우리가 원했던 나라인가: 진중권이 파헤친 위선적인 정권의 민낯』(21세기북스, 2021), 31쪽.

52 요르겐 랜더스(Jorgen Randers), 김태훈 옮김, 『더 나은 미래는 쉽게 오지 않는다: 성장이 멈춘 세계, 나와 내 아이는 어떤 하루를 살고 있을까』(생각연구소, 2012/2013), 6쪽.

53 김태현, 『세상의 통찰: 철학자들의 명언 500』(리텍콘텐츠, 2020), 51쪽.

54 폴 피어솔(Paul Pearsall), 정태연·전경숙 옮김, 『역설의 심리학: 익숙한 인생의 가치와 결별하라』(동인, 2005/2007), 85쪽.

55 아지트 바르키(Ajit Varki)·대니 브라워(Danny Brower), 노태복 옮김, 『부정본능』(부키, 2014/2015), 269쪽.

제3장

1 미셸 푸코(Michel Foucault), 이희원 옮김, 『자기의 테크놀로지』(동문선, 1988/1997), 58~59쪽.

2 마크 고울스톤(Mark Goulston), 황혜숙 옮김, 『뱀의 뇌에게 말

을 걸지 마라: 이제껏 밝혀지지 않았던 설득의 논리』(타임비즈, 2009/2010), 252쪽.

3 베티나 슈탕네트(Bettina Stangneth), 김희상 옮김, 『거짓말 읽는 법』(돌베개, 2017/2019), 9쪽.

4 박영만, 『지구촌 위트 사전』(프리월, 2008), 128쪽.

5 샘 혼(Sam Horn), 이상원 옮김, 『사람들은 왜 그 한마디에 꽂히는 가』(갈매나무, 2015), 186쪽.

6 샘 혼(Sam Horn), 이상원 옮김, 『사람들은 왜 그 한마디에 꽂히는 가』(갈매나무, 2015), 184쪽.

7 샘 해리슨(Sam Harrison), 정연희 옮김, 『아이디어의 발견』(비지니 스맵, 2006/2009), 83쪽.

8 마셜 로젠버그(Marshall B. Rosenberg), 캐서린 한 옮김, 『비폭력 대화: 일상에서 쓰는 평화의 언어, 삶의 언어』(한국NVC센터, 2004/ 2013), 187쪽.

9 제임스 보그(James Borg), 이수연 옮김, 『설득력: 간결하고 강력하 게 말하는 대화의 힘』(비즈니스맵, 2007/2009), 26쪽.

10 수전 B. 반즈(Susan B. Barnes), 이동후·김은미 옮김, 『온라인 커 넥션: 새로운 커뮤니케이션의 공간』(한나래, 2001/2002), 203쪽.

11 하지현, 『예능력: 예능에서 발견한 오늘을 즐기는 마음의 힘』(민음사, 2013), 172쪽.

12 브리짓 슐트(Brigid Schulte), 안진이 옮김, 『타임푸어: 항상 시간 에 쫓기는 현대인을 위한 일·가사·휴식 균형잡기』(더퀘스트, 2014/ 2015), 448쪽.

13 자넬 발로(Janelle Barlow)·클라우스 묄러(Claus Moller), 변봉 룡·남주영 옮김, 『불평하는 고객이 좋은 기업을 만든다: 고객의 불만 을 마케팅에 활용하는 12가지 방법』(세종서적, 2008/2010), 184쪽.

14 마거릿 헤퍼넌(Margaret Heffernan), 박수성 옮김, 『사소한 결정 이 회사를 바꾼다: 우리가 직장에서 말하고 질문하고 행동하는 방식 에 대하여』(문학동네, 2015/2017), 73~74쪽.

15 구위안인(谷元音), 송은진 옮김, 『영향력은 어떻게 만들어지는가』(라 의눈, 2014/2016), 36쪽.

16 조제프 앙투안 투생 디누아르(Joseph Antoine Toussaint Dinouart), 성귀수 옮김, 『침묵의 기술』(아르테, 1771/2016), 21쪽.

17 조제프 앙투안 투생 디누아르(Joseph Antoine Toussaint Dinouart), 성귀수 옮김, 『침묵의 기술』(아르테, 1771/2016), 23~34쪽.

18 조 내버로(Joe Navarro)·토니 시아라 포인터(Toni Sciarra Poynter), 장세현 옮김, 『우리는 어떻게 설득당하는가』(위즈덤하우스, 2010/2012), 139쪽.

19 도러시아 브랜디(Dorothea T. Brande), 강미경 옮김, 『작가 수업: 글 잘 쓰는 독창적인 작가가 되는 법』(공존, 1934/2010), 151쪽.

20 미하엘 코르트(Michael Korth), 권세훈 옮김, 『광기에 관한 잡학사전』(을유문화사, 2003/2009), 301쪽.

21 스티븐 컨(Stephen Kern), 박성관 옮김, 『시간과 공간의 문화사 1880~1918』(휴머니스트, 1983/2004), 422쪽.

22 네이슨 밀러(Nathan Miller), 김형곤 옮김, 『이런 대통령 뽑지 맙시다: 미국 최악의 대통령 10인』(혜안, 1998/2002), 148쪽.

23 Peter Archer, ed., 『Quotable Intellectual』(Avon, MA: Adams Media, 2010), p.143.

24 엘리아스 카네티(Elias Canetti), 강두식 옮김, 『군중과 권력』(주우, 1960/1982), 289쪽.

25 로버트 그린(Robert Greene), 안진환·이수경 옮김, 『인간 욕망의 법칙』(웅진지식하우스, 1998/2021), 275쪽.

26 버지니아 포스트렐(Virginia Postrel), 이순희 옮김, 『글래머의 힘: 시각적 설득의 기술』(열린책들, 2013/2015), 212쪽.

27 버지니아 포스트렐(Virginia Postrel), 이순희 옮김, 『글래머의 힘: 시각적 설득의 기술』(열린책들, 2013/2015), 205쪽.

28 매기 잭슨(Maggie Jackson), 왕수민 옮김, 『집중력의 탄생: 현대인의 지성을 회복하기 위한 강력한 로드맵』(다산초당, 2008/2010), 342쪽.

29 데이브 그로스먼(Dave Grossman)·로런 크리스텐슨(Loren W. Christensen), 박수민 옮김, 『전투의 심리학』(플래닛, 2008/

2013), 470쪽.

30 애드리언 편햄(Adrian Furnham), 오혜경 옮김, 『심리학, 즐거운 발견』(북로드, 2008/2010), 311쪽.

31 찰스 포드(Charles V. Ford), 우혜령 옮김, 『왜 뻔한 거짓말에 속을까: 상대의 마음을 읽는 거짓말의 심리학』(21세기북스, 1999/2009), 233쪽; 엘리엇 애런슨(Elliot Aronson)·캐럴 태브리스(Carol Tavris), 박웅희 옮김, 『거짓말의 진화: 자기정당화의 심리학』(추수밭, 2007), 109쪽.

32 조너선 갓셸(Jonathan Gottschall), 노승영 옮김, 『스토리텔링 애니멀: 인간은 왜 그토록 이야기에 빠져드는가』(민음사, 2012/2014), 206~207쪽.

33 엘리엇 애런슨(Elliot Aronson)·캐럴 태브리스(Carol Tavris), 박웅희 옮김, 『거짓말의 진화: 자기정당화의 심리학』(추수밭, 2007), 16쪽.

34 조너선 갓셸(Jonathan Gottschall), 노승영 옮김, 『스토리텔링 애니멀: 인간은 왜 그토록 이야기에 빠져드는가』(민음사, 2012/2014), 207쪽.

35 앤드루 로버츠(Andrew Roberts), 문수혜 옮김, 『승자의 DNA: 300년 전쟁사에서 찾은 승리의 도구』(다산북스, 2019/2021), 45쪽.

36 제프리 페퍼(Jeffrey Pfeffer), 이경남 옮김, 『권력의 기술: 조직에서 권력을 거머쥐기 위한 13가지 전략』(청림출판, 2010/2011), 49쪽.

37 구위안인(谷元音), 송은진 옮김, 『영향력은 어떻게 만들어지는가』(라의눈, 2014/2016), 27쪽.

38 프레데릭 파제스(Frederic Pages), 최경란 옮김, 『유쾌한 철학자들: 도서관에서 뛰쳐나온 거장들 이야기』(열대림, 1993/2005), 226쪽.

39 폴 존슨(Paul Johnson), 김욱 옮김, 『지식인들 (상)』(한·언, 1988/1993), 25쪽.

40 안 뱅상 뷔포(Anne Vincent-Buffault), 『눈물의 역사: 18~19세기』(동문선, 1986/2000), 105~106쪽.

41 앤드루 로버츠(Andrew Roberts), 문수혜 옮김, 『승자의 DNA: 300년 전쟁사에서 찾은 승리의 도구』(다산북스, 2019/2021), 112~113쪽.

42 이규태, 『한국인의 정서구조 1: 해학과 눈물의 한국인』(신원문화사,

1994), 280~282쪽.

43 정희진, 「사랑한다면, 배용준처럼!」, 『한겨레21』, 2005년 9월 27일, 62~64면.

44 김병수, 『이상한 나라의 심리학: 힘겨운 세상에 도움이 되는 심리 테라피』(인물과사상사, 2019), 70쪽.

45 김아사, 「함께 영화 보고, 함께 우는 남자들」, 『조선일보』, 2018년 4월 14일.

46 김병수, 『이상한 나라의 심리학: 힘겨운 세상에 도움이 되는 심리 테라피』(인물과사상사, 2019), 79쪽.

47 만프레트 가이어(Manfred Geier), 이재성 옮김, 『웃음의 철학: 서양 철학사 속 웃음의 계보학』(글항아리, 2006/2018), 143쪽.

48 구위안인(谷元音), 송은진 옮김, 『영향력은 어떻게 만들어지는가』(라의눈, 2014/2016), 228쪽.

49 솔 알린스키(Saul D. Alinsky), 박순성·박지우 옮김, 『급진주의자를 위한 규칙: 현실적 급진주의자를 위한 실천적 입문서』(아르케, 1971/2008), 128~129쪽.

50 스티븐 코비(Stephen R. Covey), 김경섭 옮김, 『성공하는 가족들의 7가지 습관』(김영사, 1997/1998), 58쪽.

51 샘 혼(Sam Horn), 이상원 옮김, 『사람들은 왜 그 한마디에 꽂히는가』(갈매나무, 2015), 103쪽.

52 로저 도슨(Roger Dawson), 박정숙 옮김, 『설득의 법칙』(비즈니스북스, 1992/2002), 311쪽.

53 윤태림, 『한국인』(현암사, 1993), 265~266, 268쪽.

54 김환영, 「유머 이해하면 영어 능숙도 최상급…영미 시민권 딸 때 마지막 관문」, 『중앙선데이』, 2020년 5월 23일, 24면.

55 마리안 라프랑스(Marianne LaFrance), 윤영삼 옮김, 『웃음의 심리학: 표정 속에 감춰진 관계의 비밀』(중앙북스, 2011/2012), 171쪽.

56 김지혜, 『선량한 차별주의자』(창비, 2019), 98~99쪽.

57 제리 하비(Jerry B. Harvey), 이수옥 옮김, 『생각대로 일하지 않는 사람들: 애빌린 패러독스』(엘도라도, 1988/2012), 109~110쪽.

제4장

1 김누리, 「경쟁, 야만의 다른 이름」, 『한겨레』, 2018년 9월 10일.

2 김누리, 『우리의 불행은 당연하지 않습니다: 대한민국의 불편한 진실을 직시하다』(해냄, 2020), 121쪽.

3 김누리, 『우리의 불행은 당연하지 않습니다: 대한민국의 불편한 진실을 직시하다』(해냄, 2020), 16~17쪽.

4 김누리, 『우리의 불행은 당연하지 않습니다: 대한민국의 불편한 진실을 직시하다』(해냄, 2020), 72쪽.

5 마티아스 빈스방거(Mathias Binswanger), 김해생 옮김, 『죽은 경제학자의 망할 아이디어: 경제학은 어떻게 우리를 배신하는가?』(비즈니스맵, 2010/2012), 77~78쪽.

6 마티아스 빈스방거(Mathias Binswanger), 김해생 옮김, 『죽은 경제학자의 망할 아이디어: 경제학은 어떻게 우리를 배신하는가?』(비즈니스맵, 2010/2012), 76쪽.

7 알피 콘(Alfie Kohn), 이영노 옮김, 『경쟁에 반대한다: 왜 우리는 이기기 위한 경주에 삶을 낭비하는가?』(산눈, 1986/2009), 159쪽.

8 대니얼 튜더(Daniel Tudor), 노정태 옮김, 『기적을 이룬 나라 기쁨을 잃은 나라』(문학동네, 2012/2013), 15쪽.

9 천관율·정한울, 『20대 남자: '남성 마이너리티' 자의식의 탄생』(시사IN북, 2019), 150쪽.

10 요시미 슌야(吉見俊哉) 외, 오석철·황조희 옮김, 『전화의 재발견: 전화를 매개로 한 인간의 커뮤니케이션은 어떻게 변해왔는가?』(커뮤니케이션북스, 1992/2005).

11 세스 슐만(Seth Shulman), 강성희 옮김, 『지상 최대의 과학 사기극: 알렉산더 그레이엄 벨의 모략과 음모로 가득 찬 범죄 노트』(살림, 2008/2009).

12 Linda Picone, 『The Daily Book of Positive Quotations』(Minneapolis, MN: Fairview Press, 2009), p.135.

13 데이비드 캘러헌(David Callahan), 강미경 옮김, 『치팅컬처: 거짓과 편법을 부추기는 문화』(서돌, 2004/2008), 156~157쪽.

14 키스 스타노비치(Keith E. Stanovich), 김홍욱 옮김, 『우리편 편향: 신념은 어떻게 편향이 되는가?』(바다출판사, 2021/2022), 238쪽.

15 라이언 홀리데이(Ryan Holiday)·스티븐 핸슬먼(Stephen Hanselman), 장원철 옮김, 『하루 10분, 내 인생의 재발견: 그리스·로마의 현자들에게 배우는 삶의 지혜』(스몰빅라이프, 2016/2018), 24쪽.

16 마크 맨슨(Mark Manson), 한재호 옮김, 『신경끄기의 기술: 인생에서 가장 중요한 것만 남기는 힘』(갤리온, 2016/2017), 43쪽.

17 존 킨(John Keane), 양현수 옮김, 『민주주의의 삶과 죽음: 대의민주주의에서 파수꾼 민주주의로』(교양인, 2009/2017), 353쪽.

18 존 킨(John Keane), 양현수 옮김, 『민주주의의 삶과 죽음: 대의민주주의에서 파수꾼 민주주의로』(교양인, 2009/2017), 353쪽.

19 존 킨(John Keane), 양현수 옮김, 『민주주의의 삶과 죽음: 대의민주주의에서 파수꾼 민주주의로』(교양인, 2009/2017), 353쪽.

20 테렌스 볼(Terence Ball)·리처드 대거(Richard Dagger), 정승현 외 옮김, 『현대 정치사상의 파노라마: 민주주의의 이상과 정치 이념』(아카넷, 2004/2006), 233쪽.

21 버트럼 그로스(Bertram Gross), 김승진 옮김, 『친절한 파시즘: 민주주의적 폭력은 어떻게 나타나는가』(현암사, 1980/2018), 376쪽.

22 아나톨 칼레츠키(Anatole Kaletsky), 위선주 옮김, 『자본주의 4.0: 신자유주의를 대체할 새로운 경제 패러다임』(컬처앤스토리, 2010/2011), 116쪽.

23 김태현, 『세상의 통찰: 철학자들의 명언 500』(리텍콘텐츠, 2020), 53쪽.

24 엘든 테일러(Eldon Taylor), 이문영 옮김, 『무엇이 우리의 생각을 지배하는가』(알에이치코리아, 2009/2012), 83쪽.

25 웨인 다이어(Wayne W. Dyer), 박상은 옮김, 『오래된 나를 떠나라: 옛 습관과의 이별』(21세기북스, 2009), 60쪽.

26 박은숙, 『시장의 역사: 교양으로 읽는 시장과 상인의 변천사』(역사비평사, 2008), 263, 381~382쪽.

27 헬렌 피셔(Helen E. Fisher), 정명진 옮김, 『제1의 성』(생각의나무, 1999/2000), 61쪽.

28 제임스 퍼거슨(James Ferguson), 조문영 옮김, 『분배정치의 시대:

기본소득과 현금지급이라는 혁명적 실험』(여문책, 2015/2017), 227
~228쪽.

29 A. C. 그레일링(A. C. Grayling), 남경태 옮김, 『미덕과 악덕에 관한
    철학사전』(에코의서재, 2001/2006), 41쪽.

30 A. C. 그레일링(A. C. Grayling), 남경태 옮김, 『미덕과 악덕에 관한
    철학사전』(에코의서재, 2001/2006), 40쪽.

31 한스 모겐소(Hans Morgenthau), 이호재·엄태암 옮김, 『국가 간의
    정치: 세계평화의 권력이론적 접근 1』(김영사, 2006/2013), 235쪽;
    프랭크 매클린(Frank McLynn), 조행복 옮김, 『나폴레옹: 야망과 운
    명』(교양인, 1997/2016), 894~898쪽.

32 William Morris & Mary Morris, 『Morris Dictionary of Word
    and Phrase Origins』, 2nd ed.(New York: Harper & Row,
    1971), p.88; Nigel Rees, 『Cassell's Dictionary of Word and
    Phrase Origins』(London: Cassell, 2002), p.37.

33 Peggy Anderson, ed., 『Great Quotes from Great Leaders』
    (Franklin Lakes, NJ: Career Press, 1997), p.18.

34 로빈 스튜어트 코츠(Robin Stuart-Kotze), 김원호 옮김, 『행동이
    성과를 만든다』(비즈니스맵, 2006/2008), 99쪽.

35 도널드 트럼프(Donald Trump)·빌 쟁커(Bill Zanker), 김원호 옮
    김, 『도널드 트럼프 억만장자 마인드』(청림출판, 2007/2008), 227쪽.

36 조너선 하이트(Jonathan Haidt)·그레그 루키아노프(Greg
    Lukianoff), 왕수민 옮김, 『나쁜 교육: 덜 너그러운 세대와 편협한 사
    회는 어떻게 만들어지는가』(프시케의숲, 2018/2019), 229쪽.

37 최인철, 「[마음 읽기] 지는 연습」, 『중앙일보』, 2021년 4월 7일.

38 래리 사모바(Larry A. Samovar)·리처드 포터(Richard E. Porter),
    정현숙 외 옮김, 『문화간 커뮤니케이션』(커뮤니케이션북스, 2004/
    2007), 39쪽.

39 존 머릴(John C. Merrill), 김동률 편역, 『철학자들의 언론강의: 언론
    사상사』(나남, 1994/2000/2010), 129쪽.

40 폴 로버츠(Paul Roberts), 김선영 옮김, 『근시사회: 내일을 팔아 오
    늘을 사는 충동인류의 미래』(민음사, 2014/2016), 173쪽.

41 폴 로버츠(Paul Roberts), 김선영 옮김, 『근시사회: 내일을 팔아 오늘을 사는 충동인류의 미래』(민음사, 2014/2016), 174쪽.

42 러셀 자코비(Russell Jacoby), 강주헌 옮김, 『유토피아의 종말: 무관심 시대의 정치와 문화』(모색, 1999/2000), 212~213쪽.

43 리처드 세넷(Richard Sennett), 유강은 옮김, 『무질서의 효용: 개인의 정체성과 도시 생활』(다시봄, 1970/2014), 109쪽.

44 프릭 버뮬렌(Freek Vermeulen), 정윤미 옮김, 『비즈니스의 거짓말: 그들이 당신을 깜쪽같이 속이고 있는 8가지』(프롬북스, 2010/2011), 31쪽.

45 유정식, 『경영, 과학에게 길을 묻다: 과학의 시선으로 풀어보는 경영 이야기』(위즈덤하우스, 2007), 318쪽.

46 윌리엄 데레저위츠(William Deresiewicz), 김선희 옮김, 『공부의 배신: 왜 하버드생은 바보가 되었나』(다른, 2014/2015), 302~303쪽.

47 맷 타이비(Matt Taibbi), 서민아 옮김, 『우리는 증오를 팝니다』(필로소픽, 2019/2021), 66쪽.

제5장

1 Peter Archer, ed., 『Quotable Intellectual』(Avon, MA: Adams Media, 2010), p.171.

2 Peter Archer, ed., 『Quotable Intellectual』(Avon, MA: Adams Media, 2010), p.170.

3 아르투어 쇼펜하우어(Arthur Schopenhauer), 문정희 옮김, 『회의주의자 쇼펜하우어, 모욕의 기술』(위즈덤하우스, 2002/2020), 58쪽.

4 H. L. 멩켄(H. L. Mencken), 김우영 옮김, 『멩켄의 편견집』(이산, 1927/2013), 375쪽.

5 수전 그린필드(Susan Greenfield), 이한음 옮김, 『마인드 체인지: 디지털 기술은 우리의 뇌에 어떤 흔적을 남기는가』(북라이프, 2015), 63쪽.

6 바버라 애버크롬비(Barbara Abercrombie), 박아람 옮김, 『작가의 시작』(책읽는수요일, 2012/2016), 249쪽.

7 파리 리뷰(Paris Review), 권승혁 · 김진아 옮김, 『작가란 무엇인가: 소설가들의 소설가를 인터뷰하다 1』(다른, 2014), 384~385쪽.

8 앨리스 칼라프라이스(Alice Calaprice) 엮음, 강애나 · 이여명 옮김, 『아인슈타인 혹은 그 광기에 대한 묵상』(정신문화사, 1996/1998), 50~52, 54, 280쪽; 미하엘 코르트(Michael Korth), 권세훈 옮김, 『광기에 관한 잡학사전』(을유문화사, 2003/2009), 350쪽.

9 데이비드 실즈(David Shields), 김명남 옮김, 『우리는 언젠가 죽는다』(문학동네, 2008/2010), 245쪽.

10 알랭 드 보통(Alain de Botton), 『뉴스의 시대: 뉴스에 대해 우리가 알아야 할 모든 것』(문학동네, 2014), 205~206쪽.

11 Peter Archer, ed., 『Quotable Intellectual』(Avon, MA: Adams Media, 2010), p.172.

12 게리 윌스(Gary Wills), 곽동훈 옮김, 『시대를 움직인 16인의 리더: 나폴레옹에서 마사 그레이엄까지』(작가정신, 1994/1999), 269쪽.

13 임귀열, 「[임귀열 영어] Honor must not be lost(명예는 지켜나가는 것)」, 『한국일보』, 2012년 8월 1일.

14 임귀열, 「임귀열 영어」, 『한국일보』, 2009년 6월 3일.

15 대니얼 솔로브(Daniel J. Solove), 이승훈 옮김, 『인터넷 세상과 평판의 미래』(비즈니스맵, 2007/2008), 228~233쪽.

16 앤드루 로버츠(Andrew Roberts), 문수혜 옮김, 『승자의 DNA: 300년 전쟁사에서 찾은 승리의 도구』(다산북스, 2019/2021), 27~28쪽; 프랭크 매클린(Frank McLynn), 조행복 옮김, 『나폴레옹: 야망과 운명』(교양인, 1997/2016), 430~431쪽.

17 존 휘트필드(John Whitfield), 김수안 옮김, 『무엇이 우리의 관계를 조종하는가』(생각연구소, 2012), 157~159쪽.

18 존 휘트필드(John Whitfield), 김수안 옮김, 『무엇이 우리의 관계를 조종하는가』(생각연구소, 2012), 172~173쪽.

19 조슈아 그린(Joshua Greene), 최호영 옮김, 『옳고 그름: 분열과 갈등의 시대, 왜 다시 도덕인가』(시공사, 2013/2017), 129쪽.

20 존 휘트필드(John Whitfield), 김수안 옮김, 『무엇이 우리의 관계를 조종하는가』(생각연구소, 2012), 185쪽.

21 마이클 매컬러프(Michael McCullough), 김정희 옮김, 『복수의 심리학』(살림, 2008/2009), 116쪽.

22 토머스 키다(Thomas Kida), 박윤정 옮김, 『생각의 오류』(열음사, 2006/2007), 372쪽.

23 매기 잭슨(Maggie Jackson), 왕수민 옮김, 『집중력의 탄생: 현대인의 지성을 회복하기 위한 강력한 로드맵』(다산초당, 2008/2010), 259쪽.

24 올리버 버크먼(Oliver Burkeman), 김민주·송희령 옮김, 『행복중독자: 사람들은 왜 돈, 성공, 관계에 목숨을 거는가』(생각연구소, 2011/2012), 317쪽.

25 롤프 도벨리(Rolf Dobelli), 두행숙 옮김, 『스마트한 선택들: 후회 없는 결정을 하기 위해 꼭 알아야 할 52가지 심리 법칙』(걷는나무, 2012/2013), 264쪽.

26 스티븐 슬로먼(Steven Sloman)·필립 페른백(Philip Fernbach), 문희경 옮김, 『지식의 착각: 왜 우리는 스스로 똑똑하다고 생각하는가』(세종서적, 2017/2018), 48쪽.

27 프랭크 푸레디(Frank Furedi), 박형신 옮김, 『우리는 왜 공포에 빠지는가?: 공포 문화 벗어나기』(이학사, 2006/2011), 15쪽.

28 장하준, 김희정·안세민 옮김, 『그들이 말하지 않는 23가지: 장하준, 더 나은 자본주의를 말하다』(부키, 2010), 254쪽; 제이슨 츠바이크(Jason Zweig), 오성환·이상근 옮김, 『머니 앤드 브레인: 신경경제학은 어떻게 당신을 부자로 만드는가』(까치, 2007), 247쪽.

29 롤프 도벨리(Rolf Dobelli), 두행숙 옮김, 『스마트한 선택들: 후회 없는 결정을 하기 위해 꼭 알아야 할 52가지 심리 법칙』(걷는나무, 2012/2013), 264쪽.

30 '블랙 스완'은 탈레브의 2007년 저서 『블랙 스완(The Black Swan: The Impact of the Highly Improbable)』이 세계적인 베스트셀러가 되면서 경제 영역에서 널리 사용되기 시작했다. 『타임』은 2009년 『블랙 스완』을 '지난 60년간 가장 영향력 있는 12권의 책' 중 하나로 꼽았으며, 노벨경제학상 수상자인 대니얼 카너먼은 "이 책은 세상이 어떻게 움직이는지에 관한 내 생각을 바꾸었다"고 극찬했다. 강

준만, 「왜 극단적인 0.1퍼센트의 가능성이 모든 것을 바꾸는가?: 블랙
스완 이론」, 『독선 사회: 세상을 꿰뚫는 50가지 이론 4』(인물과사상
사, 2015), 317~322쪽 참고.

31 스티븐 슬로먼(Steven Sloman)·필립 페른백(Philip Fernbach),
문희경 옮김, 『지식의 착각: 왜 우리는 스스로 똑똑하다고 생각하는
가』(세종서적, 2017/2018), 51~52쪽.

32 스티븐 슬로먼(Steven Sloman)·필립 페른백(Philip Fernbach),
문희경 옮김, 『지식의 착각: 왜 우리는 스스로 똑똑하다고 생각하는
가』(세종서적, 2017/2018), 337쪽.

33 토머스 차모로-프레무지크(Tomas Chamorro-Premuzic), 이현
정 옮김, 『위험한 자신감: 현실을 왜곡하는 아찔한 습관』(더퀘스트,
2013/2014), 106쪽.

34 버트럼 그로스(Bertram Gross), 김승진 옮김, 『친절한 파시즘: 민
주주의적 폭력은 어떻게 나타나는가』(현암사, 1980/2018), 221쪽.

35 라우라 비스뵈크(Laura Wiesböck), 장혜경 옮김, 『내 안의 차별
주의자: 보통 사람들의 욕망에 숨어든 차별적 시선』(심플라이프,
2018/2020), 147쪽.

36 이수형, 「"돈 많은 피고가 가난한 검사 제압 미(美) 사법제도 본받을
게 거의 없다": 데이비드 존슨 하와이대 교수 인터뷰」, 『동아일보』,
2005년 6월 17일, A6면.

37 브라이언 타마나하(Brian Z. Tamanaha), 김상우 옮김, 『로스쿨은
끝났다: 어느 명문 로스쿨 교수의 양심선언』(미래인, 2012/2013),
118~119쪽.

38 브라이언 타마나하(Brian Z. Tamanaha), 김상우 옮김, 『로스쿨은
끝났다: 어느 명문 로스쿨 교수의 양심선언』(미래인, 2012/2013),
123쪽.

39 장슬기, 「전문 분야 합격생 3%, 로스쿨 개혁이 필요한 이유」, 『미디어
오늘』, 2022년 10월 24일.

40 신지인, 「'돈 먹는 하마' 로스쿨, 학비 4,000만 원 쓰고 또 학원 간다」,
『조선일보』, 2022년 8월 2일.

41 솔 알린스키(Saul D. Alinsky), 박순성·박지우 옮김, 『급진주의

자를 위한 규칙: 현실적 급진주의자를 위한 실천적 입문서』(아르케, 1971/2008), 88쪽.

42 하지현, 『도시심리학: 심리학의 잣대로 분석한 도시인의 욕망과 갈등』 (해냄, 2009), 52쪽.

43 가브리엘 뤼뱅(Gabrielle Rubin), 권지현 옮김, 『증오의 기술』(알마, 2007/2009), 223~224쪽.

44 장 프랑수와 마르미옹(Jean-Francois Marmion), 이주영 옮김, 『내 주위에는 왜 멍청이가 많을까: 세상을 위협하는 멍청함을 연구하 다』(시공사, 2018/2020), 142~143쪽.

45 아르투어 쇼펜하우어(Arthur Schopenhauer), 문정희 옮김, 『회의 주의자 쇼펜하우어, 모욕의 기술』(위즈덤하우스, 2002/2020), 62~ 63쪽.

제6장

1 롭 라이히(Rob Reich)·메흐란 사하미(Mehran Sahami)·제러미 와인스타인(Jeremy M. Weinstein), 이영래 옮김, 『시스템 에러: 빅 테크 시대의 윤리학』(어크로스, 2021/2022), 282쪽.

2 오언 존스(Owen Jones), 이세영·안병률 옮김, 『차브: 영국식 잉여 유발사건』(북인더갭, 2011/2014), 93쪽.

3 오언 존스(Owen Jones), 이세영·안병률 옮김, 『차브: 영국식 잉여 유발사건』(북인더갭, 2011/2014), 106쪽.

4 오언 존스(Owen Jones), 이세영·안병률 옮김, 『차브: 영국식 잉여 유발사건』(북인더갭, 2011/2014), 111쪽.

5 샘 피지개티(Sam Pizzigati), 허윤정 옮김, 『최고임금: 몽상, 그 너머 를 꿈꾸는 최고임금에 관하여』(루아크, 2018), 21쪽.

6 맷 타이비(Matt Taibbi), 이순희 옮김, 『가난은 어떻게 죄가 되는가』 (열린책들, 2014/2015), 432쪽.

7 맷 타이비(Matt Taibbi), 이순희 옮김, 『가난은 어떻게 죄가 되는가』 (열린책들, 2014/2015), 15쪽.

8 두에인 엘진(Duane Elgin), 유자화 옮김, 『단순한 삶: 뜨거운 지구에

서 쿨하게 사는 법』(필로소픽, 2010/2011), 143쪽.

9   독일 작가 구스타프 디어크스(Gustav Diercks, 1852~1934). 프
     란츠 부케티츠(Franz Wuketits), 염정용 옮김, 『왜 우리는 악에 끌
     리는가: 선악의 본질에 대한 진화론적 고찰』(21세기북스, 1999/
     2009), 211쪽.

10 베이컨은 "인간은 보통 자신의 성향에 따라 생각하고, 배움과 받아들
     인 의견에 따라 말하지만, 일반적으로 관습에 따라 행동한다"고 했다.
     Donald O. Bolander, ed., 『Instant Quotation Dictionary』
     (Little Falls, NJ: Career Publishing, 1981), p.72.

11 "관습은 인생의 위대한 안내자다"라는 번역도 꽤 쓰인다. 로저 트리그
     (Roger Trigg), 최용철 옮김, 『인간 본성에 관한 10가지 철학적 성
     찰』(자작나무, 1988/1996), 56쪽.

12 고리들, 『인공지능 VS 인간지능 두뇌 사용 설명서: 미래직업을 위한
     바벨전략』(행운, 2015/2016), 68쪽.

13 존 스튜어트 밀(John Stuart Mill), 서병훈 옮김, 『자유론』(책세상,
     1859/2005), 131쪽.

14 존 스튜어트 밀(John Stuart Mill), 서병훈 옮김, 『자유론』(책세상,
     1859/2005), 126쪽.

15 노리나 허츠(Noreena Hertz), 이은경 옮김, 『누가 내 생각을 움
     직이는가: 일상을 지배하는 교묘한 선택의 함정들』(비즈니스북스,
     2013/2014), 290쪽. "세상의 지혜는 관례를 거스르고 성공하는 것
     보다 관례를 따르다가 실패하는 것이 평판에 더 좋다고 가르친다"는
     번역도 쓸 만하다. 존 캐서디(John Cassidy), 이경남 옮김, 『시장의
     배반』(민음사, 2009/2011), 227쪽.

16 Richard Sennett, 『The Fall of Public Man: On the Social
     Psychology of Capitalism』(New York: Vintage Books,
     1977/1978), pp.337~340; 스벤 브링크만(Svend Brinkmann),
     강경이 옮김, 『스탠드펌: 시류에 휩쓸리지 않고 굳건히 서 있는 삶』
     (다산초당, 2014/2017), 134~137쪽.

17 스벤 브링크만(Svend Brinkmann), 강경이 옮김, 『스탠드펌: 시류
     에 휩쓸리지 않고 굳건히 서 있는 삶』(다산초당, 2014/2017), 134~

136쪽.

18 Harold Barrett, 「John F. Kennedy Before the Greater Houston Ministerial Association」, 『Central States Speech Journal』, 15(November 1964), pp.259~266.

19 니부어는 평소 필의 '번영 신학'을 경멸했다. 「Norman Vincent Peale」, 『Wikipedia』; R. Laurence Moore, 『Selling God: American Religion in the Marketplace of Culture』(New York: Oxford University Press, 1994), p.242.

20 캐슬린 홀 재미슨(Kathleen Hall Jamieson), 원혜영 옮김, 『대통령 만들기: 미국 대선의 선거 전략과 이미지 메이킹』(백산서당, 1996/2002), 56~57쪽.

21 에이미 추아(Amy Chua), 이순희 옮김, 『제국의 미래』(비아북, 2007/2008), 278쪽.

22 조너선 색스(Jonathan Sacks), 서대경 옮김, 『사회의 재창조: 함께 만들어가는 세상을 찾아서』(말글빛냄, 2007/2009), 170~171쪽.

23 웬디 브라운(Wendy Brown), 이승철 옮김, 『관용: 다문화제국의 새로운 통치전략』(갈무리, 2006/2010), 300쪽.

24 에이미 추아(Amy Chua), 이순희 옮김, 『제국의 미래』(비아북, 2007/2008), 12~13쪽.

25 Donald O. Bolander, ed., 『Instant Quotation Dictionary』(Little Falls, NJ: Career Publishing, 1981), p.255.

26 Donald O. Bolander, ed., 『Instant Quotation Dictionary』(Little Falls, NJ: Career Publishing, 1981), p.119.

27 스티븐 체리(Stephen Cherry), 송연수 옮김, 『용서라는 고통』(황소자리, 2013), 305쪽.

28 안상헌, 『내 삶을 만들어준 명언노트』(랜덤하우스중앙, 2005), 152쪽; 비카스 샤(Vikas Shah), 임경은 옮김, 『생각을 바꾸는 생각들』(인플루엔셜, 2021), 326쪽.

29 스티븐 체리(Stephen Cherry), 송연수 옮김, 『용서라는 고통』(황소자리, 2013), 15쪽.

30 스티븐 코비(Stephen R. Covey), 김경섭 옮김, 『성공하는 사람들의

8번째 습관』(김영사, 2004/2005), 252쪽.

31 데스몬드 투투(Desmond Tutu), 「복수할 권리를 내려놓고 분노의 사실을 끊는다는 것」, 마리나 칸타쿠지노(Marina Cantacuzino), 김희정 옮김, 『나는 너를 용서하기로 했다』(부키, 2015/2018), 11쪽.

32 스티븐 체리(Stephen Cherry), 송연수 옮김, 『용서라는 고통』(황소자리, 2013), 209쪽.

33 데리다는 "용서할 수 없는 것을 용서하는 것만이 진정한 용서이며 그와 같은 '순수한' 용서는 '미친 짓'이다"고 했는데, 이에 대해 영국 신학자이자 심리학인 스티븐 체리는 『용서라는 고통』(2013)에서 "이 표현은 매우 고무적이다"며 다음과 같이 말했다. "용서가 무슨 뜻이든 무조건 윤리학·심리학·신학이라는 '이상적' 범주 안에 넣어서 생각하려는 시도가 도리어 잘못이라는 입장에 힘을 실어주는 발상이기 때문이다. 용서는 현실인 만큼 피할 수 없다. 따라서 현실적인 개념과 행동의 판단 근거가 될 만한 기준을 새롭게 창출할 필요가 있다. 데리다의 '용서는 미친 짓'이라는 말은 용서는 결코 '계산적이거나 규범적일 수 없는 것'이라는 뜻과 같다." 스티븐 체리(Stephen Cherry), 송연수 옮김, 『용서라는 고통』(황소자리, 2013), 239~240, 257쪽.

34 스티븐 체리(Stephen Cherry), 송연수 옮김, 『용서라는 고통』(황소자리, 2013), 200쪽.

35 스티븐 체리(Stephen Cherry), 송연수 옮김, 『용서라는 고통』(황소자리, 2013), 211~212쪽.

36 스티븐 체리(Stephen Cherry), 송연수 옮김, 『용서라는 고통』(황소자리, 2013), 201, 204쪽.

37 스티븐 체리(Stephen Cherry), 송연수 옮김, 『용서라는 고통』(황소자리, 2013), 210쪽.

38 스티븐 체리(Stephen Cherry), 송연수 옮김, 『용서라는 고통』(황소자리, 2013), 200쪽.

39 에런 라자르(Aaron Lazare), 윤창현 옮김, 『사과 솔루션: 갈등과 위기를 해소하는 윈-윈 소통법』(지안, 2004/2009), 13쪽; Tal Ben-Shahar, 『Even Happier: A Gratitude Journal for Daily Joy and Lasting Fulfillment』(New York: McGraw-Hill, 2010), p.124.

40 에런 라자르(Aaron Lazare), 윤창현 옮김, 『사과 솔루션: 갈등과 위기를 해소하는 윈-윈 소통법』(지안, 2004/2009), 341~342쪽.

41 에런 라자르(Aaron Lazare), 윤창현 옮김, 『사과 솔루션: 갈등과 위기를 해소하는 윈-윈 소통법』(지안, 2004/2009), 15~16쪽.

42 김호·정재승, 『쿨하게 사과하라』(어크로스, 2011), 112쪽.

43 김호·정재승, 『쿨하게 사과하라』(어크로스, 2011), 42쪽.

44 이언 레슬리(Ian Leslie), 엄윤미 옮김, 『다른 의견: 싸우지 않고, 도망치지 않고, 만족스럽게 대화하기 위한 9가지 원칙』(어크로스, 2021), 259쪽.

45 에드윈 바티스텔라(Edwin L. Battistella), 김상현 옮김, 『공개 사과의 기술: 위기를 기회로 바꾸는 사과는 무엇이 다른가』(문예출판사, 2014/2016), 309쪽.

46 김호·정재승, 『쿨하게 사과하라』(어크로스, 2011), 84~85쪽.

47 김호·정재승, 『쿨하게 사과하라』(어크로스, 2011), 30쪽.

48 오현주, 「[오현주 앵커가 고른 한마디] 용서하고 싶다」, 『TV조선 뉴스 7』, 2021년 3월 20일.

제7장

1 세르주 모스코비치(Serge Moscovici), 이상률 옮김, 『군중의 시대: 대중심리학에 대한 역사적 고찰』(문예출판사, 1981/1996), 33쪽.

2 로버트 멘셜(Robert Menschel), 강수정 옮김, 『시장의 유혹, 광기의 덫』(에코리브르, 2002/2005), 178쪽.

3 로버트 멘셜(Robert Menschel), 강수정 옮김, 『시장의 유혹, 광기의 덫』(에코리브르, 2002/2005), 214쪽.

4 시오노 나나미(塩野七生) 엮음, 오정환 옮김, 『마키아벨리 어록』(1988/1996), 167쪽.

5 김태현, 『세상의 통찰: 철학자들의 명언 500』(리텍콘텐츠, 2020), 24쪽.

6 로버트 멘셜(Robert Menschel), 강수정 옮김, 『시장의 유혹, 광기의 덫』(에코리브르, 2002/2005), 200, 254쪽.

7 Martin H. Manser, 『Get to the Roots: A Dictionary of Word

& Phrase Origins』(New York: Avon Books, 1990), p.152.

8   로버트 멘셜(Robert Menschel), 강수정 옮김, 『시장의 유혹, 광기의 덫』(에코리브르, 2002/2005), 194쪽.

9   세르주 모스코비치(Serge Moscovici), 이상률 옮김, 『군중의 시대: 대중심리학에 대한 역사적 고찰』(문예출판사, 1981/1996), 33쪽.

10 세르주 모스코비치(Serge Moscovici), 이상률 옮김, 『군중의 시대: 대중심리학에 대한 역사적 고찰』(문예출판사, 1981/1996), 33쪽.

11 버나드 리테어(Bernard A. Lietaer), 강남규 옮김, 『돈 그 영혼과 진실: 돈의 본질과 역사를 찾아서』(참솔, 2000/2004), 137쪽.

12 마크 뷰캐넌(Mark Buchanan), 강수정 옮김, 『넥서스: 여섯 개의 고리로 읽는 세상』(세종연구원, 2002/2003), 258쪽.

13 필립 그레이브스(Philip Graves), 황혜숙 옮김, 『소비자학?: 시장조사의 신화, 소비자에 대한 진실, 쇼핑의 심리학』(좋은책들, 2010/2011), 86쪽.

14 노재현, 「시네마 천국 vs 스크린 지옥」, 『중앙일보』, 2006년 8월 18일, 30면; 강준만, 「왜 좋은 뜻으로 한 사회고발이 역효과를 낳을 수 있는가?: 사회적 증거」, 『생각의 문법: 세상을 꿰뚫는 50가지 이론 3』(인물과사상사, 2015), 33~38쪽; 강준만, 「왜 '스카이캐슬'은 경멸보다는 동경의 대상이 되었는가?: 사회적 증거」, 『습관의 문법: 세상을 꿰뚫는 이론 7』(인물과사상사, 2019), 148~154쪽 참고.

15 김경화, 「'2030 부동산 영끌 대출' 文 정부 5년간 85조 늘어」, 『조선일보』, 2022년 9월 24일.

16 박태인, 「영끌도 못한 이들을 위해」, 『중앙일보』, 2022년 10월 10일.

17 켄 셸턴(Ken Shelton), 서인숙 옮김, 『위선의 리더십: 개인과 기업을 좀먹는 치명적인 중독』(아라크네, 1997/2002), 164~165쪽.

18 줄리 노럼(Julie K. Norem), 임소연 옮김, 『걱정 많은 사람들이 잘되는 이유』(한국경제신문, 2001/2015), 112쪽.

19 제프 콜빈(Geoff Colvin), 김정희 옮김, 『재능은 어떻게 단련되는가?』(부키, 2008/2010), 12~13쪽.

20 애덤 그랜트(Adam Grant), 홍지수 옮김, 『오리지널스: 어떻게 순응하지 않는 사람들이 세상을 움직이는가』(한국경제신문, 2016), 84,

92쪽.

21 노리나 허츠(Noreena Hertz), 이은경 옮김, 『누가 내 생각을 움직이는가: 일상을 지배하는 교묘한 선택의 함정들』(비즈니스북스, 2013/2014), 59~60쪽.

22 롤프 도벨리(Rolf Dobelli), 두행숙 옮김, 『스마트한 생각들: 사람의 마음을 움직이는 52가지 심리 법칙』(걷는나무, 2011/2012), 260쪽.

23 로버트 케건(Robert Kegan)·리사 라스코우 라헤이(Lisa Lakow Lahey), 김미화 옮김, 『성공하는 직장인의 7가지 언어습관』(와이즈북, 2001/2007), 90쪽.

24 Carley H. Dodd, 『Dynamics of Intercultural Communication』 (Dubuque, Iowa: Wm. C. Brown, 1982), p.66.

25 피터 힌셀(Peter Hinssen), 이영진 옮김, 『뉴노멀: 디지털혁명 제2막의 시작』(흐름출판, 2010/2014), 290쪽.

26 폴 에크먼(Paul Ekman) 외, 함규정 옮김, 『언마스크, 얼굴 표정 읽는 기술』(청림출판, 2003/2014), 61쪽.

27 마이클 매컬러프(Michael McCullough), 김정희 옮김, 『복수의 심리학』(살림, 2008/2009), 254쪽.

28 애비너시 딕시트(Avinash K. Dixit)·배리 네일버프(Barry J. Nalebuff), 이건식 옮김, 『전략의 탄생』(쌤앤파커스, 2008/2009), 355쪽.

29 셰리 터클(Sherry Turkle), 황소연 옮김, 『대화를 잃어버린 사람들: 온라인 시대에 혁신적 마인드를 기르는 대화의 힘』(민음사, 2015/2018), 456쪽.

30 벵자맹 주아노(Benjamin Joinau), 신혜연 옮김, 『얼굴: 감출 수 없는 내면의 지도』(21세기북스, 2011), 157~158쪽.

31 폴 에크먼(Paul Ekman) 외, 함규정 옮김, 『언마스크, 얼굴 표정 읽는 기술』(청림출판, 2003/2014), 43쪽.

32 마리안 라프랑스(Marianne LaFrance), 윤영삼 옮김, 『웃음의 심리학: 표정 속에 감춰진 관계의 비밀』(중앙북스, 2011/2012), 5~6쪽.

33 정희진, 「'불혹'이 아니라 '유혹'」, 『한겨레』, 2006년 1월 26일.

34 최승호, 『방부제가 썩는 나라: 최승호 시집』(문학과지성사, 2018), 16쪽.

35 김재열,『김재열의 서방견문록: 뉴욕 편-서양 문명의 종착지 뉴욕에 서 여정을 시작하다』(트로이목마, 2022), 47쪽.

36 뤼트허르 브레흐만(Rutger Bregman), 조현욱 옮김,『휴먼카인 드: 감춰진 인간 본성에서 찾은 희망의 연대기』(인플루엔셜, 2019/ 2021), 485쪽.

37 안상헌,『내 삶을 만들어준 명언노트』(랜덤하우스중앙, 2005), 250쪽.

38 김진애,『도시는 여행 인생은 여행』(다산초당, 2019), 28쪽.

39 김용석,『일상의 발견: 철학자 김용석의 유쾌한 세상 관찰』(푸른숲, 2002), 268쪽.

40 스콧 래시(Scott Lash)·존 어리(John Urry), 박형준·권기돈 옮김, 『기호와 공간의 경제』(현대미학사, 1996/1998), 386쪽.

41 브리짓 슐트(Brigid Schulte), 안진이 옮김,『타임푸어: 항상 시간 에 쫓기는 현대인을 위한 일·가사·휴식 균형잡기』(더퀘스트, 2014/ 2015), 22쪽.

42 안상헌,『내 삶을 만들어준 명언노트』(랜덤하우스중앙, 2005), 250쪽.

43 바버라 베이그(Barbara Baig), 박병화 옮김,『하버드 글쓰기 강의: 30년 경력 명강사가 말하는 소통의 비밀』(에쎄, 2010/2011), 360쪽.

44 말레네 뤼달(Malene Rydahl), 강현주 옮김,『덴마크 사람들처럼: 세 상에서 가장 행복한 사람들에게서 찾은 행복의 열 가지 원리』(마일스 톤, 2014/2015), 205쪽.

45 슈테판 클라인(Stefan Klein), 김영옥 옮김,『행복의 공식: 인생을 변 화시키는 긍정의 심리학』(웅진지식하우스, 2002/2006), 235쪽.

46 버트런드 러셀(Bertrand Russell), 송은경 옮김,『인간과 그밖의 것 들』(오늘의책, 1975/2005), 36쪽.

47 스콧 래시(Scott Lash)·존 어리(John Urry), 박형준·권기돈 옮김, 『기호와 공간의 경제』(현대미학사, 1996/1998), 376쪽.

48 바버라 베이그(Barbara Baig), 박병화 옮김,『하버드 글쓰기 강의: 30년 경력 명강사가 말하는 소통의 비밀』(에쎄, 2010/2011), 121쪽.

49 바버라 베이그(Barbara Baig), 박병화 옮김,『하버드 글쓰기 강의: 30년 경력 명강사가 말하는 소통의 비밀』(에쎄, 2010/2011), 259쪽.

50 알베르토 망구엘(Alberto Manguel), 정명진 옮김,『독서의 역사』

(세종서적, 1996/2000), 20쪽.

51 헥터 맥도널드(Hector Macdonald), 이지연 옮김,『만들어진 진실: 우리는 어떻게 팩트를 편집하고 소비하는가』(흐름출판, 2017/2018), 152쪽.

52 롤프 도벨리(Rolf Dobelli), 두행숙 옮김,『스마트한 생각들: 사람의 마음을 움직이는 52가지 심리 법칙』(걷는나무, 2011/2012), 165~166, 252~255쪽; 강준만,「왜 우리를 사로잡는 재미있는 이야기는 위험한가?: 이야기 편향」,『감정 독재: 세상을 꿰뚫는 50가지 이론』(인물과사상사, 2013), 204~208쪽 참고.

53 칩 히스(Chip Heath)·댄 히스(Dan Heath), 안진환·박슬라 옮김,『스틱!: 1초 만에 착 달라붙는 메시지, 그 안에 숨은 6가지 법칙(개정증보판)』(엘도라도, 2007/2009), 314~315쪽.

54 피터 구버(Peter Guber), 김원호 옮김,『성공하는 사람은 스토리로 말한다: 어떻게 그들의 마음을 사로잡을까?』(청림출판, 2011/2012), 184쪽.

55 폴 오스터(Paul Auster), 제임스 허치슨(James M. Hutchisson) 엮음, 심혜경 옮김,『글쓰기를 말하다: 폴 오스터와의 대화』(인간사랑, 2013/2014), 106~107쪽.

56 비난트 폰 페터스도르프(Winand von Petersdorff) 외, 박병화 옮김,『사고의 오류』(율리시즈, 2013/2015), 223~224쪽.

57 비난트 폰 페터스도르프(Winand von Petersdorff) 외, 박병화 옮김,『사고의 오류』(율리시즈, 2013/2015), 223~224쪽.

58 조너선 갓셜(Jonathan Gottschall), 노승영 옮김,『이야기를 횡단하는 호모 픽투스의 모험』(위즈덤하우스, 2021/2023), 277쪽; 한경환,「악인가 독인가, 이야기의 두 얼굴」,『중앙선데이』, 2023년 2월 25일.

59 조너선 갓셜(Jonathan Gottschall), 노승영 옮김,『이야기를 횡단하는 호모 픽투스의 모험』(위즈덤하우스, 2021/2023), 285쪽.

제8장

1 조너선 라우시(Jonathan Rauch), 조미현 옮김,『지식의 헌법: 왜 우

리는 진실을 공유하지 못하는가』(에코리브르, 2021), 91쪽.

2 김태현,『세상의 통찰: 철학자들의 명언 500』(리텍콘텐츠, 2020), 76쪽.

3 김태현,『세상의 통찰: 철학자들의 명언 500』(리텍콘텐츠, 2020), 79
   ~80쪽.

4 알베르토 토스카노(Alberto Toscano), 문강형준 옮김,『광신: 어느
   저주받은 개념의 계보학』(후마니타스, 2010/2013), 239쪽.

5 이사야 벌린(Isaiah Berlin), 박동천 옮김,『자유론』(아카넷, 2002/
   2006), 343~344쪽.

6 조너선 색스(Jonathan Sacks), 임재서 옮김,『차이의 존중: 문명의
   충돌을 넘어서』(말글빛냄, 2002/2007), 86쪽.

7 앤드루 바세비치(Andrew J. Bacevich), 박인규 옮김,『워싱턴 룰:
   미국은 왜 전쟁을 멈추지 못하는가』(오월의봄, 2010/2013), 157~
   158쪽.

8 리처드 와이즈먼(Richard Wiseman), 박세연 옮김,『립잇업: 멋진 결
   과를 만드는 작은 행동들』(웅진지식하우스, 2012/2013), 238~239쪽.

9 데이비드 패트릭 호튼(David P. Houghton), 김경미 옮김,『정치심
   리학』(사람의무늬, 2009/2013), 166쪽; 강준만,「왜 슬픈 척하면 정
   말로 슬퍼지는가?: 가정 원칙」,『우리는 왜 이렇게 사는 걸까?: 세상을
   꿰뚫는 50가지 이론 2』(인물과사상사, 2014), 137~142쪽; 강준만,
   「왜 누군가를 사랑하려면 사랑하는 듯이 행동해야 하나?: 자기지각
   이론」,『우리는 왜 이렇게 사는 걸까?: 세상을 꿰뚫는 50가지 이론 2』
   (인물과사상사, 2014), 143~148쪽 참고.

10 정관용,『나는 당신의 말할 권리를 지지한다: 불통의 시대, 소통의 길
   을 찾다』(위즈덤하우스, 2009), 131쪽.

11 정관용,『나는 당신의 말할 권리를 지지한다: 불통의 시대, 소통의 길
   을 찾다』(위즈덤하우스, 2009), 130쪽.

12 애덤 샌델(Adam A. Sandel), 이재석 옮김,『편견이란 무엇인가』(와
   이즈베리, 2014/2015), 19~20, 251~259쪽.

13 엘리엇 애런슨(Elliot Aronson)·캐럴 태브리스(Carol Tavris), 박웅
   희 옮김,『거짓말의 진화: 자기정당화의 심리학』(추수밭, 2007), 94쪽.

14 파크는 인종적 편견이란 각 개인들을 전통적 질서 내에서 그들이 점하

는 위치에 따라 범주화하는 정상적인 과정을 가리킨다고 보았다. 그
래서 그런 의미에서 "편견이란 전혀 공격적인 것이 아니다. 그것은 하
나의 보수적 힘이다"고 했다. 루이스 A. 코저(Lewis A. Coser), 신용
하·박명규 옮김, 『사회사상사』(일지사, 1975/1978), 532~533쪽.

15 「Prejudice」, 『Wikipedia』.

16 이유진, 「"나는 차별주의자는 아니지만…" 적개심 뿌리 파헤친 고전」,
『한겨레』, 2020년 5월 15일, 2면.

17 뤼트허르 브레흐만(Rutger Bregman), 조현욱 옮김, 『휴먼카인
드: 감춰진 인간 본성에서 찾은 희망의 연대기』(인플루엔셜, 2019/
2021), 485~486쪽.

18 김태현, 『타인의 속마음, 심리학자들의 명언 700』(리텍콘텐츠,
2020), 49쪽.

19 댄 가드너(Dan Gardner), 이경식 옮김, 『앨빈 토플러와 작별하라』
(생각연구소, 2010/2011), 430~431쪽.

20 강준만, 「왜 자신이 어리석다는 사실을 전혀 모를까?: 더닝-크루거
효과」, 『습관의 문법: 세상을 꿰뚫는 이론 7』(인물과사상사, 2019),
72~77쪽 참고.

21 마이클 린치(Michael P. Lynch), 성원 옮김, 『우리는 맞고 너희는 틀렸
다: 똑똑한 사람들은 왜 민주주의에 해로운가』(메디치, 2019/2020),
33쪽.

22 미치코 가쿠타니(Michiko Kakutani), 김영선 옮김, 『진실 따위
는 중요하지 않다: 거짓과 혐오는 어떻게 일상이 되었나』(돌베개,
2018/2019), 127쪽.

23 피터 힌센(Peter Hinssen), 이영진 옮김, 『뉴노멀: 디지털혁명 제2
막의 시작』(흐름출판, 2010/2014), 16쪽; 홍정욱, 『50: 홍정욱 에세
이』(위즈덤하우스, 2021), 13쪽.

24 이강국, 「긴축의 종말과 재정준칙」, 『한겨레』, 2020년 10월 20일, 27면.

25 조던 피터슨(Jordan Peterson) 외, 조은경 옮김, 『정치적 올바름
에 대하여』(프시케의숲, 2018/2019), 96쪽; 토머스 키다(Thomas
Kida), 박윤정 옮김, 『생각의 오류』(열음사, 2006/2007), 372쪽.

26 나심 니컬러스 탈레브(Nassim Nicholas Taleb), 김원호 옮김, 『스

킨 인 더 게임: 선택과 책임의 불균형이 가져올 위험한 미래에 대한 경고』(비즈니스북스, 2018/2019), 142쪽; 「Bertrand Russell」, 『Wikipedia』.

27 로버트 케건(Robert Kegan)·리사 라스코우 라헤이(Lisa Lakow Lahey), 김미화 옮김, 『성공하는 직장인의 7가지 언어습관』(와이즈북, 2001/2007), 90~95쪽.

28 수전 케인(Susan Cain), 김우열 옮김, 『콰이어트: 시끄러운 세상에서 조용히 세상을 움직이는 힘』(알에이치코리아, 2012), 157쪽.

29 캐서린 슐츠(Kathryn Schultz), 안은주 옮김, 『오류의 인문학: 실수투성이 인간에 관한 유쾌한 고찰』(지식의날개, 2010/2014), 198~199쪽.

30 캐서린 슐츠(Kathryn Schultz), 안은주 옮김, 『오류의 인문학: 실수투성이 인간에 관한 유쾌한 고찰』(지식의날개, 2010/2014), 201쪽.

31 스테판 드라이버(Stephen Driver)·루크 마텔(Luke Martell), 김정렬 옮김, 『토니 블레어의 집권전략과 새로운 국정관리』(창, 1998/2001), 48쪽.

32 그런가 하면 윌리엄 허슈타인은 의심을 "고도로 발달한 신경조직에서만 일어나는 인지적 사치"라며, 확신이 진화론적으로 유리하다고 주장했다. 캐서린 슐츠(Kathryn Schultz), 안은주 옮김, 『오류의 인문학: 실수투성이 인간에 관한 유쾌한 고찰』(지식의날개, 2010/2014), 203~204쪽.

33 몬트세라트 귀베르나우(Montserrat Guibernau), 유강은 옮김, 『소속된다는 것: 현대사회의 유대와 분열』(문예출판사, 2013/2015), 287쪽.

34 에릭 호퍼(Eric Hoffer), 이민아 옮김, 『맹신자들: 대중운동의 본질에 관한 125가지 단상』(궁리, 1951/2011), 144~145쪽.

35 A. C. 그레일링(A. C. Grayling), 남경태 옮김, 『미덕과 악덕에 관한 철학사전』(에코의서재, 2001/2006), 119~120쪽.

36 아만다 리플리(Amanda Ripley), 김동규 옮김, 『극한 갈등: 분노와 증오의 블랙홀에서 살아남는 법』(세종서적, 2021/2022), 36쪽.

37 Eric Hoffer, 『The True Believer: Thoughts on the Nature of

Mass Movements』(New York: Harper & Row, 1951/2010), p.146.

38 에릭 호퍼(Eric Hoffer), 방대수 옮김,『길 위의 철학자』(이다미디어, 1983/2014), 157쪽.

39 샐리 콘(Sally Kohn), 장선하 옮김,『왜 반대편을 증오하는가: 인간은 왜 질투하고 혐오하는가』(에포케, 2018/2020), 15쪽.

40 움베르토 에코(Umberto Eco), 박종대 옮김,『미친 세상을 이해하는 척하는 방법』(열린책들, 2016/2021), 175~176쪽.

41 이에 대해 대니얼 길버트(Daniel Gilbert)는 이렇게 덧붙인다. "연구에 따르면 동일한 생리적 각성도 서로 다르게 해석될 수 있고, 그 각성을 유발했다고 믿는 것에 따라 해석이 달라진다고 한다. 그래서 공포를 욕정으로, 염려를 죄책감으로, 수치심을 불안으로 오해하는 일이 가능한 것이다." 대니얼 길버트(Daniel Gilbert), 서은국·최인철·김미정 옮김,『행복에 걸려 비틀거리다』(김영사, 2006), 99쪽.

42 데이비드 L. 와이너(David L. Weiner), 임지원 옮김,『권력중독자』(이마고, 2002/2003), 105쪽.

43 이어 그는 이렇게 말했다. "우리는 스스로 선량한 사람들이라고 생각하지만 증오에 의해, 역사와 관습에 의해, 그리고 우리 사회에서 누구는 중요하고 누구는 중요하지 않다는 차별 문화에 의해서 도덕적 관심사의 영역이 얼마나 제약을 받아왔는지 깨닫지 못하고 있으며, 의도했든 의도하지 않았든 모두가 별 의심 없이 받아들여왔다." 샐리 콘(Sally Kohn), 장선하 옮김,『왜 반대편을 증오하는가: 인간은 왜 질투하고 혐오하는가』(에포케, 2018/2020), 325~326쪽.

44 샐리 콘(Sally Kohn), 장선하 옮김,『왜 반대편을 증오하는가: 인간은 왜 질투하고 혐오하는가』(에포케, 2018/2020), 124쪽.

45 워런 베니스(Warren G. Bennis)·로버트 토머스(Robert J. Thomas), 신현승 옮김,『시대와 리더십』(세종연구원, 2002/2003), 57쪽.

46 데이비드 베레비(David Berreby), 정준형 옮김,『우리와 그들, 무리 짓기에 대한 착각』(에코리브르, 2005/2007), 25쪽.

47 주디스 슈클라(Judith N. Shklar), 사공일 옮김,『일상의 악덕』(나남,

1984/2011), 351쪽.

48 엘리아스 카네티(Elias Canetti), 강두식 옮김, 『군중과 권력』(주우, 1960/1982), 292쪽.

49 이졸데 카림(Isolde Charim), 이승희 옮김, 『나와 타자들: 우리는 어떻게 타자를 혐오하면서 변화를 거부하는가』(민음사, 2018/2019), 233, 239~241쪽.

50 나심 니컬러스 탈레브(Nassim Nicholas Taleb), 김원호 옮김, 『스킨 인 더 게임: 선택과 책임의 불균형이 가져올 위험한 미래에 대한 경고』(비즈니스북스, 2018/2019), 110쪽.

51 이한수, 「"너는 어느 편이냐" 물음에 대하여」, 『조선일보』, 2019년 12월 24일, A39면.

52 박석원, 「막말의 정치공학」, 『한국일보』, 2015년 5월 25일.

53 제프리 페퍼(Jeffrey Pfeffer), 이경남 옮김, 『권력의 기술: 조직에서 권력을 거머쥐기 위한 13가지 전략』(청림출판, 2010/2011), 214쪽.

54 박원익·조윤호, 『공정하지 않다: 90년대생들이 정말 원하는 것』(지와인, 2019), 137~138쪽.

제9장

1 허버트 알철(J. Herbert Altschull), 양승목 옮김, 『현대언론사상사: 밀턴에서 맥루한까지』(나남, 1990/1993), 544쪽.

2 바버라 터크먼(Barbara W. Tuchman), 조민·조석현 옮김, 『독선과 아집의 역사 2: 권력에 눈먼 통치자들은 한 나라를 어떻게 망치는가』(자작나무, 1984/1997), 277쪽.

3 레너드 버나도(Leonard Bernardo)·제니퍼 와이스(Jennifer Weiss), 이종인 옮김, 『미국 대통령의 역사』(시대의창, 2009/2012), 352쪽.

4 에리히 슈빙어(Erich Schwinge), 김삼룡 옮김, 『정치가란 무엇인가?』(유나이티드컨설팅그룹, 1983/1992), 117쪽.

5 Reinhold Niebuhr, 『Moral Man and Immoral Society: A Study in Ethics and Politics』(New York: Charles Scribner's

Sons, 1932/1960), p.46.

6   김대중, 「대통령에 대들어야 기자다」, 『조선일보』, 2021년 5월 18일.

7   이언 로버트슨(Ian Robertson), 이경식 옮김, 『승자의 뇌: 뇌는 승리의 쾌감을 기억한다』(알에이치코리아, 2012/2013), 171쪽.

8   김민배, 「신권력자들」, 『조선일보』, 2007년 12월 29일.

9   정철, 『사람사전: 세상 모든 단어에는 사람이 산다』(허밍버드, 2020), 52쪽.

10 데이비드 매컬러(David McCullough), 「권력과 대통령: 본질적인 것은 보이지 않는다」, 로버트 윌슨(Robert Wilson) 편, 허용범 옮김, 『대통령과 권력』(나남, 1999/2002), 23쪽; 신동욱, 「[신동욱 앵커의 시선] 대한민국 대통령 잔혹사」, 『TV조선 뉴스9』, 2018년 3월 23일.

11 조지 맥짐시(George McJimsey), 정미나 옮김, 『위대한 정치의 조건: 미국 유일 4선 대통령 프랭클린 루스벨트에게서 배우는』(21세기북스, 2000/2010), 215쪽.

12 Richard E. Neustadt, 『Presidential Power: The Politics of Leadership』(New York: John Wiley & Sons, 1960); 로버트 윌슨(Robert Wilson) 편, 허용범 옮김, 『대통령과 권력』(나남, 1999/2002), 23쪽.

13 레너드 버나도(Leonard Bernardo) · 제니퍼 와이스(Jennifer Weiss), 이종인 옮김, 『미국 대통령의 역사』(시대의창, 2009/2012), 52쪽.

14 레너드 버나도(Leonard Bernardo) · 제니퍼 와이스(Jennifer Weiss), 이종인 옮김, 『미국 대통령의 역사』(시대의창, 2009/2012), 30~31쪽.

15 이훈범, 「권력의 힘은 설득력에서 나온다」, 『중앙선데이』, 2020년 6월 27일, 31면.

16 아치 브라운(Archie Brown), 홍지영 옮김, 『강한 리더라는 신화: 강한 리더가 위대한 리더라는 환상에 관하여』(사계절, 2014/2017), 208쪽.

17 아치 브라운(Archie Brown), 홍지영 옮김, 『강한 리더라는 신화: 강

한 리더가 위대한 리더라는 환상에 관하여』(사계절, 2014/2017), 496쪽.

18 데이비드 매컬러(David McCullough),「권력과 대통령: 본질적인 것은 보이지 않는다」, 로버트 윌슨(Robert Wilson) 편, 허용범 옮김,『대통령과 권력』(나남, 1999/2002), 24쪽.

19 세르주 모스코비치(Serge Moscovici), 이상률 옮김,『군중의 시대: 대중심리학에 대한 역사적 고찰』(문예출판사, 1981/1996), 209쪽.

20 세르주 모스코비치(Serge Moscovici), 이상률 옮김,『군중의 시대: 대중심리학에 대한 역사적 고찰』(문예출판사, 1981/1996), 211쪽.

21 진 립먼-블루먼(Jean Lipman-Blumen), 정명진 옮김,『부도덕한 카리스마의 매혹』(부글북스, 2004/2005), 417쪽.

22 Murray Edelman,『Constructing the Political Spectacle』 (Chicago: University of Chicago Press, 1988).

23 Michael A. Genovese,『The Presidential Dilemma: Leadership in the American System』, 2nd ed.(New York: Longman, 2003), p.59.

24 J. Donald Walters,『The Art of Supportive Leadership: A Practical Guide for People in Positions of Responsibility』 (Nevada City, CA: Crystal Clarity, 1987), p.11.

25 C. Gene Wilkes,『Jesus on Leadership: Discovering the Secrets of Servant Leadership』(Wheaton, Illinois: Tyndale House Publishers, 1998), p.27.

26 얀-베르너 뮐러(Jan-Werner Mueller), 권채령 옮김,『민주주의 공부: 개나 소나 자유 평등 공정인 시대의 진짜 판별법』(월북, 2021/2022), 77쪽.

27 얀-베르너 뮐러(Jan-Werner Mueller), 권채령 옮김,『민주주의 공부: 개나 소나 자유 평등 공정인 시대의 진짜 판별법』(월북, 2021/2022), 75~76쪽.

28 대니얼 벨(Daniel Bell), 김진욱 옮김,『자본주의의 문화적 모순』(문학세계사, 1976/1990), 308쪽.

29 토머스 프랭크(Thomas Frank), 김병순 옮김,『왜 가난한 사람들은

부자를 위해 투표하는가: 캔자스에서 도대체 무슨 일이 있었나』(갈라
파고스, 2004/2012), 45~46쪽.

30 토머스 프랭크(Thomas Frank), 김병순 옮김,『왜 가난한 사람들은
부자를 위해 투표하는가: 캔자스에서 도대체 무슨 일이 있었나』(갈라
파고스, 2004/2012), 52쪽.

31 2012년 한국 대선을 분석한 서울대학교 교수 강원택도 저소득층 유
권자들은 개인의 경제적 이해관계보다 사회문화적 가치를 중시한다
는, 비슷한 결론을 내렸다. 한귀영,「왜 가난한 이들은 보수정당을 지
지했는가?」, 이창곤·한귀영 엮음,『18 그리고 19: 18대 대선으로 본
진보 개혁의 성찰과 길』(밈, 2013), 35쪽.

32 키스 스타노비치(Keith E. Stanovich), 김홍욱 옮김,『우리편 편향:
신념은 어떻게 편향이 되는가?』(바다출판사, 2021/2022), 204~
205쪽.

33 키스 스타노비치(Keith E. Stanovich), 김홍욱 옮김,『우리편 편향:
신념은 어떻게 편향이 되는가?』(바다출판사, 2021/2022), 208쪽.

34 리처드 윌킨슨(Richard G. Wilkinson), 김홍수영 옮김,『평등해
야 건강하다: 불평등은 어떻게 사회를 병들게 하는가?』(후마니타스,
2005/2008), 200쪽.

35 리처드 윌킨슨(Richard G. Wilkinson), 김홍수영 옮김,『평등해
야 건강하다: 불평등은 어떻게 사회를 병들게 하는가?』(후마니타스,
2005/2008), 200쪽.

36 알랭 드 보통(Alain de Botton), 정영목 옮김,『불안』(은행나무,
2004/2011), 8쪽; 리처드 윌킨슨(Richard G. Wilkinson)·케이
트 피킷(Kate Pickett), 전재웅 옮김,『평등이 답이다: 왜 평등한 사
회는 늘 바람직한가?』(이후, 2010/2012), 97쪽; 강준만,「왜 성공한
사람들이 자살을 할까?: 지위 불안」,『독선 사회: 세상을 꿰뚫는 50가
지 이론 4』(인물과사상사, 2015), 161~166쪽 참고.

37 리처드 윌킨슨(Richard G. Wilkinson)·케이트 피킷(Kate
Pickett), 전재웅 옮김,『평등이 답이다: 왜 평등한 사회는 늘 바람직
한가?』(이후, 2010/2012), 66쪽.

38 나심 니컬러스 탈레브(Nassim Nicholas Taleb), 김원호 옮김,『스

킨 인 더 게임: 선택과 책임의 불균형이 가져올 위험한 미래에 대한
경고』(비즈니스북스, 2018/2019), 177쪽.

39 나심 니컬러스 탈레브(Nassim Nicholas Taleb), 김원호 옮김, 『스
    킨 인 더 게임: 선택과 책임의 불균형이 가져올 위험한 미래에 대한
    경고』(비즈니스북스, 2018/2019), 177쪽.

40 줄리언 바지니(Jukian Baggini)·안토니아 마카로(Antonia
    Macaro), 박근재 옮김, 『최고가 아니면 다 실패한 삶일까: 철학자와
    심리학자의 인생질문 20』(아날로그, 2012/2014), 105쪽.

제10장

1 존 킨(John Keane), 양현수 옮김, 『민주주의의 삶과 죽음: 대의민주
   주의에서 파수꾼 민주주의로』(교양인, 2009/2017), 460쪽.

2 아만다 리플리(Amanda Ripley), 김동규 옮김, 『극한 갈등: 분노와
   증오의 블랙홀에서 살아남는 법』(세종서적, 2021/2022), 84~85쪽.
   존 애덤스는 "공화국을 두 개의 거대 정당으로 분리한 것은 헌정 최악
   의 정치적 폐해다"는 말도 남겼다. 애스트라 테일러(Astra Taylor),
   이재경 옮김, 『민주주의는 없다: 민주주의의 8가지 모순과 우리가 추
   구해야 할 삶의 방식에 대하여』(반니, 2019/2020), 89쪽.

3 아만다 리플리(Amanda Ripley), 김동규 옮김, 『극한 갈등: 분노와
   증오의 블랙홀에서 살아남는 법』(세종서적, 2021/2022), 147쪽.

4 아만다 리플리(Amanda Ripley), 김동규 옮김, 『극한 갈등: 분노와
   증오의 블랙홀에서 살아남는 법』(세종서적, 2021/2022), 85쪽.

5 마이클 포터(Michael E. Porter)·캐서린 겔(Katherine M. Gehl),
   박남규 옮김, 『권력의 배신』(매일경제신문사, 2020), 39쪽.

6 얀-베르너 뮐러(Jan-Werner Mueller), 권채령 옮김, 『민주주
   의 공부: 개나 소나 자유 평등 공정인 시대의 진짜 판별법』(월북,
   2021/2022), 122쪽.

7 로버트 퍼트넘(Robert D. Putnam)·셰일린 롬니 가렛(Shaylin
   Romney Garrett), 이종인 옮김, 『업스윙: 나 홀로 사회인가 우리 함
   께 사회인가』(페이퍼로드, 2022), 149쪽.

8 다비트 판 레이브라우크(David Van Reybrouck), 양영란 옮김,『국민을 위한 선거는 없다』(갈라파고스, 2013/2016), 212쪽.

9 엘리사 레위스(Elisa Lewis)·로맹 슬리틴(Romain Slitine), 임상훈 옮김,『시민 쿠데타: 우리가 뽑은 대표는 왜 늘 우리를 배신하는가?』(아르테, 2016/2017), 39~40, 59쪽.

10 에즈라 클라인(Ezra Klein), 황성연 옮김,『우리는 왜 서로를 미워하는가』(월북, 2020/2022), 223쪽.

11 주경철,『테이레시아스의 역사』(산처럼, 2002), 60쪽.

12 바버라 터크먼(Barbara W. Tuchman), 조민·조석현 옮김,『독선과 아집의 역사 2: 권력에 눈먼 통치자들은 한 나라를 어떻게 망치는가』(자작나무, 1984/1997), 280쪽.

13 데이비드 브룩스(David Brooks), 이경식 옮김,『소셜 애니멀: 사랑과 성공, 성격을 결정짓는 관계의 비밀』(흐름출판, 2011), 457쪽.

14 에즈라 클라인(Ezra Klein), 황성연 옮김,『우리는 왜 서로를 미워하는가』(월북, 2020/2022), 111~112쪽.

15 에즈라 클라인(Ezra Klein), 황성연 옮김,『우리는 왜 서로를 미워하는가』(월북, 2020/2022), 113쪽.

16 로버트 퍼트넘(Robert D. Putnam)·셰일린 롬니 가렛(Shaylyn Romney Garrett), 이종인 옮김,『업스윙: 나 홀로 사회인가 우리 함께 사회인가』(페이퍼로드, 2020/2022), 149~150쪽.

17 로버트 퍼트넘(Robert D. Putnam)·셰일린 롬니 가렛(Shaylyn Romney Garrett), 이종인 옮김,『업스윙: 나 홀로 사회인가 우리 함께 사회인가』(페이퍼로드, 2020/2022), 149~151쪽.

18 W. 러셀 뉴먼(W. Russell Neuman), 이재기 옮김,『대중은 침묵하되 표는 던진다: 대중정치의 패러독스』(두영, 1986/1995), 145쪽.

19 김태현,『세상의 통찰: 철학자들의 명언 500』(리텍콘텐츠, 2020), 20쪽.

20 매슈 리버먼(Matthew D. Lieberman), 최호영 옮김,『사회적 뇌: 인류 성공의 비밀』(시공사, 2013/2015), 128~129쪽.

21 조지프 히스(Joseph Heath), 김승진 옮김,『계몽주의 2.0: 감정의 정치를 어떻게 바꿀 것인가』(이마, 2014/2017), 132~133쪽.

22 마루야마 마사오(丸山眞男), 김석근 옮김,『현대정치의 사상과 행동』

(한길사, 1956/1997), 414쪽.

23 보브 우드워드(Bob Woodward), 임홍빈 옮김, 『대통령의 안방과 집무실』(문학사상사, 1994/1995), 122쪽; 빌 클린턴(Bill Clinton), 정영목·이순희 옮김, 『빌 클린턴의 마이 라이프 1』(물푸레, 2004), 592, 643쪽.

24 보브 우드워드(Bob Woodward), 임홍빈 옮김, 『대통령의 안방과 집무실』(문학사상사, 1994/1995), 293쪽.

25 칼 번스타인(Carl Bernstein), 조일준 옮김, 『힐러리의 삶』(현문미디어, 2007), 317쪽.

26 피터 스와이저(Peter Schweizer), 이숙현 옮김, 『정치는 어떻게 속이는가: 갈취당하는 데 신물난 시대를 해부한다』(글항아리, 2013/2015), 18~19쪽.

27 진중권, 『이것이 우리가 원했던 나라인가: 진중권이 파헤친 위선적인 정권의 민낯』(21세기북스, 2021), 31쪽.

28 존 스페이드(Jon Spayde)·제이 월재스퍼(Jay Waljasper) 편, 원재길 옮김, 『틱낫한에서 촘스키까지: 더 실용적이고 창조적인 삶의 전망』(마음산책, 2001/2004), 263쪽.

29 로버트 팩스턴(Robert O. Paxton), 손명희·최희영 옮김, 『파시즘: 열정과 광기의 정치 혁명』(교양인, 2004/2005), 143쪽.

30 민형배, 『자치가 진보다』(메디치, 2013), 75쪽.

31 로버트 퍼트넘(Robert D. Putnam), 정승현 옮김, 『나 홀로 볼링: 볼링 얼론-사회적 커뮤니티의 붕괴와 소생』(페이퍼로드, 2000/2009), 626쪽.

32 솔 알린스키(Saul D. Alinsky), 정인경 옮김, 『래디컬: 급진주의자여 일어나라』(생각의힘, 1969/2016), 262쪽.

33 Saul D. Alinsky, 『Reveille for Radicals』(New York: Vintage Books, 1946/1989), pp.193~194.

34 에리히 프롬(Erich Fromm), 오제운 옮김, 『To Have or to Be?』(YBM Si-sa, 1976/1986), 188~189쪽.

35 버트런드 러셀(Bertrand Russell), 송은경 옮김, 『게으름에 대한 찬양』(사회평론, 1935/1997), 140~141쪽.

36 에이프릴 카터(April Carter), 조효제 옮김, 『직접행동: 21세기 민주주의, 거인과 싸우다』(교양인, 2005/2007), 191쪽.

37 프랭크 푸레디(Frank Furedi), 박형신·박형진 옮김, 『공포 정치: 좌파와 우파를 넘어서』(이학사, 2005/2013), 54~55쪽.

38 W. 러셀 뉴먼(W. Russell Neuman), 이재기 옮김, 『대중은 침묵하되 표는 던진다: 대중정치의 패러독스』(두영, 1986/1995), 62~63쪽.

39 Bill Bishop, 『The Big Sort: Why the Clustering of Like-Minded America Is Tearing Us Apart』(New York: Mariner Books, 2009), p.292; D. Roussopoulos & C. G. Benello, eds, 『Participatory Democracy: Prospects for Democratizing Democracy』(New York: Black Rose Books, 2005).

40 Benjamin R. Barber, 『A Place for Us: How to Make Society Civil and Democracy Strong』(New York: Hill and Wang, 1998), p.52.

41 박상훈, 『청와대 정부: '민주정부란 무엇인가'를 생각하다』(후마니타스, 2018), 81쪽.

42 조너선 라우시(Jonathan Rauch), 조미현 옮김, 『지식의 헌법: 왜 우리는 진실을 공유하지 못하는가』(에코리브르, 2021), 126~127쪽.

43 조너선 라우시(Jonathan Rauch), 조미현 옮김, 『지식의 헌법: 왜 우리는 진실을 공유하지 못하는가』(에코리브르, 2021), 128쪽.

44 게리 윌스(Gary Wills), 곽동훈 옮김, 『시대를 움직인 16인의 리더: 나폴레옹에서 마사 그레이엄까지』(작가정신, 1994/1999), 19~20쪽.

45 게리 윌스(Gary Wills), 곽동훈 옮김, 『시대를 움직인 16인의 리더: 나폴레옹에서 마사 그레이엄까지』(작가정신, 1994/1999), 19쪽.

46 게리 윌스(Gary Wills), 곽동훈 옮김, 『시대를 움직인 16인의 리더: 나폴레옹에서 마사 그레이엄까지』(작가정신, 1994/1999), 23쪽.

47 게리 윌스(Gary Wills), 곽동훈 옮김, 『시대를 움직인 16인의 리더: 나폴레옹에서 마사 그레이엄까지』(작가정신, 1994/1999), 23~24쪽.

무지의
세계가
우주라면
© 강준만, 2023

초판 1쇄 2023년 4월 28일 찍음
초판 1쇄 2023년 5월 10일 펴냄

지은이 | 강준만
펴낸이 | 강준우
기획 · 편집 | 박상문, 김슬기
디자인 | 최진영
마케팅 | 이태준
인쇄 · 제본 | (주)삼신문화

펴낸곳 | 인물과사상사
출판등록 | 제17-204호 1998년 3월 11일

주소 | (04037) 서울시 마포구 양화로7길 6-16 서교제일빌딩 3층
전화 | 02-325-6364
팩스 | 02-474-1413

www.inmul.co.kr | insa@inmul.co.kr

ISBN 978-89-5906-690-2 03300

값 17,000원